理性的投资者

一个散户对股市的
另类思考

贫民窟的大富翁 ◎ 著

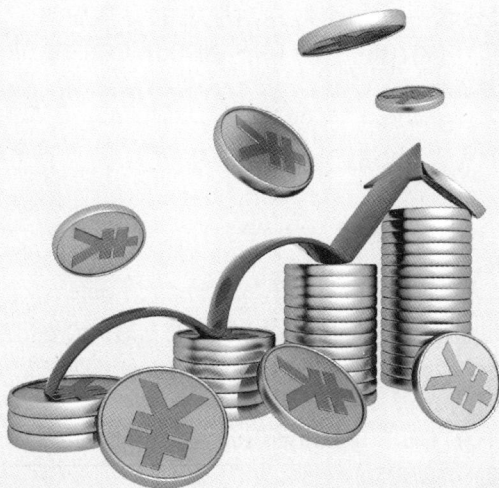

中国铁道出版社有限公司
CHINA RAILWAY PUBLISHING HOUSE CO., LTD.

图书在版编目（CIP）数据

理性的投资者：一个散户对股市的另类思考/贫民窟的大富翁
著. —北京：中国铁道出版社有限公司,2021.6(2021.12重印)
ISBN 978-7-113-27623-2

Ⅰ.①理… Ⅱ.①贫… Ⅲ.①股票投资-基本知识 Ⅳ.①F830.91

中国版本图书馆CIP数据核字(2021)第030841号

书　　名：**理性的投资者——一个散户对股市的另类思考**
　　　　　LIXING DE TOUZIZHE——YI GE SANHU DUI GUSHI DE LINGLEI SIKAO
作　　者：贫民窟的大富翁

责任编辑：马真真　　　　电话：(010)51873345
装帧设计：宿　萌
责任校对：孙　玫
责任印制：赵星辰

出版发行：中国铁道出版社有限公司(100054,北京市西城区右安门西街8号)
印　　刷：三河市航远印刷有限公司
版　　次：2021年6月第1版　2021年12月第3次印刷
开　　本：710 mm×1000 mm 1/16　印张：16　字数：235千
书　　号：ISBN 978-7-113-27623-2
定　　价：69.00元

序　言

2020 年 6 月 27 日，端午节最后一天，上海静安，绵绵细雨，动笔写书。

关于书的内容，我酝酿了很长时间，已经是胸有成竹，但是始终没有动笔。我一直认为，投资是一件很理性的事情，写书是一件很严肃的事情。严肃地做一件理性的事情，心里很有一种神圣感。

自古以来，著书者有的是功成名就，记录自己的辉煌功绩或者成功经验；有的是发现了当时的一些社会问题，试图把自己的解决方法告诉世人。读者要理解著作的价值，就必须了解作者的个人经历和背景。历史的局限性和短暂性决定了每本书都有自己的缺陷。

不管是作者还是读者，每个人都有独一无二的经历，从而形成自己个性化的思维方式。同样的事情，不同的人能够看到的信息是有差异的，即使看到的信息完全一致，也有不同的理解。所以，我认为每个人对世界的认知都是一种偏见，但这也是我们认识世界的唯一方式，除了偏见，我们一无所知。

那么，我写的这本书就可能充满了谬误，只是我的一家之言，但这也是它最有价值的地方。

长期以来，我发现投资市场的书籍尽管浩如烟海，但是内容的重复性很高。我写这本书并不是告诉读者投资的秘诀，而是真实记录我是怎么思考的，以期对当前沉闷的投资理论市场有所触动。作为一名个人投资者，我如实表达自己对投资的认知，我相信要在投资市场取得成功，我们都需要坚持理性思考。但是，具体的投资方法不是，也不应该是唯一的。

我小时候家里经济条件不好，非常渴望用自己的双手改变命运，同时帮助我爱的人。上学期间对缤纷世界的好奇和对知识力量的向往，我深深迷上了阅读，在历史、哲学、经济、法律、管理、营销等方面漫无目的地读了很多书。

一个偶然的机会，我接触到了投资，欣喜发现自己以往存储的零散知识竟然有了汇聚点，没有一个知识是"无用的"。我沉浸在投资的世界中，学习、思考和记录，每天都能感觉到自己的进步。

股海茫茫,孤独前行,我最开始接触的是技术分析,几个回合下来就放弃了。我发现自己理解不了其理论的逻辑性,也记不住那些"奇怪"的图形。而我擅长的财务分析、企业管理、商业营销、战略分析,则为我打开了企业基本面分析的大门。

随着研究的深入,我开始从一般性的企业个体分析转向企业分析模型、投资规律,乃至投资者精神状态的研究。在投资的后半程中,哲学对我的启发最大。我从塔勒布的"黑天鹅理论"中学到了全新的决策理论,从老庄思想中找到了在投资中保持心灵平静的武器。

回首往昔,我从研究企业经营的方法、市场经济的规律中开始,最后从哲学中找到投资的终极奥义,这和我接触的传统投资者很不一样,自己的经历可能也有一些价值。

于是,在中国铁道出版社有限公司编辑的引导下,在家人的鼓励和粉丝的支持下,我决定把自己对投资的认知梳理出来,总结成书。于我自己,我深知自己的理解只是万千世界认知中的一个偏见,不足在所难免。但是,我想一本好书不仅能给读者传递信息,更重要的是启迪智慧,引发思考。从这个角度讲,我不必担心自己的认知存在不足而畏于分享,我更希望自己的原创性思考对有志于投资的朋友有一些帮助。

需要指出的是,在我多年的投资生涯中,我深刻认识到世界的复杂性,个人认知的局限性,股票投资更是一件充满风险和未知的事业。我在本书中所举的案例,都是在特定时间下自己个人的主观认知,不一定对,更没有普遍意义。读者需要独立思考,自主决策,其不可据此投资。

谨以此书献给真正的投资者、真正的思考者,以及热爱生活的你。

贫民窟的大富翁

目　录

第一章
走进股票世界

俗话说："万变不离其宗。"作为投资者，当面对种种波谲云诡的股市乱象的时候，难免产生种种疑惑。如果一开始就对股票的本质有着清醒的认识，那么很容易穿透层层迷雾，抓住问题的本质，从而事半功倍。所以，我们学习股票投资，就必须理解股票的本源。

第一节　股票是很好的投资

我们要过上自己理想的生活，或多或少都需要财富。一般来说，有三种方式可以积累财富。一种是努力工作，自己创造了财富；一种是"撞大运"，发现了树桩旁边撞死的兔子，也能有财富，比如买彩票中奖了；最后一种是投资，在财富的创造过程中，提供了部分生产要素，比如资本，在最后的财富分配环节可以得到一部分。

1. 第一种财富积累方式——劳动

劳动是比较辛苦的赚钱方式，每个人的个体劳动创造财富的效率是有限的，扣除生活消费后，所剩无几的财富只能是单纯的线性积累，速度非常慢。

可惜的是，劳动力这种生产要素经常供大于求，在生产要素市场中的议价权很弱，表现在市场经济中，也就是劳动者的薪资一般跑不赢通货膨胀，劳动者陷于温水煮青蛙式的"陷阱"中。此外，这种生产因素除了极个别具有特殊技能的个体，大多数可替代性很强，处于"人为刀俎，我为鱼肉"的境地。这种财富积累方式带来的是一般生活水平，一辈子辛辛苦苦，谨小慎微，生活却总是紧紧巴巴，很难改变自己的命运。

2. 第二种财富积累方式——"撞大运"

"撞大运"纯属概率现象，假设有足够数量的人守候在足够数量的树桩旁边，在足够的时间内，一定有人会遇到撞死的兔子。但是，我想还没有一个理性人因为之前有人遇到过撞死的兔子而守在树桩旁边苦等吧。

此处，我就用守株待兔式的赚钱方式指代那些本来赚钱的可能性就不大，或者在赚钱的同时却承担了巨大的风险的财富积累方式，这样的人生显然不值得期待。

在日常生活中,我们看到很多人的一生起起伏伏,很重要的原因就是人们错把运气当实力,凭运气赚的钱终究靠实力亏光。古人云:"德不配位,必有灾殃。"意思是,自身的德行要与享受的待遇相匹配,违背自然规律行事反受其害。这种财富积累方式靠运气,其财富的变化充满了不确定性。

3. 第三种财富积累方式——投资

投资的品种有很多。现任宾夕法尼亚大学沃顿商学院金融学教授、华尔街金融投资专家杰里米 J. 西格尔博士,在《股市长线法宝》的第五章"股票与债券自 1802 年以来的收益率"中,以图的形式展示了 1802 ~ 2002 年,股票、长期国债、短期国债、黄金等的总体名义收益率(未经通货膨胀),如下图所示。总体名义收益率包括资产价值的变动与利息或股息之和,并假定随着时间的推移,这些现金流会自动在这些资产上进行再投资。

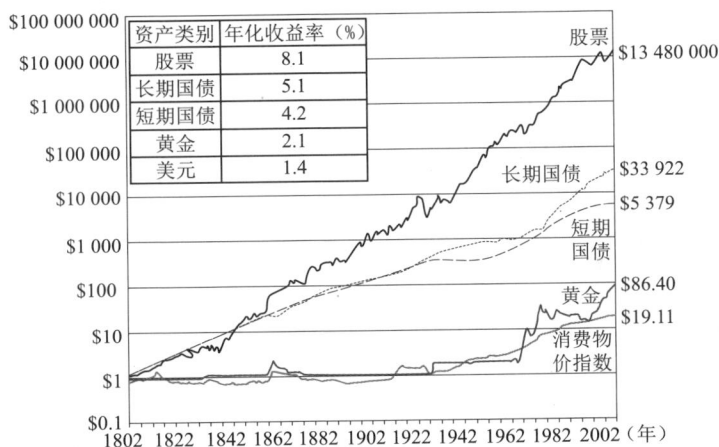

资产类别	年化收益率(%)
股票	8.1
长期国债	5.1
短期国债	4.2
黄金	2.1
美元	1.4

各投资品种的总体名义收益率趋势图

我们可以看到,股票的收益远超其他品种,而大众心中的硬通货黄金和美元则处于相对贬值中。美元作为一种信用货币,在较长时间段内出现贬值并不意外,这是所有信用货币的宿命。黄金收益较低,则主要是因为其不能产生现金流,无法形成复利。事实上,一切不能产生复利的资产,比如字画、珠宝等,在长周期内的增值效率都是不高的。至于票据、债券,虽然能收取一定的现金流,但是其收益率却低于股票,自然被股票远远抛在身后。

这里不好理解的是,为什么股票的收益率比债券要高。股票是股权,属于创造财富的人。而债券是借钱给别人,如果借钱给别人比自己干更赚钱,那么谁还去创造财富呢,大家都把钱借给别人好了。

一个社会的进步,必然体现为生产力的发展。而要鼓励创造财富的人,自然在财富分配中给创造财富的人更高的比例。在现代社会中,社会的财富分配可以分为四部分:一是政府收取的税费;二是参与 GDP 创造的个人所获收入;三是非营利部门获得的捐赠和财富转移;四是企业的盈利。在这四类参与体中,企业这种经济组织比个人、家庭或政府有更低的摩擦成本——通过深化分工、专业化协作、对利润的激励和对损失的惩罚机制等手段达到。因此,在现代经济中,企业是财富创造效率最高的组织形式。

为了鼓励企业发挥其作用,分配环节也就应该得到最大的比例。一个社会如果在分配环节不这么做,一定不利于社会发展,从而被国际社会淘汰。所以,我们可以认为企业所有者,即股权投资人,因为拥有最高的财富创造效率,所以其财富增值能力也应该最强。

上市企业是一个社会企业群体中的杰出代表,股票是其股权的一般形式,股票的财富增长能力在大类资产配置中拔得头筹也就理所当然了。

当然,这种股票的高收益,是指企业整体而并非每一个企业都有相同的收益。所以,投资宽基指数从长期看是很好的投资。但是,如果投资者有能力从上市企业中把优秀的企业挑出来重点投资,其收益率会更高。

说到底,我们投资上市企业股票的收益来自两方面。一个是其本身创造财富的效率较高,从而天然获得较高的收益。一个是在时间长河下的复利增长。后者才是投资的关键。

从本质上看,第一种财富积累方式和第三种财富积累方式都是在价值的创造中提供某种生产要素,但是不同生产要素的属性迥异,也就造成完全不同的财富积累结果。

通过投资,做时间的朋友,财富才能以复利的形式不断增值。利用这种财富积累方式,投资者只需要依靠识别优秀企业、长期持有其股票就可以享受复利,从而实现财务自由。

选择决定命运,我衷心地想告诉本书的读者:越早投资股票越好,股票是实现财务自由永不过时的有效方式。但同时希望读者注意,需采取谨慎态度进行股票投资,切不可盲目为之。

第二节　股票的基本属性

在明白了股票是很好的投资方式后,我们一起走进股票的世界,去深入了解其基本属性。

一、股票的双重属性

为描述股票的基本属性,我杜撰了一个海运淘金者的故事,帮助大家认识股票的双重属性。

话说随着经济的发展,海洋贸易逐步兴起,冒险者们获得了丰厚的回报,很多人都想参与这个生意去分一杯羹。但是,开展海洋贸易并不容易。首先,需要买船、雇佣水手,这可是令普通人望而止步的高门槛。其次,商船出海是一件风险很高的事情,海上环境变幻莫测,还有凶残的海盗,一不小心连船带货就打水漂了。当然,如果商船顺利出海返航,将会为淘金者带来足够高的收益。可见这门生意有三个特点:高投资、高风险、高收益。

怎么解决这个问题呢? 人类的智慧开始发挥作用了。那就是降低门槛——集资,降低风险——分散,获取收益——投资贸易,于是股就出现了。

首先,股起到了筹资的作用。假定一条商船的初始资金需要1 000万元,那么100个人每个人出10万元就可以顺利启动了,集中力量办大事,而不必干瞪眼着急。其次,通过分散参与经营,降低了风险。一个投资团队准备1 000万元的资金,如果全部投资一条船,一旦商船出事就什么都没了。但是,同时投资十条船,每条船投资100万元,每条船顺利返航后带回的财富按比例可以拿十分之一。一条船回不来是有可能的,但是十条船同时回不来的可能性几乎为0。只要有几条船能回来,投资者就可以赚得盆满钵满了。虽然让渡了潜在的部分收益权,但是细水长流,赚得踏实,预期收益最大化了。

商船出海,除了第一批淘金者,投资者大都不会跟船,怎么保证在没人监督的情况下,船长和水手不会海吃海喝,贪污受贿呢?精心挑选雇员固然重要,但是利益的绑定更让人安心。投资者就和雇员商量,送给商船经营者一定的股权,商船返航后赚的利润,雇员也参与分成,把雇员和投资者的利益绑定,激励他们认真经营。

这时候,股的功能就扩展了,它起到了四个作用:集资、分散风险、收益最大化、协调经济活动中各方的利益。

一段时间后,原来的股东年龄大了,或者发现了更好的投资机会,或者厌倦了现在的生活,总之,想退出,但是又不能把船分成十份,拿走属于自己的一份。刚好此时,同行有人想要扩大份额,在收购合伙人的股。当然,也有新的投资者进场,想要从事海洋贸易,一看有人在卖股,得,咱也别费劲了,就买他的股。买卖双方商量好一个价格,就成交了。

有人卖,有人买,慢慢就形成了市场。这股卖出去,股权人变更了,总要有个凭证啊,方便商船回来后按照权益份额分红,也防止交易者反悔,于是就出现了票。票就是股的凭证,这个凭证是在交易中出现的,用以证明股的受益权变迁。

这时候,股票就顺理成章诞生了,它有两种基本属性:股权属性和交易凭证属性。显然,股权属性是第一属性,本质是一种资本的投资行为,实打实地做生意。交易属性是依附于股权属性的,是一种衍生属性。

票作为交易属性的筹码,其价格是由供需关系决定的。在市场经济中,交易一定是以双方均认为自己"占便宜"的方式成交的,交易者是以自己筹码现在的价格和未来的价格高低做比较判断的,即交易者的预期。

当市场上大多数人认为一只股票价格会上涨,卖出的人要么选择不卖,要么选择抬高价格,买入的人认为自己买入有利可图,可以在更高的价格卖出。于是,成交的真实价格不断攀升,直到卖家不再涨价卖了,买家不愿意加价买了为止。此时,卖家认为卖出自己不吃亏,买家认为买入自己不占便宜,原本运动的交易成交价稳定下来成为均衡价格,除非有新的预期打破这种均衡,股票的价格将始终保持稳定。

我们不由地思考,是什么造成了交易者预期的变化。明白了这个问题,我们就掌握了股票价格变化的神奇力量。

从交易的角度来讲,买入持续上涨或者卖出持续下跌的股票就可以盈利,这就要求我们站在市场上买方或者卖方中话语权较大的一边。假定现在市场中买方力量强大,股价上行,我站在了买方的一边,我享受股价上行的好处。但是,我就是买方,买方就是我,我决定了自己是力量强大的买方。

这其实是一个悖论,原本我以为自己选择了强大的一方所以才获利,最后才发现不是。真相是,我就是那个强大的力量。我不能决定股价的变化,只想搭便车而已,并不想自己去推动股价上涨。但是,在我考虑市场买卖力量强弱的时候,没有办法去避免自己本身就是市场的一部分,这种局中人的身份使得我原本单纯想选择市场力量强大一方的目的,无法实现。

那么,有没有人有这种本事呢?正常来说是没有的,但是有这种"本事"的人是存在的。从概率上讲,假设我们做一道选择题,每次成功的概率是0.1,连续选择10次,每次都对,你觉得自己是那个幸运儿吗?0.1的10次方,无限趋近于0,我们可以认为这是不可能的,也就是人有这种本事是不可能的。但是,如果有10的10次方个人同时玩这个游戏,那么我们就可以断定一定有这么一个人能成功。是谁呢,是概率的幸运儿,这个人就是我们说的投资大师。

作为投资者,你面对投资大师侃侃而谈自己的盈利之道,十年百倍的传奇,你该如何分辨他的真假呢?

不管是总结自己的经验还是汲取他人的智慧,一定要搞清楚,这种收益背后的逻辑是不是真实、可学习、可复制的,或者仅仅是一种幸存者偏差而已。

二、股票的盈利来源

对于投资者而言,投资上市企业能获得三重收益。一是企业的利润,可以称为内生价值,收益来源于企业内部。二是企业再融资中的转移资产,可以称为外生价值,收益来源于企业外部。三是股票价格上涨给投资者带来的超额收益,可以称为随机价值,收益来源于股票价格的随机波动。

1. 内生价值

先说内生价值。内生价值是企业通过自身经营活动创造的价值。投资股票在形式上是购买股票，实质上是购买企业的股权，即企业资产的所有权。除了个别企业经营和股票价格具有反身性，企业资产的盈利能力一般和股票价格的变化无关。企业在经营过程中产生净利润，一部分分给股东，股东可以消费或者再投资；一部分留存企业，企业留存的净利润形成新的净资产，使原有股东权益增加，原有的股东权益和新生的净利润形成投资者股权收益不断增值的循环过程。

2. 外生价值

外生价值是上市企业再融资能够为原有的投资者创造的价值。对于上市企业的再融资来讲，一般会选择以低于其现有股票价格但高于其股份净资产的价格增发股票。增发完毕，新股东进入企业后，财务上要按照同股同权的"同权化原则"重新确认各自的股份权益份额。股权同权化，是指相同单位的股份在企业具有相同的权益。新加入上市企业的股东，购买新股份所支付的价格高于原有股份的净资产，在同权化处理之前，新股份所带来的每股净资产高于原有股份每股净资产。而新股份进入企业后，进行同权化处理时，新股份较高的净资产将部分无偿地确认为原有股东的权益。这种企业再融资时为原股东带来的增值就是外生价值。下面，举个例子来具体说明。

假设一家上市企业的市净率为2，每股净资产为5元，则股价为10元。现在企业向战略投资者定向增发，上市企业按现有股份与增发股份10∶3的比例增发股份，增发股价为8元，高于每股净资产，但是低于股价。那么，增发完成后，企业进行权益同权化处理（用增发后的总净资产除以增发后的总股票数量），每股净资产转化为5.69元/股。此外，我们一般认为，增发后的企业市值为增发前的市值加上新股东投入的现金，将其除以增发后的总股票数量，则股价变为9.54元[①]。可见，因为企业的融资增发，老股东每股增加了0.69元的外生价值。

---

① 计算过程如下：假设这家企业股票数量为10，则净资产为 $10 \times 5 = 50$（元），市值为 $10 \times 10 = 100$（元），增发后股票数量为 $10 + 3 = 13$，净资产为 $50 + 3 \times 8 = 74$（元），则每股净资产为 $74 \div 13 \approx 5.69$（元），增发后的市值为 $100 + 3 \times 8 = 124$（元），每股股价为 $124 \div 13 \approx 9.54$（元）。

从表面看,低于股价增发后,老股东的权益被摊薄,而持有的股权数量不变,股价跌了,损害了老股东的权益。但是,市场估值是根据企业的盈利能力确定的,如果企业融资后整体的盈利能力没有衰减,那么市场一定还会以 2 倍市净率去估值,每股净资产 5.69 元,那么股价就是 11.38 元,相比之前的每股 10 元,增值了 13.80%。

A 股市场的投资者听到企业要融资就会很害怕,当作负面消息对待,其实没必要。从股权的角度考虑,我们购买股权实际上是购买了企业的一部分资产,我们获利的根本是属于我们的这部分资产的盈利能力。只有当企业因为融资降低了原资产的盈利能力的时候,融资才是负面的。如果企业融资后,属于我们的这部分资产的盈利能力增强了,这个时候融资就是有利的,更不要说以高于净资产融资带来的后来者对先来者的净资产转移了。

我们可以把不同的企业当作不同的印钞机,不同印钞机的效率是有差异的。我们要找到印钞速度最快,最耐用的印钞机,即盈利效率最高,盈利持续性最长,机器性能最稳定。对于一台机器来说,它有自己最佳的工作区间。当机器在低于这个区间的时候,它的盈利能力不是最高;高于这个区间的时候,盈利能力开始衰退。当企业因为融资盈利能力增强的时候,说明在向最佳工作区间靠近,这对于我们股东,是大好事。只有当企业因为融资,单位资产的盈利能力开始减弱的时候,我们才应该开始警惕。

关于企业融资,当上市企业以高于净资产的价格向其他股东增发新股,或者按照高于净资产的价格拆分某部分资产独立上市融资,通常被称为摸钱的行为。但是,如果我们是原股东,企业进行融资就是我们摸别人的钱来增加自己拥有的企业净资产。很多投资者因为增发的价格低于当前每股的价值而认为企业在侵占小股东权益,就是因为没有看到股权价值是运动变化的。

我前面讲过,股票有一个重要功能是协调企业各方的权益,新老股东并不是一个博弈的对手盘。下面,举个例子来具体说明。

假设我们原来对自己拥有的股权享受 100% 的收益,每年收益 100 万元,现在融资后权益只有原来的 75%。但是,因为企业拿到融资后增加了产能,拓展了渠道,强化了品牌,每年收益 200 万元,则现在 75% 的股权对应每年收益 150

万元。你想要100%股权对应的每年收益100万元,还是75%的股权对应的每年收益150万元呢?

股权只是手段,我们的最终目的是收益,衡量好坏的标准是自己拥有的股权部分在融资前后的收益变化,毕竟我们作为二级市场的个人投资者还不用考虑控制权的问题。

一台印钞机,保持最高的效率,持续稳定地赚钱才是正道。怎么才能达到最高的效率呢?这里面有客观的环境条件约束,也受管理层的经营管理影响。所以,投资是一门艺术,而不仅仅是在计算器上可解决的数学问题。

3. 随机价值

最后讲讲随机价值。市场的随机性既表现为证券市场整体价格的随机波动,也表现为个别企业股票价格的随机波动。当市场给出的价格显著低于企业价值的时候买入,在价格显著高于企业价值的时候卖出,这种利用股票在交易市场价格的波动获取的,超过股权利润积累带来的超额收益就是股票市场的随机价值。

现在,我们来思考另外一个问题——我们作为投资者如何在股市盈利。这也是大家最关心的问题。企业的融资有一定的随机性,我们只能依赖市场估值水平的变动和企业盈利能力了。

市场估值的代表是市盈率。赚取市盈率变化的钱,就是选择市盈率低于市场平均水平,或者市盈率低于该企业历史平均水平的股票,通过分散仓位,即使个别企业确实出现基本的恶化也不影响大局,从而获取整体收益。代表人物有格雷厄姆、施洛斯等。

赚取企业盈利能力变化的钱,有两种。一种是估算企业的价值,然后和当前的价格比较,低估值买进,高估值卖出,相信市场经济下所有资产的收益率有趋同的运动力带来的价值回归。另一种是价值投机派,通过财务分析和对企业深入的研究,猜测企业的业绩拐点,这种企业经营业绩的逆转带来利润水平出现大幅度提高往往带来股价上扬,可以说A股市场自称价值投资的人大部分都是价值投机派。

投资者认真研究一下自己的能力和特长,选择一条适合自己投资的路,并为之持续努力,都可以成功。

第二章

认识价值投资

在了解了股票的基本知识后，我们开始了解价值投资理论。不管你是否认可这个理论，但是只要你想在投资市场中长期赢利，就不能无视其的影响力。深刻理解价值投资的内容，对于我们做好股票投资大有裨益。

第一节　价值投资理论概述

价值投资,顾名思义即以价值为基础的股权投资。价值投资也是一种博弈,博弈的核心是投资者对企业价值的判断。

一、价值投资的理论背景

现代经济学认为,商品是用于交换的使用价值,强调必须通过交换过程,实现使用价值的转移才是商品。股票并不是普通意义上的商品,其本质是资产所有权的凭证,所以其的使用价值是获取投资回报。那么,股票的价值就是股票所代表的股权对应的资产部分在未来能够为所有者带来的资产增值。

购买股票是一种资本投入行为。我们进一步认为,股票的价值是股票股权背后的资产在投资期间能够产生的全部收益以现金流形式表现的折现值总和。

股票是可以交易的,交易是以价格的形式呈现的。股票的价格,根本上是由价值决定的,但是短期内是由供求关系影响的。价格是价值的表现形式,价值是价格的内在根基。价格和价值是股权的形式和内容,分别与交易属性和股权属性对应。

作为市场经济的参与者,每个交易主体都在追求自己利益的最大化。那么,怎么追求自己的利益最大化呢?一般主要有两个办法:一个是买入股权后,依靠对应的资产增值;一个是自己买入后,能够以更高的价格卖出。这两种方法分别对应内在价值和随机价值。

我们知道,交易一定是在对双方都有利的情况下才能完成的,依靠交易赚取价差。在上一章中,我已经从逻辑上说明,投机者很难持续判断价格的走势,自然很难赚取价差。

在实际交易中,很多人自信满满,认为自己智商高,能力强,没有意识到股票的成交价格是一个双方均认可的价格。那么,投资者和一个比自己智商高的人交易,或者比自己智商低的人交易,其难度是一样的。设想一下,你的交易对手是一个无知的人,而你的报价必须让这个无知的人满意才能成交,你绝望吗?以猜测对手行为为基础的连续决策很难成功。

这些问题始终困扰投资者,根本原因是交易者心中并没有"秤",就像无根之萍,掌控不了自己的命运,不管顺风顺水的时候多么志得意满,也会在必定到来的狂风暴雨中雨打风吹去。

而价值投资则是以价值为基础的投资,股票的本源价值是股权价值,因为存在活跃的交易市场,才有了交易价值。所以,股票在现实中的价值有两个:股权价值和交易价值。其中,股权价值是主要的,交易价值是次要的。我们做投资可以以股权价值为基础,这就是价值投资的本质。

换个角度,买进股票后不怕股价下跌的投资才是好投资,那么价值投资就是把安全性放在首位的投资方式。价值投资就一定能成功吗?恐怕未必。

价值投资作为一种投资策略,具有一般性策略的特点:同样是一种概率行为;同样有适用的边界;特定时间段的收益可能会很差。当你选择价值投资的时候,只是一个开始,路还很长,"坑"还很多,这需要漫长的学习和修炼。

纯正的价值投资理论认为,宏观经济不可预测,只能精选企业,评估价值,在合适的价格买入,用时间来熨平价格波动,以企业的内生性增长为收益的根源,理论依据是长期持有一家企业的股权,投资者的收益率约等于企业的净资产收益率。

但是,市场上更多的是伪价投,或者说是价值投机,区别于价格投机和 K 线投机。价值投机的本质,还是以股票的买卖价差作为收益来源,区别就是把价值作为衡量股票价格涨跌的依据。

很多价值投机者炒股炒的是预期,不同的是价值投机预测的是企业的基本面,价格投机预测的是市场价格走势。如果这样的话,前者的预测为什么就比后者的预测高尚呢?要知道,价格投机也有很多的模型、理论和数据支撑呢!

这个问题困扰了很多价值投资者,该怎么认识它的本质呢?这个问题还有个变形,就是价值投资者是不是应该只有空仓和满仓两种状态,价值投资者如何看待交易的技巧问题?进一步,价值投资应该不应该只做一只股票?既然你坚持价值投资,不打算拿十年的股票就不要持有一天,忠于自己的价值,你就拿一只股票,买完销户就行。

关于价值投资的市场观点分歧,还有非常多。除了价值投资和价值投机以外,还有很多别的流派。比如,趋势投资、技术分析、事件驱动、ST股票投资策略、大数投资,以及数不清的量化模型。而价值投资又有巴菲特流派、格雷厄姆流派、费雪流派、戴维斯流派,还有逆向投资、龙头战略、跟随战略等。真要去挨个分析,恐怕要累死,这些市场理论的杂音,我用八个字应对:**唯实唯是,循序而行**。

坚持事实,坚持逻辑,坚持规律,坚持本源。我们并不需要做到完全正确,只需要走在投资的大道上就足矣。

二、价值投资的理论框架

价值投资大师有很多,巴菲特是其中最耀眼的明星。为阐述价值投资,我以自己对巴菲特投资系统的理解为主体,结合大师们的智慧做一个简单的总结。

1. 价格围绕价值波动

芝加哥学派的市场有效假说理论造就了一个广为人知的名言:"你无法战胜市场——不论什么时候,股票价格都是合理的,价格等于价值。"这也成为指数基金运作的坚实基础。

价值投资者认为,市场就跟一个人一样,是一个躁狂型抑郁症患者,狂躁的时候给出的交易报价远高于价值,抑郁的时候价格远低于价值。从表面看,市场的交易价格涨跌不休,但本质还是围绕价值波动的。那么,投资者就可以利用极度情绪化的市场先生,在价格低于价值的时候买进,价格高于价值的时候卖出,从而获取超额收益。

这样的理念让很多人误以为巴菲特是一个择时高手,看起来巴菲特总是在股价较低时买进,股价较高时卖出。这是因为局外人看到的是时间和股价的函数,其实巴菲特的交易函数是价值和股价的函数,时间只是事件发生的伴生参数而已,正如任何事件都有一个时间的参数。

在《证券分析》(第6版)的导读七"高安全性和高收益率的股票投资"中关于市场先生,格雷厄姆有一段精彩的论述。格雷厄姆说:

"投资者应该把市场行情想象成一位亲切的市场先生的报价,他是你私人生意中的合作伙伴。市场先生从不失信,他每天定时出现并报出一个清晰的价格,然后由你决定是否按照这个价格买下他手中的股份或者将你的股份卖给他。

虽然你们两人的生意可能存在某些稳定的经济特征,但市场先生的报价却是不可预测的。因为这个可怜的家伙有无法治愈的精神缺陷。有时,他很高兴,只看到生意中有利的因素,他会制定很高的买卖价格,因为他担心你侵犯他的利益、夺走他的成果;有时,他又很悲观,认为无论是生意还是世界,等待人们的只有麻烦,他会制定很低的价格,因为他害怕你把自己的负担转嫁给他。

如果他的报价很低,你或许愿意买入;如果他的报价很高,你或许愿意将你的股份卖给他;又或者你也可以对他的报价不予回应。

市场先生的性格可爱,他不在乎被你冷落。如果你今天对他的报价不感兴趣,他明天会再给你一个新的,交易与否完全由你决定。很显然,他的狂躁抑郁症发作得越厉害,对你就越有利。

但是,你必须记住,否则无论做什么都是愚蠢的:市场先生只为你服务却不能指导你。对你有用的是他的钱包,而不是他的智慧。如果他在某一天表现得特别愚蠢,你有权选择忽视他或利用他,但如果你受到他的影响,那将是一场灾难。"

格雷厄姆关于市场先生的描述,为无数后来的价值投资者关于如何看待股票价格的无规律变化,指出了一条明路。

2. 优质企业的"护城河"

巴菲特认为,与企业的竞争力相比,"护城河"更重要。只有建立在坚固地基上面的城堡,才值得拥有。如果一座城堡建立在流沙上,很快就会被海水冲刷掉。

　　大白话就是,企业赚钱能力强弱是其次,首要的是企业赚钱的确定性。因为在时间的复利下,确定性带来的收益非常大。这样的投资方式,不需要投资者频繁做决策,从而降低了交易成本,减少了犯错的机会。

　　从企业经营看,竞争力就是企业赚钱的能力,体现为净资产收益率,"护城河"就是这种能力的持续性。"护城河"的理念是巴菲特在芒格的启发下,对"优秀企业"的深刻认知。

　　格雷厄姆认为,普通投资者不具备分析企业财务报表及未来发展状况的能力,所以应该通过大量分散买入低估的股票来规避买错的风险。芒格则认为,如果有一家持续盈利的优质企业,投资者持有较长的时间,则复合收益率近乎为企业的净资产收益率,即使当初买进的价格较高,也影响不大。

　　巴菲特认为,如果一个投资者没有能力或者时间对企业进行深度分析,那么就应该分散持有众多企业的股票,并且尽可能长期持有,甚至直接建议普通投资者买进指数基金。但是,如果投资者能够了解企业的经营状况,只需要以合理价格买进 5 ~ 10 家具有长期竞争优势的企业股权,那么完全不需要分散投资,这个时候集中持有自己熟悉的、优质的股票,就会增加投资收益并且减少投资风险。关于长期持有优质股权的观念,巴菲特深受芒格影响,正是芒格把他从格雷厄姆的世界拉出来,扩大了他的视野,帮助他完成了进化。

　　关于自己如何从捡烟蒂的投资方式中进化为长期持有优质股权,巴菲特曾有过深刻的论述。在《巴菲特致股东的信1989年》中,巴菲特讲道:

　　"如果你以相当低的价格买进一家企业的股票,通常情况下这家企业经营情况会有所改善,使你有机会以不错的获利把股票出手,虽然长期而言这家企业的经营结果可能很糟糕。我将这种投资方法称为'雪茄烟蒂'投资法:在大街上捡到一只雪茄烟蒂,短得只能再抽一口,也许冒不出多少烟,但'买便宜货'的方式却要从那仅剩的一口中发掘出所有的利润,如同一个瘾君子想要从那短得只能抽一口的烟蒂中得到天堂般的享受。

　　除非你是清算专家,否则买下这类企业实在是非常愚蠢。

　　第一,原来看起来非常便宜的价格,到最后可能一文不值。在陷入困境的企业中,一个问题还没解决,另外一个问题就又接踵而来。正如厨房里的蟑螂,绝对不会只有你看到的那一只。

第二，任何你最初买入时的低价优势，很快地就会被企业不佳的绩效所侵蚀。例如，你用 800 万美元买下一家清算价值达 1 000 万美元的企业，若你能马上把这家企业处理掉，不管是出售或是清算都好，换算下来你的报酬可能会很可观。但是，若这家企业要花上你十年的时间才有办法把它给处理掉，可在这十年间这家企业盈利很少，只能派发相当于投资成本很少的几个百分点的股利的话，那么这项投资的回报将会非常令人失望。时间是优秀企业的朋友，却是平庸企业的敌人。"

1990 年 4 月 18 日，巴菲特在斯坦福商学院演讲时说：

"如果一家企业赚取一定的利润，其他条件相等，这家企业的资产越少，其价值就越高，这真是一种矛盾。你不会从账本中看到这一点。真正让人期待的企业，是那种无须提供任何资本便能运作的企业。因为已经证实，金钱不会让任何人在这个企业中获得优势，这样的企业就是伟大的企业。"

巴菲特把企业这种在同等资本投入下赚取超额收益的能力称为经济商誉①，经济商誉之所以宝贵，就在于它为企业修筑了一条仅靠金钱填不平的"护城河"。在资本逐利天性的驱使下，仅靠金钱就可以填平的"护城河"，一定会被金钱填平。拥有金钱无法购买的经济商誉，企业才有成为伟大企业的可能性。

3. 坚守能力圈

随着巴菲特开始摆脱格雷厄姆的教导，投资方式从大量分散买进低估股票进化到以合理价格持有优质股权的时候，能力圈的概念自然也就出来了。

因为优质的企业必然很少，把这部分企业找出来并不容易，而且要求正确率很高，最重要的是投资的盈利将从价值修复转变为时间的复利，长时间的持股属性天然要求投资者必须对企业有深刻的理解。

---

① 商誉是个会计名词，指一家企业收购另一家企业时，成交价超过被收购企业可辨认净资产公允价值的部分。巴菲特借用了这个词汇，创造了"经济商誉"这个概念，用来代表没有被记录在一家企业财务报表资产科目里，却确实在在能够为企业带来利润的隐藏资产。经济商誉就是企业"护城河"的数字形式。

巴菲特在 1992 年的年会上首次向企业股东提起：

"在与商学院的学生交谈时，我总是说，当他们离开学校后，可以做一张印有 20 个圆圈的卡片。每当他们作出一个投资决策时，就在上面打一个洞。那些打洞较少的人将会变得富有。原因在于，如果你为大的想法而节省的话，你永远不会打光所有的 20 个洞。"

两年后，芒格在南加州大学的一次演讲中，也谈过一个类似的观点：

"人类并没有被赋予这样的才能，可以在任何时候了解任何事。但是，有些努力肯干的人——他们不断地观察这个世界，并试图找出在错误定价上投资的机会——却被赋予某种才能。这些明智的人，会利用世界给他们提供的这一机会敏锐投资，而且在大概率成功的机会上加大投资，其他时间则按兵不动。事情就是这么简单。"

由此可见，对于投资，我们要做的决策并不需要太多。通过学习，一个人的能力圈会变大，随着时间的流逝，一个人的能力圈可能会变小。那么，可以推理，能力圈的核心是对能力圈内部的掌控，而不是边界的大小。能力圈的真正价值在于：在边界内操作可以减少相对边界外的风险，提高边界内投资的收益。

关于自己的能力圈，巴菲特曾表示，我知道丧失了很多机会，但是我也不后悔，因为我不懂。即使我身边有最懂的人，可是我不懂，我还是不会去投它。在自己的能力圈之内做决策，而不是去拼命地寻找另外的机会，这是巴菲特成功的关键。

怎么才能确定自己是否掌握一家企业呢？我觉得，可以通过自问自答四个问题解决：企业的商业模式是什么？企业的产品竞争力怎么样？企业的"护城河"坚固吗？企业的经营活动会不会受到降维打击？

如果这四个问题有一个你说不清楚，那么这个企业就可以归类为"看不懂"，排除出投资的选择范围。对于能看懂的企业，再考虑价格问题。

4. 分散和集中

格雷厄姆的分散原则适用于普通人，力图通过对个体股票的风险分散，获得以股市整体收益为下限的投资组合。这个判断不是建立在对个体企业的判断上,而是建立在"总体或者群体"的基础上。

分散组合的一个典型是齐东平教授的"大数投资",以概率统计规律建立一个投资组合去拟合上市企业的净资产和收益性,是该类投资思想的代表。巴菲特强调的则是集中,因为他认为通过深度认知投资标的,而不是分散持有可以更好地对抗风险。

巴菲特认为,如果投资者能够了解企业的经营状况,只需要以合理价格买进 5~10 家具有长期竞争优势的企业股权,那么完全不需要分散投资,这个时候集中持有自己熟悉的、优质的股票会增加投资收益并且减少投资风险。

关于分散和集中的内容,我将在本书后面章节具体分析,这是投资中极为常见而重要的一个话题。

5. 股权即所有权

巴菲特对格雷厄姆的"股权代表企业的一部分"原则做了细微调整:从"股权代表企业(现有资产所有权)的一部分",调整为"股权代表企业(未来收益索取权)的一部分"。

格雷厄姆的投资体系强调,"股票代表企业(现有资产所有权)的一部分",因此关注点是企业资产真实性和可变现价值。一旦将思路调整为"股权代表企业(未来收益索取权)的一部分"后,企业今天账面上拥有多少资产,就没那么重要了。重要的是,企业靠什么赚钱,今后能够赚到多少钱,其中多少钱可以拿来供股东分配。思考的重心,自然而然地从"现在拥有"转向"未来盈利"。

这还不够,巴菲特通过对不同商业模式的考查,发现类似航空、汽车等行业,虽然好的年份有不错的盈利,但是却面临不断再投入的窘境,企业的股东眼看着大量利润却无法分享。由此,他提出了自由现金流的概念。同时,结合"护城河"的概念,用不同的折现比率体现"护城河"的强弱,完善了企业估值理论中的自由现金流折现模型。绝对现金流估值法,由此自然而然成为价值投资者对股票估值的基本方法,并广受认可。

6. 坚持安全边际

在估值的基础上,价值投资的实际交易中引申出安全边际的概念。

世界是无限的,而每个人的认知是有限的,没有谁能看透一个投资决策背后所有的事实和逻辑,看不透就意味着投资本身是一个概率游戏,区别是概率的大小,每个人都会犯错。

价值是主观对客观的认知,每个人对相同事实的价值判断都不同,而且企业的价值随着大量的相关因素变化在不断改变,并不是一个恒定的数值。

在企业的估值方面,涉及不同的参数,每个细节差异都会造成最后结果的不同。而我们知道,在一个充满不确定性的世界中,对企业的价值实现精确估值,是不可能的。很多投资者在计算估值的时候要求精确到小数点后几位,我并不觉得有多大意义。

所以,我认为,投资者应该放弃给企业精确估值,而追求准确估值。同时,应该明白我们的估值有偏差,甚至是错的。

在这种情况下,如何保护自己的投资呢?格雷厄姆提出了安全边际的概念,即安全边际的大小取决于你付的钱。任何一只股票,假设在某一个价位时安全边际很大,价格再高一点的时候就变小了,再高一点,就没有安全边际了。

投资者需要安全边际,这样才有空间承受长时间累积下来估值不准、运气不好或者分析错误所带来的风险。

直白点说,价值1元的资产用0.5元买下来,这笔投资就有安全边际;用1元的资产买下来就没有安全边际;用1.5元的价格买下来,安全边际就是负的,投资者承担了较大的风险。

强调一下,以合理价格买入企业股权也是价值投资。但是,只能赚取价值内生性增长的收益,而且安全边际变小了。股票价格运动的机制使得股票价格一定会出现严重偏离价值的时候,耐心等待,市场上从不缺少好的投资机会。

值得注意的是,价值本身作为一种主观判断,那么安全边际也有具体认知的差异性。在价格和价值的相对运动中,格雷厄姆认为静态的价格低于价值就是安全边际;费雪认为价值的不断成长才是安全边际;巴菲特认为交易价格低于绝对估值法下的价值是安全边际。这就像吃鱼,有的人喜欢清蒸,有的人喜欢烤鱼,有的喜欢酸菜鱼,形式多种多样,但都是吃鱼。

三、价值投资的其他内容

通过上述六个关键点,我认为已经基本概括了价值投资理论的主要框架。

在实际的投资中,作为一种成熟的投资理论,价值投资者对很多投资中常见的疑惑做出了精彩的解答,具体如下。

1. 关于自我认知

投资的本质是获取与自己认知相符的财富,而不是比别人更多的财富。所以,在某种意义上说,投资的收益率是没法比较的。芒格认为,想要得到一样东西的最好方法是让自己配得上。我们在投资市场,要盯住企业而不是交易对手,要盯住自己的认知和实践能力,而不是投资收益率的高低。

那么,一个人应该怎么提高自己的投资能力呢?巴菲特认为,每个人的能力都是有限的,但是采取正确的策略,都能取得成功。每个投资者都会犯错,但只要将自己限制在少数几个容易了解的投资对象上,一个有智慧、有知识和勤勉的投资者,一定能够将风险控制在一个可控的范围内。你不必成为所有企业的专家,甚至不必成为许多企业的专家,你只要能对个人能力范围内的企业做出正确评估即可。正确投资一家有着单一成功要素、简单易懂并且可持久保持下去的企业,与你投资一家有着多项竞争变量且复杂难懂的企业相比,即使后者已经经过你缜密而深入的分析,它们的回报最终也差不了多少。

2. 关于分红

关于股票分红的问题,巴菲特在《巴菲特致股东的信2012年》中有过精彩的论述,这一部分我将直接采用他的论述。

一家盈利的企业,可以有许多方法配置它的盈利。企业的经理层,应该首先检查企业主业继续投资的可能性——提高效率的项目,区域扩张,扩张或改进生产线,或者其他加深与竞争对手之间"护城河"的投资。

我们的下一步,则是寻找与现有业务无关的收购机会。我们的标准也很简单:查理和我是否认为我们可以通过交易让股东在每股资产上变得更加富有。

资金的第三种利用方式——回购——在企业股票以明显低于保守估计的内在价值的折扣出售时具有意义。实际上,有纪律的股票回购是合理利用资金的最安全方法:以80美分或者更低的价格购买1美元很难出错。

最后,我们来到分红。这里,我们需要一些假设并且要做些计算。这些数字需要一些功夫才能理解,但是这对于理解应该和不应该分红的原因很重要。

所以,请耐心听我讲。

我们假设你和我各自拥有一家价值 200 万美元的企业的一半。企业每年的利润率是 12%——24 万美元——并且可以合理预期新增投资也能获得 12% 的回报率。另外,外部投资者愿意以净资产 125% 的价格收购我们的企业。于是,我们各自资产的价格是 125 万美元。你可能希望企业每年把利润的三分之一用来分配,剩余三分之二继续投资。你觉得这个方案既满足了当前收入的要求,又能实现资本增值。所以,你建议我们分配 8 万美元现金,剩余 16 万美元用于增加企业未来的利润。第一年,你会收到 4 万美元的分红,之后利润会增长,三分之一的分红比例继续持续,你收到的分红也会增长。于是,分红和股票价值会以每年 8% 的速度增长(12% 的回报率减去 4% 的分红比例)。10 年以后,我们的企业价值 4 317 850 美元(期初的 200 万美元按 8% 的复合增长率计算),同时你下一年收到的分红也会增长到 86 357 美元。我们两人各自的股票价值 2 698 656 美元(我们各自一半净资产的 125%)。我们之后还会更快乐——分红和股价依然每年增长 8%。

但还有另外一种方式可以让我们更加快乐,那就是我们留存所有的利润,同时每年卖出手中 3.2% 的股票。因为股票可以以净资产 125% 的价格卖出,所以这种方法第一年也能获得 4 万美元的现金,卖出获得的资金也会不断增长。我们暂且把这种方法称为“卖出法”。在“卖出法”的情形下,10 年以后企业的净资产值会增长到 6 211 686 美元(期初的 200 万美元按 12% 的复合增长率计算)。但是,因为我们每年卖出股票,持股比例会下降,10 年以后,我们每人拥有企业 36.12% 的股票。即便如此,你所持有的股票对应的净资产为 2 243 540 美元。另外,别忘了,每 1 美元的净资产值可以以 1.25 美元卖出。因此,剩余的股票市值 2 804 425 美元,大约比分红的情形下高 4%。同时,你每年卖出股票获得的现金要比分红获得的现金情形下高 4%。哇!你不但每年有更多钱花,最后还有更多的财产。

除了计算上的优势以外,还有两个原因——也非常重要——支持卖出策略。第一,分红策略强制对所有股东进行同样比例的分红。相反,卖出策略则让股东可以自由决定现金和资本增值的比例。一位股东可以选择兑现 60% 的利润,另一位可以选择兑现 20% 或者不兑现。当然,分红策略下的股东可以用分红把股票买回来,但是他这样做会遇到困难:既要缴税,又要支付 25% 的溢价才能把股票买回来(记住,公开市场以账面价值的 125% 交易股票)。分红策略的第二个坏处同样严重:分红策略的税收负担劣于——通常严重劣于——卖出策略。分红策略下,每年股东收到所有的现金分红都要缴税,而卖出策略只需为现金收入中的利得部分缴税。

3. 关于宏观经济与投资

关于宏观经济和投资的关系,林奇有过精妙的论述——如果你花十分钟研究宏观经济,你就浪费了十分钟。这个观点是价值投资理论大师们的共同认知。

价值投资者认为,预测宏观经济的变化根本无法实现。因为宏观和政治环境的因素或基于其他人的看法,而放弃买入某只具有吸引力的股票非常愚蠢。从长远看,优秀的企业总能给投资者带来卓越的回报。

宏观是我们必须接受的,微观才是我们可以有所作为的。价值投资者认为,宏观经济的发展是不可预测的,对于投资也是没有价值的,因为投资的收益根本上还是来源于企业创造的价值。

4. 关于估值的计算

在 2002 年股东大会上,有位提问者直接问巴菲特:"您平时使用什么估值指标?"巴菲特的回答是:

"生意的合理估值水平与标准普尔 500 指数相比的优劣,取决于生意的净资产回报率和增量资本回报率。我不会只盯类似像市盈率这样的估值指标看,我不认为市盈利、市净率、市销率这些指标能告诉你什么有价值的信息。人们想要一个计算公式,但这并不容易。想要对某门生意进行估值,你需要知道它从现在开始直到永远的自由现金流量,然后把它们以一个合理的折扣率折现回来。金钱都是一样的,你需要评估的是这门生意的经济特质。"

巴菲特的回答清楚地表明,估值并不是一个数学计算的过程,而是一种思维方法,估值的计算是思维的工具,好的投资一定是相同成本买进的时候持有具有更好收益率的资产。

以上就是我对价值投资理论的基本认识,我将在本书后面章节中,对价值投资理论在实际运用中的细节部分进行详细介绍。

第二节　价值投资的难点

价值投资的理论内涵非常丰富,在实际投资中,因为投资者的认知差异和投资环境的多样性,出现了很多有代表性的认知难点。本节将基于价值投资基本理论,对部分观点做一个澄清。

我们先看一个案例。

假设有一份价格100元的资产甲,三年后到期,每年复合增长率为10%,买进三年后资产总值为133.1元,显然这是一种价值投资。现在还有一份资产乙,价格100元,三年后由买方承诺买回,交易价格为133.1元,这是价值投资吗?

显然,资产甲的盈利来自资产的内生性增长,资产乙的盈利来自价差,但是都是价值投资。我认为,一切以价值为基础的投资都是价值投资,而不必纠结于盈利的方式是内生性增长还是获取价差。资产甲更像是优质资产的投资,资产乙更像低估资产的价值回归。资产甲的风险是资产的复利增长被打断;资产乙的风险是投资者没有按预期价格卖出,时间侵蚀了资产的价值,从而使当初的低估不再低估。由此,我们开始第一个论题。

一、价值投资的异化

价值投资是一种思维方式,只要投资策略的聚焦点是价值,那么都是价值投资。

格雷厄姆喜欢分散购买一揽子的低估值股票,巴菲特喜欢长期持有优质资产,费雪喜欢价值持续增长的成长股,戴维斯既关注低估值也关注资产的质量,他们都是价值投资的大师。

1. 价值投机

价值投资和价值投机的区别在哪里呢？区别在于两者之间利润基础性的源泉不一样，两者同样是在价格低于价值的区域买入，但是价值投资主要是以价值为"锚点"，等待价值的回归，价值的增值为主要盈利来源，低买高卖带来的价差属于可有可无的附加收益；而价值投机是以价差为"锚点"，价值只是交易的一种属性，其本质和市场概念、热点、K线图没有区别。

当价值投机者在价格低于价值的区域买进后，如果价格向更低估区域运动，就会陷入矛盾。如果持有不动，就变成了价值投资，违背了自己原有的交易系统；如果卖出，但是因为不知道未来价格的进一步走势，在原有的交易体系下选择新的投资标的又面临同样的困境。也就是说，当价值投机在价格由低估区域走向更低区域的时候，不卖，自我否定；卖，新的投资无从下手，并且失去了安全边际的保护作用。因为价值投机的落脚点是价格的涨跌，没有逻辑自洽的理论支撑，实际操作一定会逐步变形，强行加进去的价值部分不断弱化，最后回归价格投机的本质。

如果不能预测价格变化，价值投机就不能盈利。价格走势判断对了，自然能赚钱；判断错了，就手足无措。但如果能预测价格变化，为什么还要强行给自己带个多余的价值帽子呢？所以，价值投机的本质还是在于价格能不能预测，预测正确的概率是多少。须知从价值出发去预测股票价格走势和从K线图判断股票价格走势本质是一样的。

2. 趋势投资和技术分析

那么，趋势投资和技术分析呢？趋势投资一般是在趋势出现或者明朗的时候买进，趋势发生反转的时候卖出。其实也是同样的困境，即价格能不能预测以及预测正确的概率大小。技术分析的道理类似，区别是技术派根据K线图判断，趋势投资根据"趋势"判断。

就像企业的财务报表是企业过去经营成果的记录一样，趋势是过去价格运动的记录。财务报表对判断企业的未来是有帮助的，而过去的价格走势也部分反映了当前市场的买卖力量，那么对于预测未来有没有用呢？我认为是有用的，应该说过去是决定未来的一个因素，但是未来是由未来的各种因素决定的，单独的一个过去因素是不能推导出未来的具体参数的。所以，以过去的各因素（价格、价值、筹码分布等）为基础的投机派的盈利都建立在预测未来股票价格走势的基础上。

理论上，所有的这种预测都是无效的。这也是我坚持投资而非投机的信仰基础。

二、价值投资与回撤

做价值投资，很多人都会遇到市值在某个区间反复震荡，或者买进后股票价格继续下跌出现市值大幅度降低的现象。价值投资者应该怎么应对这种市值的回撤呢？我谈谈自己的看法。

价值投资作为一种策略，当然是不完美的。事实上，所有的策略都是有适用条件和适用范围的，不过用回撤来批判价值投资并不恰当。因为**回撤是投资者在净值管理跟踪上使用的概念，不是某个具体投资流派的内容范畴。回撤是交易方法层面的概念，而价值投资是一种股票投资系统的策略，策略层面是不存在回撤这个概念的。**

这就好比去打猎，你可以用猎狗，可以用猎鹰，可以用猎枪，可以下套，这都是方法层面的；抓到的猎物可以是野兔，也可以是野鸡，这是系统层面的。怎么能用抓到的猎物是野兔而不是野鸡去评价捕猎方法的优劣呢？

股票原本是简单纯粹的股权票据，但是具有金融属性后，人们的思维方式受到股票价格涨跌的极大干扰。对于价值投资，就是价格低于价值的时候买进，价格高于价值的时候卖出，只关心买进和卖出两个时间节点的价格和价值的剪刀差，而在两个时间点中间的时间段内，价格怎么变化是不管的。

所以，价值投资解决的是买进和卖出的问题，既不考虑回撤，也不解决回撤。在交易方法层面，我们可以用仓位控制以及分散投资解决回撤，那就是另外一回事了。

三、股息对低估值股票的保护

很多投资者对股票分红有个误解，即分红就是用投资者的钱给自己分红，

左手倒右手,毫无意义。但是,在股票市场还真有这么一种股票,分红越多对股东越有利。我们可以建立如下的数学模型:

$$如果\ P = a \div b, PP = (a - c) \div (b - c),$$

$$当\ a > b > c > 0,请问\ P\ 和\ PP\ 谁大?$$

$$当\ b > a > c > 0,请问\ P\ 和\ PP\ 谁大?$$

这是个很简单的数学问题,我们很容易得出结论:如果 $a > b > c > 0$,那么 $PP > P$;如果 $b > a > c > 0$,那么 $P > PP$。

我们把 P 理解为市净率,a 为股价,b 为净资产,c 为每股分红,那么对于市净率 < 1 的股票,越分红,市净率越低;市净率 > 1 的股票,越分红,市净率越高。

这就是所谓的股息对低估值股票的保护作用,当一只股票市净率低于 1 的时候,越分红其单位股东权益越便宜,当投资者把分红用于再买进的时候,对于投资的复利增益越大。

四、经营业绩并不是全部

我们知道投资者不应太关注股票价格的走势,应该研究企业的质地。但是,很多人在研究企业价值的时候,把精力用在了研究企业下一阶段的业绩以及市场会做出怎样的反应上面,用所谓"预期差就是生产力"来指导自己的投资。

投资者孜孜不倦研究瀚如烟海的信息只是为了能够比市场更早、更准确地去猜测企业的业绩,寻找股票价格变化的催化剂。所以,其本质还是研究股票价格的变化,这就是我前面说的"价值投机"。

这些投资者很辛苦,水平很高,研究的都是很专业的问题。比如,技术的研发进度、管理层的学历、库存的折旧计提等。但是,这些变量并不是企业真正的价值。

这些人错误地把信息当成了知识,把预测业绩当成了投资。频繁关注企业的下一步经营业绩,猜测投资市场的反应,相信我,他们也许有 50% 的准确率,这会鼓励他们投入更大的时间和精力去提高自己的正确率,去研究市场为什么这样做,却忘记了市场的短期行为是没有理由的,是随机的,白白浪费了时间和精力。

对于他们来说,投资就成了一种比拼,看谁能对企业未来的业绩预测更快、更准,而忽视了投资的战略布局。这很像下象棋,每个投资大师都能看三五步后的棋局变化,但是能看三五步后棋局变化的未必是投资大师。被信息误导的投资者在一个接一个、无休无止的研究中迷失了投资的方向。

当投资者学会关注价值,关注长期走势,关注不变的因素,学会耐心等待的时候,才算迈进价值投资的殿堂。

在广发证券名为《消费品投资方法论:用 ROE 选公司,PE 定买点》的研报中,曾经讲过巴菲特投资中石油 H 股的经典案例。

巴菲特买入中石油时正值 2003 年"非典"时期,经济活动骤减导致市场情绪悲观,香港恒生综指探底至 1 000 点左右。

在此背景下,巴菲特斥资 4.88 亿美元,买入 23.4 亿股中石油 H 股,以 6 倍市盈率买入。巴菲特在致股东信中解释了看好中石油的原因:

(1)当时中石油市值(370 亿美元)约为巴菲特和芒格测算的内在价值(1 000 亿美元)的 0.4 倍,安全边际高;

(2)20 世纪 80 年代以来,国际原油价格一直处于 30 美元/桶以下,巴菲特认为未来中国等新兴国家对原油的需求将大幅提升,所以看好原油价格上涨。

在接下来的几年,得益于新兴国家的需求大增,国际原油价格从 2003 年的不到 30 美元/桶上升至 2007 年的接近 100 美元/桶,验证了巴菲特的看法。截至 2007 年,巴菲特之前买入的股份市值已经到达 40 亿美元,其全部卖出。5 年总投资收益率达到 730%,年均复合收益率为 52.6%。

巴菲特成为当时在中石油股票上赚钱最多的人。我相信在这笔大投资之前,巴菲特关于中石油的经营细节也进行过了解,但是其投资的基础并不是油价下一步会跌到什么价格或者股票价格是否充分反映了市场预期等。巴菲特相信当时的石油价格一定会发生逆转,什么时候逆转并不重要;中石油的核心竞争力没有受到伤害,下一个财务报告区间,中石油的业绩如何并不重要;当前的中石油已经显著低估,未来会不会继续下跌并不重要。

我们做投资总是尽最大可能获取关于投资标的足够的信息,但是投资能否成功取决于投资者能不能从整体上看清一个企业的投资价值,而不是谁的研究更细致,谁掌握的信息更多。

五、关注自由现金流

假设有一项账面价值为 1 000 万元的固定资产在使用 5 年、折旧至 0 被淘汰后,企业发现他们需要花 1 500 万元才能买回具备同等生产能力的设备,那么这 5 年企业就相当于"扣留"了股东 500 万元的利润。这就是因通胀引起的"利润扣留"事件。

追加资本投入,有时候无法为企业转化为真正的盈利提升,但它们却让原本属于股东的一部分利润被永久"扣留",这部分被扣留的利润,巴菲特称为"限制性盈余"。在巴菲特的投资体系中,"限制性盈余"占有非常重要的地位,他认为会计报表给出的净利润仅仅是分析的起点,而真正有意义的是股东利润(股东利润=净利润-限制性盈余),我们也把这种股东利润称为自由现金流。

要想准确识别企业的投资价值,不仅需要丰富的财务知识,还要对企业有深入的了解,因为每家企业的资产结构、业务组成、竞争力和风险是不一样的。

房地产行业就是这样一个典型。很多企业每年利润表上的数字都很好看,但是现金流量表都很难看。比方说,一个开发商买了 1 亿元的地块,辛辛苦苦盖房、销售,最后一算赚了 5 000 万元,手里拿了 1.5 亿元现金,但是再去拿地的时候发现同样大小的地块需要 2 亿元,这怎么办呢?想继续经营还得去借 5 000万元才行,而企业未来的经营虽然营业收入和净利润都在增长,但是开发的土地面积却不变,企业也就没有真正的增长。

如果是私营企业,可以清算不干了。但是,上市企业却不可能清算,赚到的利润不可能全分掉,而必须拿去投资。还是拿房地产企业举例,某企业最开始一年赚 1 亿元利润,市场估值 10 亿元,经过 10 年奋斗,现在每年盈利 10 亿元,市场估值 100 亿元。但是,企业发现房地产行业不好干了,如果继续把资产拿去买地,很有可能把这 10 年积累的利润全部亏掉,可是不买地干啥呢?造车、养猪、种地,五花八门都有,直到某个业务把企业积累的家底儿败光为止。

这就是商业模式有缺陷的弊端。如果企业不注重分红,而又不得不持续经营,股东所谓的财富也都是账面富贵,最后竹篮打水一场空,空欢喜一场。

所以,我们投资股票不要太把净利润当回事,而应该关注企业的自由现金流,关注企业的分红,这才是我们投资企业股权真正的价值。

六、好生意的特征

什么是好生意?这并没有一个标准的答案,我将在后面"商业模式"部分做一个系统论述,此处仅简单讲一下传统意义上好生意的特征。

好生意是要赚钱的,投入产出比很好。另外,最好是能赚大钱的生意,如果做不到,稳定的赚钱也能接受,最差的生意是赚的钱少还担风险。

这就是评价生意好坏的三个维度,即一个是赚钱的效率,一个是赚钱的规模,一个是赚钱的持续性。赚钱的效率是企业的竞争力,赚钱的规模是企业的行业特性,赚钱的持续性就是企业的"护城河"。关于这三个维度的具体阐述,后面会逐一展开。

第三节　巴菲特的经典投资案例分析

谈到价值投资,不得不说一下巴菲特。依靠股权投资,巴菲特向全世界证明了价值投资的威力,市场上对巴菲特投资智慧的解读主要集中在理论分析,关于其投资案例的分解则比较少。

这里我以《巴菲特的估值逻辑:20个投资案例深入复盘》这本书的案例素材为基础,把案例用投资的思维打散重组,为大家展示在特定历史背景下巴菲特的投资决策精华。这对投资者从整体上把握巴菲特的投资理论大有帮助。

我总结的巴菲特的投资"武器"有五种:推动低估企业价值的释放,改善企业的经营管理,采取多样化的投资工具,以公允的价值(或者折扣)买入具有复利功能的企业,信任并倚重企业的管理层。对于普通投资者来说,我们可以部分学习其投资的理念和方法,但是没有复制的可能性。

巴菲特20个经典投资案例的基本情况具体见下表,我将从六个方面进行解读。

巴菲特20个经典投资案例的基本情况

投资时间	投资编号	投资简称	推动公司价值释放	改善经营管理	投资工具	买入估值	倚重管理层	投资背景	市盈率
合伙制年代	1	桑伯恩地图公司	是	是	股票	低估	一般	结构性衰退,但是有利润	约47
	2	登普斯特农具机械制造公司	是	是	股票	低估	更换管理层	机构性衰退,现金流未被存瞎	极高(具体不明)
	3	得州国民石油公司	否	否	债券、股票和购买股票的权证	不知	不	并购套利	不知(不重要)
	4	美国运通	否	否	股票	低估	是	企业遭遇负面事件,股价大跌	11.5,调整后为14.2
	5	伯克希尔·哈撒韦公司	是	是	股票	低估	更换管理层	机构性衰退,创造大量现金流	极低,利润波动大
投资中期	6	国民保险公司	否	否	股票	溢价买进	看中文化和商业模式	企业经营良好	5.4
	7	喜诗糖果公司	否	否	股票	合理价格	是	企业经营良好	11.9
	8	《华盛顿邮报》	否	否	股票	低估	是	企业遇到经营危机	10.9
	9	政府雇员保险公司	否	是	股票	低估、高估	特别倚重	企业遇到经营危机	多次买进
	10	《布法罗晚报》	否	是	股票	非常高估	是	存在一个强力竞争对手	19
	11	内布拉斯加家具卖场	否	否	股票	低估	是	企业经营良好	8.5
	12	大都会广播公司	否	是	股票	合理价格	是	企业经营良好	14.4
	13	所罗门公司	否	是	优先股,附带可转换特性	合理价格	是	经营良好,无结构性优势	11.4
	14	可口可乐公司	否	否	股票	合理价格	是	企业经营良好	约13.7

续上表

投资时间	投资编号	投资简称	推动公司价值释放	改善经营管理	投资工具	买入估值	倚重管理层	投资背景	市盈率
近期	15	美洲航空集团	否	否	优先股，附带可转换特性	合理价格	是	经营良好，无结构性优势	9.2
	16	富国银行	否	否	股票	低估	是	企业遇到经营危机	5
	17	通用再保险公司	否	否	股票	溢价买进	是	企业经营良好	23.5
	18	中美能源公司	否	否	股票，优先可转换股和固定收益证券	合理价格	特别倚重	经营良好，无结构性优势	12
	19	北伯灵顿公司	否	否	股票	合理价格	是	企业经营良好	15.3
	20	IBM	否	否	股票	合理价格	是	企业经营良好	19.9

一、市盈率

在国民保险公司的案例中有一个有趣的地方,巴菲特接受了瑞沃茨 50 美元/股的价格——尽管他对该企业的估值只是 35 美元/股,当时的买入市盈率仅为 5.4。我把这次低市盈率的股票交易定义为溢价买进,原因有三个。

第一个原因是该企业的主要业务是通用的火险和伤害险,承保利润具有天然的波动性,交易时企业的经营处于高峰,在低估的时候其市盈率将远高于 5.4。

第二个原因是当时的美国十年期国债收益率为 5.7%,按照格雷厄姆关于股票收益率至少为债券的两倍计算,其市盈率估值中位数约为 8.77[①],5.4 倍的市盈率并不具备显著的低估属性。

第三个原因是企业所得税,我们看巴菲特投资的几个企业,1964 年美国运通的企业所得税税率为 34%,1965 年伯克希尔·哈撒韦公司的企业所得税税率为 47%,1976 年政府雇员保险公司企业所得税税率为 48%,1985 年大都会的企业所得税税率为 50%。历史较高的税率背景,使得当时和现在两个时间下市盈率的直接比较没有意义。因为巴菲特投资的时间跨度太长,我们研究的时候如果脱离当时的具体历史环境,单独看孤立的、静态的财务指标,很容易得出片面的结论。

股市的合理市盈率是由无风险利率决定的,在实际投资中,还和企业的税率、市场情绪等因素有关系。但是,这一切都不改变不同投资品种的风险属性。和债券相比,股票因为有更高的投资风险,所以也就要求有更高的收益率。我们从美国十年期国债收益率曲线图(如下图所示)的变化,就能看出其股市市盈率估值中位数的变化情况。

我们做投资,既要在绝对的时间横向比较不同投资品种的增值属性,也要在相对的时间纵向比较同一品种不同时间点的估值高低,投资就是在这两个维度实现资产的最优配置。同时,对单个估值指标的分析一定要在具体的背景下,在一个企业各种指标的群体中才有效,才能刻画一个企业的面貌,才能呈现企业的投资价值。

---

① 市盈率中位数的计算:$100 \div (5.7 \times 2) \approx 8.77$。

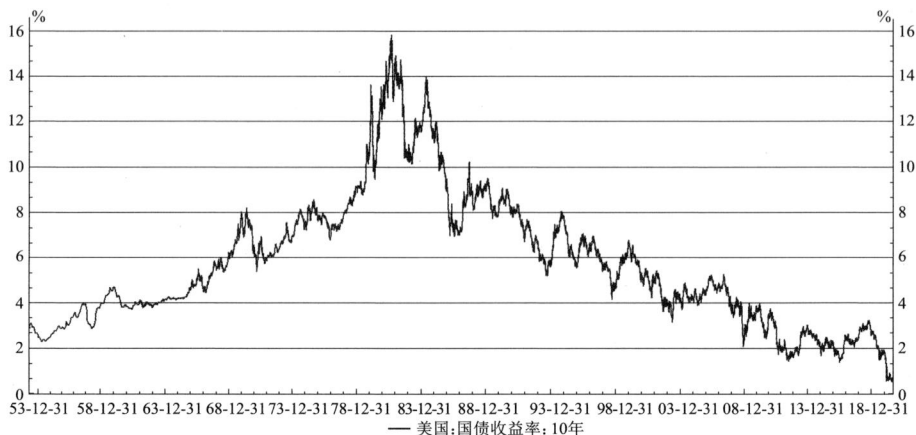

— 美国:国债收益率:10年

美国十年期国债收益率曲线图

数据来源:Wind。

二、主动投资的案例分析

企业的价值有两种:一种是现在的价值;一种是未来的价值。现在的价值,主要是指交易价格;未来的价值,是指现金流的折现值,依赖时间的展开逐步兑现。下面,举个例子来具体说明。

一辆 100 万元的新车和一个 100 万元市值的指数基金投资,不考虑摩擦成本,两者在当下价值是一样的,这个价值体现在交易价格上面,因为 100 万元总是等于 100 万元,两个资产都可以轻易兑现为 100 万元的现金。

但是,这两种资产的属性不一样。车子的价值随着时间的流逝而损耗,而指数基金随着时间的流逝而增值。对于投资来说,后者是好资产,前者是坏资产。但是这并不是绝对的,如果我们能够按照 80 万元的价格买进车子,然后尽快以交易价格卖出,就可以实现稳定盈利,那么车子就是好资产。购买基金的风险也有两个,一个是资产的质地并非优良,随着时间的流逝也发生了损耗;一个是买入的价格太贵,需要太长的时间去平滑溢价。如果把握不好,指数基金也可能变为坏资产。

需要明确的是,我们判断资产的交易价格应该以实际可以发生的价格计算,比如公允价格、合约价格等,不能以会计记录在资产负债表上面的数字为准。财务报表上的数字要么是资产初始的获取价格,要么是经过会计调整计算出来的数字,并不一定能够变现。

那么,股权投资从投资而非交易的角度就有三种获利方式。一种是买进当下低估的资产,主动作为,推动价值的回归盈利。一种是买入具备较强复利价值的资产,做时间的朋友,享受复利效果。一种是买进当下较为低估的资产,依靠未来某个时间点价格对价值的被动回归盈利。

从这个视角看,我们看巴菲特用第一种方法的共有三个经典投资,分别是桑伯恩地图公司、登普斯特农具机械制造公司和伯克希尔·哈撒韦公司,这三家企业有个共同点就是巴菲特都深度介入了企业的经营,努力实现经营的改善,主动推动了企业价值的释放。与其说巴菲特是一个价值投资者,倒不如说是收购企业然后肢解以获利的"野蛮人"。对于这样的投资项目来说,企业的市盈率毫无意义,因为原本就没有打算持续经营。巴菲特为了保障处于结构性衰退中的企业在价值释放过程中,企业经营活动不至于吞噬现有的价值,在选择标的的时候都要求企业仍有一定的盈利能力或者净现金流流入。这不仅要求投资者懂得投资的估值,还要懂得企业的经营。巴菲特主要采取了控股推动价值实现或者直接更换管理层的做法,这就是早期的巴菲特,就像一只猎豹,不断寻找可以饱餐一顿的美味。

孙子说:"夫兵形象水,水之形避高而趋下,兵之形避实而击虚;水因地而制流,兵因敌而制胜。故兵无常势,水无常形。能因敌变化而取胜者,谓之神。"这里面的核心意思是"兵贵无形",我觉得这和投资的原理是相通的。投资的目的是盈利,策略和方法服务于这个目的。价值投资大师巴菲特的盈利途径既不是单一的,也不是固定不变的,相反,根据形势的变化而改变。很多人学习价值投资,只僵化地学其技巧,忘了价值投资的神韵,最后禁锢了思想,反受其害。

投资并不存在永远有效的策略,如果有,一定会被传播并形成投资规则,使用这个规则的人互相倾轧,直到这个策略失效。一种策略能不能获取超额收益,一方面长期来看取决于策略本身的逻辑是不是有效,另一方面在特定的时间段取决于当时的市场环境和资金偏好。

下面讲一下桑伯恩地图公司的特点。

第一,测绘这种为火灾保险公司评估火灾发生风险大小的详细城市地图的初始费用非常高昂,一旦桑伯恩地图公司投入大量资金测绘出一个城市的地图,那么,它在这个地区持续经营所需资金就会少很多。通常来说,持续经营的工作只需少数测量师,在一定区域监控道路和建筑物的变化,并把这种信息发给桑伯恩总部的制图部门,以便增补编辑地图。这意味着,随着时间的推移,桑伯恩的利润率会非常高。

第二,如果一个竞争者进入相同的市场,它就必须和桑伯恩分享这个城市的顾客收入——此时,大家从被瓜分的市场中所获的收入都不多,无法收回前期地图测绘所投资金。因此,一旦桑伯恩测绘了一个城市的地图,通常就不会有第二个竞争者进入。

我总结一下就是:第一,前期投资较大,后期投资较小,利润率逐步攀升;第二,该企业具有先发优势,地理位置的有限收入天花板成为企业的"护城河"。这样的企业特别适合于行业的整合,即企业规模越大,产生的经济效益越好。在 A 股中的类似案例就是水电,支出在先,收益在后,行业的核心要素——地理位置,具有独占性。所以,站在股东的角度,我支持长江电力持续负债扩张,甚至去收购同行的股权资产,因为尽管企业存在较高的资产负债率,但是企业的现金流非常好,并不存在财务风险。

桑伯恩地图公司的投资案例中,巴菲特具有推动企业价值实现的能力,一般的财务投资者没有,所以还是不建议去投资一家没有结构性优势的企业,因为你的资金的价值很有可能在"时间的泥沼"中消失殆尽。即使有钱控股,也不一定有能力做出管理上的改变,因为会涉及政策、法律风险,尤其是行政管理方面的问题也会非常大。巴菲特的个人能力,加上美国社会的制度,决定了他自己的操作方式。但是,我们可以借鉴他分析企业资产投资价值的方式,即如何对待投资收益的问题。

作为一般投资者,在出现致命替代品的情况下,果断卖出是正确的选择,这三家企业事后的业绩也证实了这一点。毕竟我们无法左右企业战略,更无法通过控股再投资方式提高投资资产的回报。这些极端个性化的案例,对普通投资者不具有借鉴意义。

三、关于保险企业

巴菲特很喜欢保险企业,在 20 个案例中明确溢价买进(巴菲特分多次买进,前期低估值买进,后期高估值买进)的三家企业都是保险企业,分别是国民保险公司、政府雇员保险公司和通用再保险公司。

1. 国民保险公司

国民保险公司是巴菲特全资收购的第一家保险企业,他看中的是其低成本经营的企业文化和账面上较大的浮存金,可以用来投资。通过低成本,甚至是负成本的资金,有助于发挥自己的投资能力。

浮存金的含义是,一旦顾客购买保单,保险企业立刻获得保费;在未来某个时点,当保单持有人索赔时,保险企业面临赔偿责任;保险企业将收取的部分保费留作应对每年的索赔之用,而余下的保费则可用于投资。这种保险企业持有但并不拥有的钱被称为保险浮存金,而巴菲特能用这些钱投资获益。

2. 政府雇员保险公司

至于政府雇员保险公司的投资案例,巴菲特是先后多次买进,最后实现私有化。需要指出的是,在这个投资案例中,巴菲特极其重视企业的管理层,而且深入介入了企业的经营改善中,毕竟当时企业遇到了严重的经营危机。

我们来看看巴菲特投资该企业的过程。

尽管巴菲特知道政府雇员保险公司和美国运通公司的情况有些相似,企业只是遭遇了暂时的经营困难,但不同于美国运通公司,政府雇员保险公司若没有外在的帮助,自身便无力恢复。

他需要知道的是,政府雇员保险公司是否有称职的管理层来实现逆转,是否能够解决资金不足的问题——既满足监管要求又能够纠正准备金不足的问题。在管理能力上,巴菲特需要了解企业新任首席执行官杰克·伯恩。在资本方面,他必须了解补充资本的监管要求,如何满足这些要求,以及其他保险企业或银行是否愿意提供所需的补充资本。

为了对伯恩有个全面的评估,巴菲特通过凯瑟琳·格雷厄姆和洛里默·戴维森,安排了与伯恩的会面。巴菲特想要了解的关键问题是"伯恩是否真的很酷、临危不乱、专业,是否是一个领导者和推动者,是否可以解决政府雇员保险公司的问题,以及能否被所有利益相关者所接受"。这次会面让巴菲特吃了定心丸。他对伯恩的印象非常深刻,以至于他第二天早上就开始购买该企业的股票。

巴菲特后来表示,他相信伯恩,并认为他绝对是能让政府雇员保险公司重回正轨的那个人。

由于政府雇员保险公司对资金的需求,巴菲特明白这是他能够发挥作用的地方。随即,他去拜访了华盛顿特区的保险监管人沃拉克,并亲自协商了对这家企业设定监管资本要求的严格程度和最后期限。此外,巴菲特还大大增加了对政府雇员保险公司的投资,在那个关键时刻,作为一个受人尊敬的投资者,其实是给这家企业投了信任票。

那时,筹集资金仍然极其困难,但所罗门公司(具体是所罗门公司有影响力的高管约翰·古弗兰)最终同意为政府雇员保险公司承销价值7 600万美元的可转换股票。其他再保险公司也很快出面提供了再保险业务,企业股票也从每股2美元跃升至每股8美元。

"对当时大多数潜在投资者来说,政府雇员保险公司的这种情况好像是急转直下,几乎就像自由落体一样!"由此说明经营管理理念和水平对于竞争性行业是何等重要。保守谨慎的经营风格,其形成基础是良好的企业治理结构和企业文化。

3. 通用再保险公司

在通用再保险公司的投资案例中,就巴菲特自己对该企业收购的诠释来说(见巴菲特在1998年年底给伯克希尔·哈撒韦股东的信),巴菲特评述道:

"在数十年间,通用再保险公司的名字代表着分保行业的品质、诚实和专业——而且,在罗恩·弗格森的领导下,这种名声被更加发扬光大……我们可以从他们身上学到很多东西。"

巴菲特继续解释道:

"通用再保险公司和伯克希尔的结合会给整合后的企业独一无二的结构优势,肯定能够抚平任何利润的波动性。特别是,不像其他上市的独立分保公司,通用再保险公司再也不用担心那些不喜欢利润波动的投资者的惩罚了,而且可以只关注发售那些有利润的保单,哪怕是包括了一些利润波动性大的保单。"

巴菲特继续阐述了通用再保险公司具有的一种能力,即拓展伯克希尔全球范围分销保险产品的能力,以及它为伯克希尔所带来的做承保的技术能力。令人惊讶的是,在这个案例里,巴菲特的投资仅仅是部分倚重对方的财务数据,他的收购决策是基于业务的合理性。

巴菲特心甘情愿为通用再保险公司付出较大的溢价,还有一个地方需要注意,巴菲特和芒格从来都不相信战略协同,认为专注是企业成功的必要条件,认为1+1不会等于2,更不会大于2,但是在这个案例中,却认为通用再保险公司的业务和伯克希尔现有的业务可以形成有效的补充。这一方面是因为当时的投资环境,优质的股票价格都很高,巴菲特手里有大量的现金需要投放;另一方面也说明巴菲特对保险行业的偏爱。

在通用再保险公司和政府雇员保险公司的案例中,巴菲特非常重视管理层。我在"巴菲特20个经典投资案例的基本情况"表格中的"倚重管理层"标出的两个"特别倚重",一个就是给政府雇员保险公司的。这说明,在巴菲特看来,保险企业并不是具有强势"护城河"的企业,管理层的执行力和企业文化更重要。

四、关于技术类企业

巴菲特一生都在回避科技类企业,近年来却投资了 IBM 和苹果公司,苹果公司的投资现在还不适合做评价,我在这里主要讲一下 IBM 的案例。

先说个题外话,登普斯特农具机械制造公司和桑伯恩地图公司命运相仿,电泵取代了风车,企业产品在技术进步中遭到淘汰,这是致命的风险。因此,投资技术进步快的行业更是充满危险,这是长期投资者需要主动规避的地方。

在 IBM 的投资案例中,巴菲特是在 2011 年上半年购买的 IBM 股份。依据伯克希尔当年给股东的信函所示,巴菲特支付的均价是每股 169.87 美元。总的来看,买进的股份数量占据了 IBM 流通股的 5.5%。这里需要注意的是,鉴于 IBM 庞大的股份规模,巴菲特购买这只股票时,多少有点像其他投资者一样,即他在购买 IBM 普通股时,与普通大众投资者无异。依据巴菲特在 CNBC"财经论坛"的访谈所言,从个人的关系来看,巴菲特和彭明盛(IBM 当时的董事长、总裁和首席执行官)并不熟。所以,在这项投资里,巴菲特更像一位普通投资者那样看待这家企业。在《巴菲特的估值逻辑》这本书中的 **20 个案例**中,**这是唯一一家巴菲特对经营管理无法施加影响的企业。**

为巴菲特寻找买入 IBM 的理由并不难。尽管 20 世纪 90 年代初,当 IBM 在科技行业剧变中被颠下浪尖时,巴菲特的黄金搭档芒格曾将其视作"摧毁股东财富"的典范,但经过十几年的转型,IBM 已在 IT 技术服务领域具备了无可争议的领先优势,并通过受业绩增长推动的股价上涨、持续分红及股票回购,为股东不断贡献稳定回报。

数字说明一切。IBM 前高管张烈生的新书《IBM:蓝色基因 百年智慧》中列举了一系列数据。一方面,IBM 不断提升的盈利水平能够自然推动股价上涨,其毛利率已从 1992 年时低于 39% 提高到 2010 年的 46%,每股收益过去 5 年实现翻番增长,未来 4 年预期仍将年均增长 18%,而过去 5 年,IBM 每年创造的自由现金流一直在 100 亿美元以上,2009 年更是达到 161 亿美元。另一方面,截至 2010 年,IBM 已经连续 15 年提高季度分红水平,而且连续 7 年分红达到两位数增长。此外,从 1995 年以来,IBM 已经拿出超过 1 000 亿美元进行股票回购,以提高股东手中股票的价值,仅 2010 年就拿出 154 亿美元进行股票回购。现在回头看,巴菲特认为这笔对科技股的投资并不能称之为成功。2017 年,巴菲特对 IBM 信心越发不足,减持了 1/3 的股份。

我们需要注意,巴菲特过去所忌讳的科技业风险并没有得到根本性改变。比如,诺基亚不久前还是全球最大的手机厂商,只不过由于没有能够迅速抓住触摸屏智能手机市场的爆发性机会,盈利和股价均显著下降,成为资本市场的"弃儿"。另外,高科技企业兴衰周期更为短暂:革命性的市场力量可以让企业快速成为全球品牌,也可以反过来让一个大企业迅速衰落。而要预测这些变化几乎是不可能的。事实证明,无论是专业还是业余投资者都因此浪费了大量金钱。比如,社会网站人人网上市时受到了疯狂追捧,但并不长的时间内股价就开始一路走跌,人人网半年内蒸发了 60 亿美元市值。

关于 IBM 的失败还有很多有趣的分析。IBM 研究人员研发了 R 系统,却没有进一步开发数据库,甲骨文却因此崛起;在 PC 上的决策失误让苹果公司崛起;在操作系统上,微软这个竞争对手更是 IBM 一手培养的。近些年来,智慧地球、智慧城市、大数据、云计算、人工智能等领域无一不是 IBM 先行进入,但最终都含泪抱憾,眼见各领域里成长起来的大企业崛起。

这一切或许可以从一个关于 IBM 流传甚广的笑话看出某种必然性。

两个食人族到 IBM 上班,老板说:"绝对不许你们在企业吃人,否则我立刻开除你们!"三个月下来大家相安无事。但是,突然有一天,老板把两个食人族叫到办公室大骂一顿:"不让你们吃人,不让你们吃人,还吃,明天你们不用再来上班了!"两个食人族收拾东西离开 IBM,临出门时一个忍不住骂另一个:"告诉过你多少遍不要吃干活儿的人,三个月来我们每天吃一个部门经理,什么事都没有,昨天你吃了一个清洁工,立刻就被他们发现了!"

或许正是 IBM 僵化的体制、迟缓的执行力和陈旧的商业理念让 IBM 每次都硬生生地把伟大的战略做成了先驱炮灰,起个大早,赶个晚集。

那么,巴菲特投资 IBM 失败的原因是什么呢?是科技发展迅猛且不可捉摸,企业无法建立"护城河"?还是大企业病害死了 IBM?或者是巴菲特投资大意了,没有对 IBM 产生重大影响力,导致自己的企业管理才能未能及时阻止 IBM 的坠落?大家可以思考一下。

五、巴菲特和企业管理

巴菲特曾经有过一段名言——"我是个好投资家,因为我是一个企业家。我是个好企业家,因为我是投资家。"在我看来,这绝对是一句大实话。

在"巴菲特 20 个经典投资案例的基本情况"表格中,我们在"改善经营管理"中看到"是"的有 6 个,除了 3 个是作为"野蛮人"去拆解企业的,3 个是企业陷入经营性危机作为救火员去参与的。但是,我认为事实并非如此。

这里可以用通用再保险公司的收购做例解。巴菲特在投资它之前,伯克希尔本身就有了规模不小的保险业务,而且已经拥有了像政府雇员保险公司等一些保险企业了。此外,巴菲特还认识通用再保险公司的所有者。这种丰富的经历和资源使得他对这个企业的理解要胜过大多数分析师。即便是面对通用再保险公司的管理层，他的相关知识仍然显得熠熠生辉。就像下面这个故事所说。当巴菲特首次面见这个管理团队、讨论收购该企业的相关事宜时，他说道："我会完全放手。由你们这些人经营自己的企业。我不会干涉。"但当他随后开始谈论政府雇员保险公司的情况并引用一些数据时，整个团队都惊愕不已！当时的首席承保官泰德·蒙特罗斯惊叹道（只用了几个字）："天啦！这叫完全放手！"由此看来，巴菲特尽管没有直接参与企业经营，但是对自己投资的企业非常清楚。

如果说这个案例还不足以说明情况，我们来看一下巴菲特收购北伯灵顿公司后，在访谈中，巴菲特说过这样的一段话：

"你们只需按照你们过去的那种方式做就行了。我或奥马哈的任何人，都不会涉足诸如劳工问题、采购问题、机车购买问题或任何其他的这类问题。这主要是因为——我们购买这家企业，是因为它管理得不错。如果到了不得不为北伯灵顿公司引进管理层的境地，那么，我们双方都有麻烦了。"

在北伯灵顿的访谈中，巴菲特继续讲：

"我们寻找的标的都是经理人对自己的企业充满激情的企业。这是真正的区别所在。我是指，对某种事情有激情的人，都会带来日常工作和决策之外某种特别的东西。除非我认为你们对这个企业有很高的激情，否则，我今天真的不会在这里。我是指，在企业的日常运转中，有官僚气息贯穿其中，是不可思议的问题。这在美国是行不通的。激情是一个重要的成功要素。你会常常在家族企业里找到这种要素，而在专业管理的企业中，发现它的概率就不是那么大了。但我确定在北伯灵顿公司存在着这种激情。"

事实上，在巴菲特的投资生涯中，一直极其重视管理层，巴菲特的专业知识并不局限于那些相关的概念，他还构建了一个朋友圈——都是一些足智多谋之人，包括许多CEO。例如，媒体行业，在帮助他发现和评估投资机会上，与像凯瑟琳·格雷厄姆和斯坦·利普西的这种亲密关系，肯定使巴菲特受益良多。在他的投资决策中，对管理层的信任始终起着关键作用。此外，在他投资生涯的中期阶段，他不仅开始关注管理层的可信任性和经营能力，而且也很在意他们理智配置大额资金的能力。像在某些案例上（如与凯瑟琳·格雷厄姆在《华盛顿邮报》项目上的合作），就如何谨慎小心地进行收购和资本支出，巴菲特就给出了一些指导性的意见。

我们再看看巴菲特最喜爱的企业是什么样的？可口可乐、美国运通、喜诗糖果、盖可保险等，这些企业并不具备独特的先天性经济资源。在任俊杰先生的《穿过迷雾：巴菲特投资与经营思想之我见》中，关于巴菲特的投资有如下的描述。

第一句话：平凡的事业创造了不平凡的业绩。所谓平凡的事业，是指伯克希尔旗下的这些非上市企业大多属于巴菲特笔下的"一般商品事业"，最多也只是"强势的一般商品事业"，它们距离"市场特许经营事业"或者"弱势的特许经营事业"还有不小的距离。然而，伯克希尔正是靠着这些平凡的事业创造出了极为不平凡的业绩：在1965～2014年的近50年里，每股收益的年复合增长率达到了20%以上。

第二句话：非凡的业绩源自非凡的管理人。既然事业是平凡而普通的，那么出色的业绩必然源自出色的管理人。究竟有多么出色？按照巴菲特自己的话说就是：这些人都是"艺术大师"级的人物。

第三句话：非凡的管理人造就了非凡的管理边界。如何理解这句话？我们还是听听巴菲特自己是怎样说的吧！"在我们不断增加旗下的事业体时，我会被问及我一个人究竟可以应对多少个经理人同时向我报告。我的回答相当简单：如果他是一颗酸柠檬，那么即使我只管理一个人也已太多；如果我管理的部下都像我们旗下已经拥有的那些经理人那样，那么对于我来说这个数目将没有任何限制。"（1995年信）

内布拉斯加家具大卖场、水牛城新闻报、喜诗糖果、寇比吸尘器与史考特飞兹、黑尔斯博格、吉列等这些伯克希尔旗下的企业哪一家是有着天生的稀缺经济资源呢？

在后面的商业模式中，我会详细分析效率模式，主要是因为在现在的股票市场中有一种不当的观点——拥有稀缺资源的企业搭配一般的管理人仍然值得投资，一般性的企业即使管理层卓越也难以忍受。但是，从巴菲特的投资历史中,我们可以看出:第一,优秀的管理人可以创造伟大的企业,建筑坚固的"护城河",这种价值比所谓的稀缺经济资源更重要;第二,拥有稀缺资源的企业即使成功,也并不一定是伟大的类型。

巴菲特这种对管理层的重视正是体现了他自己对于企业管理的擅长,正是因为管理层按照他的意愿做了执行,所以才会"大家都没有麻烦"。巴菲特绝对是一个优秀的企业家。

六、多样化的投资

尽管巴菲特是价值投资的集大成者,但是在具体的投资操作中却不拘一格。纵观巴菲特的投资历程,其投资风格多变,投资工具丰富,投资的企业类型也各有不同,为我们留下了丰富的研究资料。

1. 做机会型的投资者,而不是做风格型的投资者

巴菲特的投资没有仅限于便宜的股票或资金收益率高的企业,也不局限于某个特定的因素,实际上,巴菲特的投资生涯处在持续的演进之中——究其原因,部分是受市场机会的驱动,部分是由于巴菲特自身的精进,部分则是由于他所管资产的资源属性和局限性。与此同时,有些投资标准则贯穿于其整个投资生涯,诸如诚信和称职的管理团队。其他方面,像持续的增长、企业创造复利的能力或企业对巨额资金的需求,则是随着时间的推移而演化精进的结果。这种演化精进使巴菲特从成功管理一家私募投资合伙企业,转型到成功运作一家全球最大的投资机构之一。

在当今的投资行业,许多投资者把自己的投资策略定义为一种形式,诸如"价值型""增长型""事件驱动型"。而巴菲特则超越了一般性的策略定义,他不是只按照流动资产净值法选择标的,或只投高品质的企业,或只投优先股,相反,他是把自己的投资策略与市场状况和个人投资计划有机地进行匹配。

投资者不应该逆市场强推某种投资风格,相反,我们应该构建适于不同市场环境下不同投资风格的投资策略。在机会出现的时候,能够及时抓住机会;同时,在看不到机会的时候,不要降低投资标准而为之。

此外,好的投资机会一定是等出来的。在巴菲特的 20 个投资案例中,除了

3家保险公司外,全部是低估或者以合理价格介入的,有4家是在遭遇经营危机的时候介入的,这不能不说是一种智慧。机会是跌出来的,更是耐心等待的结果。

2. 定量为定性服务,定性需要定量去验证

在评估企业的品质方面,巴菲特的品质定义既包括定量的内容,也涵盖定性的内涵。在定量方面,他逐渐注重具有下述数据特征的企业:持续的增长;已用有形资金的高收益率。巴菲特的核心标准是,在可理解的结构性因素的驱动下,十分稳定的5%的增长幅度。他并没有只是盯在极高的增长速度或极端有吸引力的估值上。无疑,这就是对那几个具有品牌产品的企业投资的决策依据。

当巴菲特于1987年投资可口可乐时,不断增长的全球消费帮助该企业在前10年的9年中,取得了收入和经营利润的增长。类似地,他于1976年收购的喜诗糖果公司也是如此——根据企业的财务数据显示,该企业不断增长的店内收入使它获得了持续5年的收入增长和5年中4年的利润增长。在巴菲特以较低估值买进后,企业仍然保持较高的增长。在巴菲特投资中期的经典案例中,他投资的企业都保持了税后高于20%的已用有形资金收益率,这些可持续增长且资金利用率较高的企业就是财富的复利生成器。

《布法罗晚报》是巴菲特受定性洞见驱动而出手的另一项投资。巴菲特购买这家企业并非主要基于它过往的利润,而是基于他对这个企业的深层理解:一个利润率很高、收入黏性很强,而且很有定价权的企业。他谙熟这些,部分是因为他在媒体的经历、其精神导师凯瑟琳·格雷厄姆在《华盛顿邮报》和汤姆·墨菲在大都会广播公司的经历。在短短的几年时间里,这项投资印证了巴菲特对自己定性洞察力的信任感,因为在他收购之后的几年间,这家企业的利润翻了10倍多。

但是,想准确无误地找到竞争优势,是一件困难的事情。有时,你可以清晰地分辨和理解某项实际的竞争优势,但你必须有持续的历史财务表现或某种数据来印证这种优势。否则,一味地寻找竞争优势会误导你去寻找并没有实际意义的"护城河"。例如,就曾经广为争论的例子黑莓(Black-Berry)来说,它曾经有自己的"护城河"——订阅模式和它自有的服务器。虽然确有其事,但从财务表现来看,这基本上不管事,因为这家企业的收入在2011~2014年萎缩了80%

以上,而且,其利润变成了负值。所以,以数字和客观数据为依托,寻找相关的扎实证据,是判定一个企业是否具有真正结构优势的一个更靠谱的方式——不能仅仅依赖理论的方法。

然而,一家企业的真正价值是其未来利润的某种合计值。一位投资者计算的当期利润值是否为精确的 80 美元或 82 美元或 79 美元,都无伤大雅;企业未来 5 年的利润是 700 美元或 15 美元或 3 000 美元,则攸关决策。

类似地,虽然较高的资金收益率是创造复利的一个前提条件,但如果一家企业的未来前景不明朗,那么,仅有较高的资金收益率显然不够。例如,具有 50% 资金收益率,但收入和利润增幅为零的企业(相比于收益率较低但增幅可观的企业来说),它的很高的资金收益率没什么益处,因为它无法把收益再投入企业,使它获得进一步的发展。

因此,你与其花 80% 的时间去精确地计算企业去年的当期利润或精确地计算其资金收益率,还不如花更多的时间去寻找利润增长稳定性很好的企业,千万不要掉入精确而错误的陷阱。

这就是我在投资中不断关注的两件事情:企业的一切可靠的、有很大可信度的信息,尤其是关键信息;企业的“护城河”,即经营活动中收入和利润的持续性以及未来的发展。

企业所具有的竞争优势需要通过对客观数据的分析得出,而非想当然的认为。核心观点必须有客观数据的支撑,这很重要。我不喜欢预测企业的利润和分红的具体数据,就是因为我认为这个事情很难,更重要的是无助于我的投资。

最后总结一下:巴菲特的长期投资生涯,并没有定义在某一种投资形式或投资策略上。从 1957 年开始的最初投资合伙制到今天,他的投资方式显然在不断地演化精进。这些决策都是在特定的历史背景和机遇下实现的,我们不可能去复制巴菲特,但是可以从中学习他的投资智慧。这样,我们可以走得更远。

与我而言,作为 A 股的一个个人投资者,最重要的是寻找具有结构性优势的企业,即企业创造复利的能力,以合理价格买进,同时牢记最佳的投资类型要依据市场情形而定,识别市场变迁的迹象并借此进行调整,以便甄别最有希望的机会。

第三章
企业的投资价值分析

在讨论完价值投资的基本内容后，我将介绍具体的投资标的分析方法。"你要做什么？你做的能力怎么样？你做出来的产品怎么样？"这涵盖了投资分析的三个核心问题，我称之为"投资三问"。这三个问题分别对应商业模式、企业竞争力和产品竞争力三个方面。最后介绍财务报表，以帮助我们更深入理解企业的经营过程和盈利能力。

第一节　关于商业模式的研究

商业模式是一个包含了一系列经济生产要素及其组织关系的集合概念,用以描述特定经济体为满足客户需求而组织、管理企业掌握的各种资源进行的价值创造过程。在市场经济中,不同的企业有不同的商业模式。比如,快递企业通过收发、运输快递赚钱,白酒企业通过酿造、销售白酒赚钱,服装企业通过生产、销售服装赚钱。而在相同的白酒行业中,有生产高端酒的茅台、五粮液和泸州老窖,也有生产低端酒的顺鑫农业。每个企业都通过特定的流程组织资源进行产品的生产和销售,这些企业"做什么、怎么做"就是商业模式,商业模式就像一个企业的基因,从企业的"骨骼"方面塑造了企业的体魄。我们研究企业,就必须研究企业的商业模式。

为了深入研究商业模式的基本规律,我们从了解宏观经济的一些相关知识点开始。

一、商业模式的背景知识

在市场经济中,完整的经济过程包括生产、分配、交换和消费四个环节,它们互相联系、互相制约,共同组成经济的一个循环。当四个环节之间出现不协调的时候,经济就会出现问题,发生经济危机;当四个环节良性循环的时候,经济就会蒸蒸日上。

(一)经济危机的产生

在社会生产过程中,生产居于支配地位,它起着决定和主导作用。一定的生产决定着一定的分配、交换和消费,以及这些不同要素相互间的一定的关系。另外,分配、交换和消费也反过来影响生产,制约着生产发展的速度和规模。

1. 生产对分配、交换和消费的决定作用

生产对分配、交换和消费的决定作用,主要表现在以下两个方面。

(1)生产决定着分配、交换和消费的对象和方式

如果没有生产,自然就不可能有什么分配、交换和消费的内容。随着生产的发展,被用来分配、交换和消费的产品的品种和数量也会越来越多,同时分配、交换和消费的方式也会相应地发生变化。

(2)生产的性质决定着分配、交换和消费的社会性质

例如,资本主义的生产是剩余价值生产,它完全服从于资本家赚钱的目的。如果不能赚钱,那么生产活动就不会发生或者持续。在分配和消费环节,资本家由于掌握了生产过程中的优势资源,得以支配大多数的财富,工人只能得到较少的财富。

2. 分配、交换和消费对生产的影响作用

分配、交换和消费从根本上说固然是由生产决定的,但是,它们反过来也会影响生产的发展。**从一定的意义上说,分配、交换和消费对生产也会起到决定性的影响作用。**下面以消费为例具体讲一下。

(1)从一定意义上说,没有消费,也不可能有生产

只有实现了消费,产品才成为有价值的产品。例如,一座商场,虽已修成,但如果没有营业,不被投入使用,那它就只是概念意义上的商场,还不是一座现实的商场。不仅如此,消费还不断地创造着新的需要,从而为生产不断地创造着前提。

(2)消费影响生产发展的速度

例如,在资本主义制度下,由于广大劳动人民的消费被限制在非常狭小的范围以内,这就使得资本主义的扩大再生产同劳动人民的有限消费之间形成日益尖锐的矛盾,结果使资本主义生产发展的速度越来越趋于缓慢。

在较长的时间内,整个资本主义社会通过生产力的迅速发展创造比以前多得多的财富,同时满足资本家和工人对物质财富的需求,一定程度上可以缓和彼此之间的矛盾。但是,生产力不能无限期持续增长,当生产力发展速度降低

的时候,存量财富分配的矛盾就会激化。

3. 经济危机的产生

只要采取资本主义的生产方式,就必然出现生产和消费的不协调,这种不协调就是因为有消费能力的是小部分资本家,而大量的生产者在经济成果的分配中处于劣势地位,最终会出现整个社会层面的消费不足。但是,在资本逐利的天性下,人工薪酬的增速比不过资本增速,那么大量有消费需求的劳动者的消费支付能力和资本增值要求之间的矛盾就日趋紧张。这种矛盾积累到一定程度就会出现经济危机。

我认为,当代经济危机的本质是有效需求不足或者不能释放,有效生产不足或者说生产过剩。这种生产和消费的不匹配,最后导致商品积压、卖不出去,大量工厂关门,工人失业,出现大量的烂账坏账进而影响到金融领域,最后反映在货币和数字上面。

真实的财富是商品和服务,货币只是财富的形象化指代,所以金融危机的根源在于经济危机。我在这里讲的是封闭经济体,对于交互性经济体,其金融危机发生的原因更具有复杂性。但是如果把交互性经济体当作一个更大的封闭经济体看待,经济危机出现的根本原因是一样的。

(二)资产的保值增值

我们明白了经济危机发生的根源和过程,这是由市场经济的本质决定的,不可避免,一定会周期性地出现。那么,在宏观层面,怎么解决呢? 有三种可行的办法。

1. 去产能

第一种就是去产能,消灭过剩的产能,使得消费和生产相匹配。去产能的方式多种多样,其本质是高成本的生产力要去掉,留下具有比较竞争优势的企业。

2. 促消费

第二种是促进消费,这种办法一般采取金融手段,也就是降低利率,刺激消费。注意这种刺激不是去刺激生产,其实是通过通胀的方式降低了当期的消费成本(因为现在的钱在未来不"值钱"了,从而"逼迫"消费者在现在消费更多)。如果一项政策出来,消费端没反应,生产端加足马力,那么大多数经济危机会更严重。

3. 重组分配

最后一种就是在重组分配环节,以非常尖锐的形式完成。

那么,在经济危机中,作为投资者应该如何实现资产的保值增值呢?

核心有两个,要么持有生产端具有竞争优势的资产,其占据生产过程的稀缺资源,在同质化的产品中具有成本优势,可以在经济危机中持续提供现金流;要么其产品在消费端具有稀缺性,具有抗通胀的能力,具有长期提价权。前者的典型是长江电力这样的公用事业股,后者的典型是贵州茅台这样的稀缺消费股。

通过讲解经济危机这种市场经济运行中的极端形式,我的目的是向大家表明什么样的资产才是好资产:在同质化产品的生产中,具有较低的生产成本,可以持续提供现金流;在消费端可以生产具有差异性的产品,并持续提供现金流。只有这样的资产才能不惧风浪,穿越市场周期,持续为资产的保值增值保驾护航。

(三)好的商业模式

好的商业模式带来的结果之一就是企业拥有好的资产,但是拥有好资产的企业并不一定拥有好的商业模式。据我观察,好的商业模式还应该是商业价值、股东价值和社会价值的和谐统一,持续发展。

1. 商业价值

一个企业的产品只有满足消费者的需求才有存在的基础,这就是商业价值。比如,我们有使用电脑的需求,一个企业去生产电脑,我们就可以说这家企业的产品具有商业价值。

2. 股东价值

股东价值是企业发展壮大的动力,在市场经济中,人们创立企业的最直接目的就是为自己谋利。只有一个企业的生产经营有利可图,这种生产过程才能持续进行。很多企业的产品对消费者很有价值,但是始终找不到合适的盈利方式,最后也只能无疾而终,我们说这样的商业模式是有缺陷的。比如,小黄车等前两年流行一时的各种"共享"概念,社会价值显然是很大的,大家也乐于使用,但是企业找不到好的盈利模式,投资者不赚钱,注定了最后是一地鸡毛。

3. 社会价值

社会价值是企业持续发展的必然要求,一个企业不仅需要满足消费者的需求,为股东赚取经济利益,也要符合社会的法律要求、政策方向和道德规范,不能对第三方利益造成损害。我们看到一些制造业通过污染环境的方式降低了生产成本,虽然短时期内消费者得到了实惠,股东得到了财富,但是损害了全社会的共同利益,这自然是不可持续的。

找到具有良好商业模式的优质资产,坚定持有,我们的投资就会有巨大的复利增值的可能。

二、从商品价值属性看投资的多样性

商品具有两个属性:一个是使用价值;一个是价值。有使用价值的不一定是商品。比如,我们呼吸的空气,对我们很有使用价值,但不是商品。当我们把风景区的优质空气密封后在网上售卖,有需要的人用货币去购买,这个时候空气就成为商品,有了价值。

价值是我们在投资中经常提到的关键词,但是也经常会引发争执。我发现大家讨论得热火朝天,最后却得不到有益的结果,这是因为价值本身有一些微妙的特性,我总结了一下,共有六种。

1. 场景依赖

价值具有场景依赖的属性。比如,一瓶矿泉水和一部苹果手机,正常情况下,苹果手机的价格远超矿泉水的价格,但是对于在沙漠中口渴的游客来说,矿泉水更有价值,他也愿意付出更高的价格。

2. 边际递减

价值具有边际递减的属性。比如,一个人在非常口渴的时候愿意为矿泉水付出较高的价格,喝了一瓶水后,缓解了口渴,那么他为第二瓶矿泉水付费的意愿就会降低。

3. 领域扩展

价值具有领域扩展的属性。因为人的需求是多方面的,一个人具有衣、食、住、行等不同的需求,能够满足这种需求的"东西"就是有价值的。比如,保险行业,我们说它在当前的中国是一个充满朝气的行业,这是因为在衣食住行等基本需求得到满足的状态下,人天然对于安全有需求,这个时候原来对他不怎么有价值的保险就变得很有价值了。

4. 个体差异

价值具有个体差异的属性。比如,我喜欢吃苹果,你喜欢吃梨,给我一百斤梨我也不开心,给你一百斤苹果你也不开心,只有各自得到自己想要的"东西",商品的价值才得以最大化实现。同样的事物,在不同的人眼里价值是不一样的,我把这种价值的个体认知差异称为"偏见"。

5. 时间变异

价值具有随时间变化的属性。比如,我小时候喜欢看动画片,它的吸引力比一部手机大多了,但是在我参加工作后,绝不会因为一部动画片错过自己喜欢的手机。同样的商品,因为时间的流逝,其价值对于评价它的主体而言也会发生变化。

6. "乌合之众"

价值还具有"乌合之众"的属性。在国家政策、社会文化、群体偏好等影响下,一个特定群体的价值判断倾向会深刻影响一个商品的价值。

从理论上说,当市场存在需求的时候它就是合理的,就应该把最大的资源用来满足这种需求,这才是发展经济的本质。比如,在一个只吃肉不吃米面的社会,生产一粒米、一把面都是对资源的浪费,应该集中所有资源去生产肉。

但是,这个判断正确的前提是,在一个特定的行业角度、当前的短暂时间思考。而当局部的正确和整体的利益最大化冲突的时候,它就是错的。比如,一个年轻人特别喜欢喝可乐,但身体健康受到了伤害,医生建议他停止喝可乐。这个时候,他还会认为自己身体发出的"喝可乐"的信号是正确的,应该马上执行吗?

我们追求的是资源的优化配置,寻求的是各种需求整体的、长期的满足,这是经济的本质。考虑到价值的这六大属性,我们应该明白,经济中绝大多数价值只有在特定的环境下才有讨论的意义,那么相对应的,绝大多数上市企业也只有在某时间段内才有持有的价值。只有少数企业能够创造的价值是市场长期需要的,这部分企业一般聚焦于人类社会的基本需求,产品形态相对简单,这类企业才有永续持有的价值。

价值的属性深刻影响着我们对企业商业模式的价值判断,很多企业的商业模式特别好,但是也具有时代的特性,当时代变迁,其商业模式也很可能过时,不再具有任何商业价值。我们在讨论企业商业模式价值的时候,一定要和企业的产品、服务结合起来,好的商业模式一定是符合时代要求的。

三、不同的商业模式

通过前面的内容,我们了解了什么是好的商业模式。在具体的投资中,我们除了深入研究时代的社会经济背景、行业发展和企业运转外,更多的是从上市企业的财务报表中去发现具有好的商业模式的企业。好的商业模式在财务上的特征就是具有较高的净资产收益率。所以,研究商业模式就必须对净资产收益率有所研究。

$$净资产收益率 = 净利润/平均净资产 \times 100\%$$
$$= 资产净利率 \times 权益乘数 \times 100\%$$
$$= 销售净利率 \times 资产周转率 \times 权益乘数 \times 100\%$$

这个就是大名鼎鼎的杜邦公式,其分析了企业为什么会拥有不同的净资产收益率,核心的影响因素有三个:销售净利率、资产周转率和权益乘数。

好的商业模式具有较高的净资产收益率,较高的净资产收益率是怎么形成的呢?探讨不同资产之间盈利能力的差异性对于我们更深入了解商业模式的秘密具有重要作用。按照时间的顺序,有三种比较成熟的理论可以解释不同资产之间盈利能力的差异性。这对于我们更深入了解商业模式的秘密大有帮助。

（一）经典的按劳分配理论

传统经济学理论认为，在经济的生产阶段，生产有四个要素即劳动、资本、土地和企业家才能。各要素的含义如下。

（1）劳动，是人类拥有的体力劳动和脑力劳动的总和。

（2）资本，亦称资本货物（或资本品），是人类生产出来的且用于生产其他产品所需的一切工具、机器设备、厂房等的总称。

（3）土地，又称自然资源，包括土地、森林、矿藏和河流等一切自然资源。狭义的土地则是指土地本身。

（4）企业家才能，是企业家组织生产、经营管理、努力创新和承担风险的能力总和，有时简称为"企业家"或"管理才能"。

经济学家运用均衡价格分析方法依次研究不同的生产要素，认为每种生产要素在市场经济中都有一个均衡价格，体现为工资、利息、地租和资本收益等。

比如，有一家钢铁厂一年盈利1亿元，现在参与的各方——企业雇员、投资资本、房东和企业家来分红，每个参与方分多少要看背后的生产要素提供了多少的贡献。

这是最简单、最理想的生产和分配模型。这种关于市场要素的研究结论可以推广到企业中，每个企业都是市场经济中的一部分，哪个企业具有更高的生产效率，更高的产能，也就能获取更高的价值。

（二）生产要素禀赋理论

在实际的经济生活中，资产的增值能力除了和它本身的产能有关外，还和该资产的稀缺性有关。我以贵州茅台为例，假设这是一个完全市场化的企业，劳动、资本、土地和企业家才能实际上具有不对等的地位，土地是茅台酒生产对于产地的唯一要求属性，它就可以要求超出它市场价值的回报要求。

怎么理解这个稀缺性呢？我们假定，在茅台镇同样一块土地，用来建设钢铁厂，这块土地的所有者根据自己在生产活动中做出的贡献分配利润。假设钢铁厂一年利润 100 亿元,给土地所有者分配 20 亿元是一个合理的分配方式。而用来建设茅台酒厂会怎么样呢?酒厂一年 100 亿元利润,土地所有者就可以要求分配 50 亿元,不给也得给,因为在茅台酒的酿造过程中,土地因素是一个决定性的、不可替代的因素,其话语权更强。

投资中选择企业非常重要的一点就是考查它的资源差异性和独占性,没有差异性和独占性的企业一般来说很难长期获取超额收益,流动的资本一定会填平它和社会一般资本收益率的利差。

(三)生产要素最优组合理论

同样的生产要素在不同的经济体中因为资产的结构和实际生产活动中的价值发挥,具有不同的地位,我们可以用生产要素最优组合理论理解:在要素价格不变时,在存在两种以上可变生产要素的生产中,生产者在其成本既定时,使产量最大化或者产量既定时使成本最小化所需要使用的各种生产要素最优数量的组合。

这个理论解释了同样的生产要素在不同企业中有不同的价值,也解释了它的边界条件:要素投入的最优组合发生在等产量曲线和等成本线相切处,即要求等产量曲线的切线斜率与等成本线的斜率相等。茅台酒厂的土地要素当然可以要求更大的份额,但是多大的份额是极限呢?100 亿元净利润中,要求分享 50 亿元可以,80 亿元可以,99 亿元行不行?这个就要取决于其他三个生产因素的边际收益率了。

通过对生产要素在实际经济活动中的作用分析,我们可以看到,一个生产要素的收益不仅仅取决于它在生产经济活动中做出的贡献,还取决于它在生产要素组合中的地位及其稀缺性,但是能不能创造最大的经济效益则取决于各要素的最优组合。

四、三种商业模式

我把优秀的商业模式归结为三种:效率模式、价值模式和效能模式。这三种模式都是以价值创造为基础的。其中,效率模式是最原始、最暴利的模式,价值模式是最稳定的模式,效能模式是最强大的模式。这三种模式分别对应企业盈利的三种途径:卖方市场下的产能优势,"跑马圈地"带来的扩张能力;优势企业的议价优势,拥有特殊生产要素带来的垄断能力;成熟企业优化管理带来的综合优势,优化资源组合带来的极限盈利能力。

与企业的这三种商业模式对应,投资者也有三种不同的投资方式。有的投资者是猎豹模式,摘取企业"野蛮"成长阶段的果实,赚取最暴利的钱,这就需要对行业的需求变化精准把握;有的投资者是老虎模式,占地为王,抢到优质的股权紧抓不放;有的投资者是股东模式,在享受企业带来财务复利的同时,自己也积极参与其中,从裁判员到参与运营,典型代表是巴菲特,其既是投资者也是企业家。

下面具体讲讲这三种商业模式。

(一)效率模式

在特定的时间和区域内,市场供不应求,处于显著的卖方市场,一个企业以最高效率生产社会需要的商品,创造价值,这种赚钱方式就是"跑马圈地"。此处的效率,指的是生产速度、生产成本,或者兼而有之。

这种商业模式根据具体市场的差异,有两种不同的具体表现形式。

第一种,整个行业处于发展期,需求极大,哪个企业的产能最大就最赚钱。

比如,中国加入 WTO 后,国际贸易井喷发展。那段时间,港口公司、海运公司等得到了巨大发展,诞生了上港集团、中集集团等特定时间段的牛股。我们看一下中集集团的月 K 线图(如下图所示)。

中集集团以海运为主营业务,受外贸业务的刺激,企业盈利暴涨,股票价格也随着暴涨,这种企业我们称为"伟大的企业,由时代铸就",也就是我们所说的"风口上的猪"。

这类企业最理想的状态是量价齐升,即企业的产能很大,也有较大的经营自由度,营业收入增长幅度和利润增长幅度相协调。因为市场供小于求,从而使得企业的业绩和规模出现了两个维度的增长。第一个是企业所在市场本身的扩张,第二个是企业市场占有率的提高。商品的定价权还是其次,主要是市场规模及企业市场占有率的极度扩张。

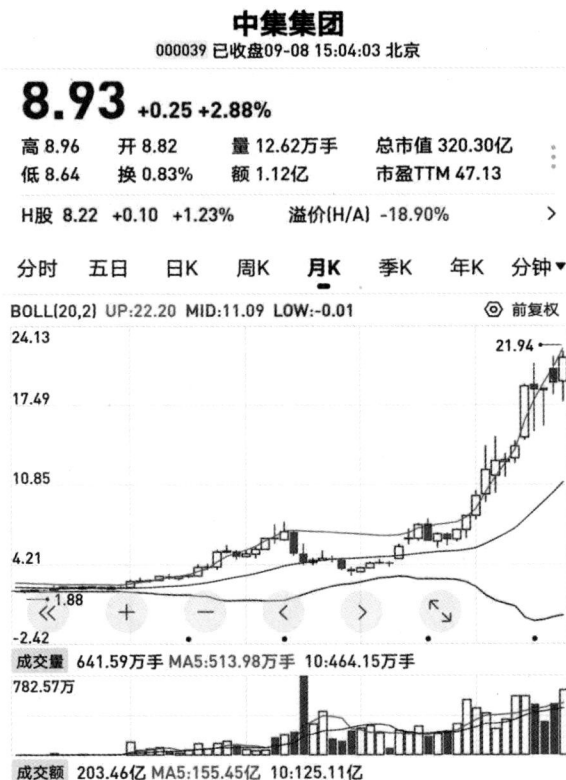

中集集团的月 K 线图

类似的案例还有中国恒大。在房地产市场本身大增长的行业背景下,中国恒大利用高杠杆和高周转急速运转,在增长的市场中的占有率快速提高,迅速占领行业前三的位置,2017 年一年其股票价格暴涨六倍多。

有人说,这也算商业模式吗?这当然是商业模式,很厉害的商业模式,中国房企千千万,为什么恒大、碧桂园、融创能跑出来呢?这不是战略级别的商业模式,是什么?

第二种,原本行业已经饱和,企业在分析市场现有供需关系的基础上,深挖需求,通过创造性的战略定位和改变资源配置,打造一个全新的细分领域,从而打造蓝海市场。这种类型的企业是比较常见的。

比如,长城汽车是一家民营企业,早些年在技术储备、资金积累等方面都没有优势,但通过发力 SUV 这个细分领域,旗下的哈弗品牌成为国内外知名的 SUV 品牌,连续十三年蝉联 SUV 销量冠军,成为国内自主品牌汽车的后起之秀。

许多国内自主品牌 SUV 都把哈弗视为竞品,广汽传祺、长安汽车、吉利汽车等厂家都推出一批极具竞争力的 SUV 车型,挑战长城哈弗。为了确保哈弗 H6 的绝对领先地位,长城汽车推出了具有轿跑风格的哈弗 H6 Coupe,以扩大哈弗 H6 产品阵营。哈弗 H6 Coupe 造型更加时尚,符合年轻新生代的需求。哈弗 H6 Coupe 还做了多项升级,轴距加长,电动转向,更加智能,驾驶性能更加出色,高速指向更加精准,价格也很亲民,从而开创了一个新的细分市场。就这样,一个原本没有任何竞争优势的后起之秀打造出属于自己的蓝海市场。

我们知道世界是矛盾的,伟大的企业既然是时代造就的,那么当这个时代发生变化的时候,企业也会发生巨变。我们此处以唐山港股票为例。之前,唐山港公司净利润从 2007 年 1.27 亿元快速增长到 2015 年 12.07 亿元,随后利润增速显著下降。企业并没有做错什么,港口还在,资产好好的,只是随着中国经济的成熟,国际形势复杂化,企业已经被资本市场"嫌弃"了。

对于此类企业最重要的是分析市场环境,判断适合企业发展的"温床"是不是存在,有没有改变。

部分企业所处的行业可能会有二次成长,从而使得企业重新回到效率模式。这个原因可能有两个,一个是随着社会经济的发展,原有的该行业市场需求得到再次增长。比如,房地产,虽然近年增速不断放缓,但是在个别城市,如杭州、深圳等,因为各自的原因而在一定时间内再次出现供小于求的市场环境。一个是原有行业的商品功能出现了变化,使得行业再次爆发。比如,自行车行业,原本已经是夕阳行业,但是因为共享单车的兴起,行业迅速进入供不应求的状态,古老的行业重新焕发了青春。这种市场的变化应该引起我们的注意。

(二)价值模式

价值模式是永不停歇的"印钞机",是价值投资的"梦中情人"。

在效率模式中,市场供小于求,产品不愁卖,谁的产能大谁就能在没有竞争或者竞争很小的市场中迅速扩大规模,在这个过程中产品的议价权是其次的。但是,任何行业都有一定的"天花板",当企业的规模扩张距离"天花板"越来越近的时候,自身的规模增长就会不断衰减。此时,企业的经营将会发生显著变化。

企业的利润 = 企业生产的产品(服务)数量 ×(零售价 – 平均综合成本)

产量、零售价和综合成本这三个变量之间是互相牵制的,但是在特定的时间段必然存在主导变量。当企业生产的产品或者服务数量对企业的利润增长不再具备重大影响,且短期内没有再次成为主导因素可能性的时候,我们就应该关注另外两个变量,即企业的定价权问题。

价值型企业的议价能力是因为其垄断了某种稀缺性资源,使得同样的投资(包括资金、人力、土地、技术等一切投资要素)中这种企业可以创造更大的价值。我们可以用生产要素禀赋理论来理解。

这类企业的产品端的价值有两个基本属性:稀缺性和不可替代性。从财务数据上看,就是在相同条件下它有着更高的净资产收益率,我们经常把其称为品牌价值或者经济商誉,即企业的资产可以获取超额收益的能力。

价值型企业的定价权,一般是在同类产品的竞争中体现出来的。典型的例子就是贵州茅台,这点大家都很熟悉,此处不再赘述。

价值型企业还有一个类型,即其超额收益不体现在产品端的定价权,而在产品的生产成本方面,比如长江电力。上市企业长江电力拥有三峡水电站、向家坝水电站、葛洲坝水电站和溪洛渡水电站这样稀缺性的水电站资源,为企业创造了巨大的竞争力,但是企业的产品或服务为电力生产,这是一个同质化的产品或服务,没有任何定价权,然而长江电力的生产成本在同类企业中较低,那么"零售价 – 平均综合成本"也就有显著优势,企业创造价值的能力就会很强。

以议价权为核心的价值模式判断经常会受到效率模式的干扰。在市场供小于求的时候,企业往往是量价齐升的阶段,企业的毛利率和净利率都很高,但是我们要注意这种模式的核心力量是规模的增长和市场占比的提高,而不是产品议价能力。价值模式的议价权一定体现在同类产品的竞争中因为自己的稀缺性和不可替代性形成的终端定价能力。

比如,生猪养殖行业,这是一个典型的周期行业,周期向好的时候,每家养猪企业的经营情况都不错,但猪肉的价格是由市场决定的,任何一家养猪企业只能是价格的接受者,自己影响不了终端产品定价,这就不是价值模式。

讲到这里,大家可能就会明白,如果效率模式的核心是行业分析,那么价值模式的核心就是产品分析,接下来要讲到的效能模式,其核心就是企业的经营管理分析。这也是我一直以来主张的分析企业的三个维度:行业分析、企业产品竞争力分析和企业的经营管理能力分析。即我们要研究企业是做什么的,做得怎么样,企业的产品好不好。从不同的角度分析企业,我们就会有较为准确的认知。

(三)效能模式

效能模式就是在企业家的管理下,企业把自己拥有的资源合理组织并发挥整体最大效能,为股东持续创造超额收益。与价值模式靠稀缺资源的家底儿赚钱不同,效能模式更像是一种艺术,企业家的管理才能是主要的,资源是次要的。

考虑企业的利润,就要考虑在企业生产的产品或者服务数量、售价和平均综合成本三个变量中,核心特征是哪个。我认为,在相同条件下,即企业的外部行业环境和企业拥有的经济资源不变的情况下,效能模式指的是通过企业家的经营形成的一种成本优势,不管这种经营最后是否实现了规模的扩张或者定价权的提高,其核心出发点是单位产品或者服务的成本最优。这里用最优而不是最低,因为最低是一个会计数字,而最优是一个经济术语。

有人可能会问,效能模式难道比价值模式更厉害吗?是的,伟大的时代铸就伟大的企业,时代变了,企业的黄金时代也就一去不复返了。核心资源给予企业议价权,但是议价权只是伟大的必要不充分条件。只有人,活生生的人,通过自己的智慧和管理能力,才能打造真正的长青基业。

此处以白酒为例。在新中国成立至今的历史进程中,“酒王”有过多次的变更。

第一任“酒王”——计划经济时代的泸州老窖。新中国成立后,我国进行了五届中国名酒评选,分别是 1952 年、1963 年、1979 年、1984 年、1989 年。历次评选中,拿到过奖项的白酒有许多,但是能够在五届评选中连续上榜的,只有三个——贵州茅台、山西汾酒、泸州老窖。它们分别作为酱香酒、清香酒、浓香酒的代表,荣登"五星名酒"的最高荣誉。

这三大顶级名酒中,最先登顶"酒王"的是泸州老窖。1952 年,"温永盛"等 36 家曲酒作坊联营组建"四川省专卖公司国营第一酿酒厂",后更名为"国营泸州酒厂"。

1957 年,国家组织专家对泸州老窖酿造技艺查定。1959 年,出版新中国第一本酿酒教科书《泸州老窖大曲酒》,规范了全国浓香型白酒的生产工艺。20 世纪 50 年代,白酒勾兑调味技术诞生,这是白酒历史上具有里程碑意义的一次技术升级。

早期的白酒杂质较多,口味不稳定,勾兑调味技术是使得今天的白酒风味更加细腻、醇厚的关键。这项技术最早在五粮液出现。20 世纪 60 年代,泸州老窖的技术人员对这项技术进行了改进,并举办了勾兑技术培训班,从而大大地推动了勾兑技术的普及。

泸州老窖凭借自己强大的技术实力和行业影响力得以坐上第一任"酒王"宝座。不过,泸州老窖成为"酒王"之后,却因为冗余品牌过多,产品体系紊乱,导致主流品牌形象受损。最严重的时期,泸州老窖旗下有上千个子品牌,消费者常常分不清哪个才是正品。

第二任"酒王"——市场经济下的山西汾酒。1980 年以前,我国白酒的价格是由政府制定的,那个年代属于短缺经济时代,决定市场地位的因素有两个:知名度和产能。山西汾酒建厂有 71 年历史,旗下有"汾""竹叶青""杏花村"三大品牌。在 20 世纪 50 年代中国第一届名酒品评会上,山西汾酒力压贵州茅台、泸州大曲、西凤酒,被评为"四大名酒"之首。所以,品牌不是问题。

那么产能呢?当时的山西汾酒厂长为了增加产能,在白酒行业中最早引入市场化的激励手段,并在 1985 年就实现了公司制改制,最早在行业内引进现代化的企业制度。而在白酒的酿造工艺方面,酱香型白酒需要的时间最长,浓香型次之,清香型的山西汾酒只需要 5 到 28 天,山西汾酒占尽了优势。

1987年,山西汾酒厂实现利税8 830.58万元,贵州茅台酒厂实现利税1 391万元,五粮液实现利税2 208.8万元。一直到1993年,山西汾酒的产量、出口量、利税都始终位居全行业首位,被誉为"汾老大"。1994年1月,山西汾酒在A股上市,成为A股的第一家白酒上市企业。

山西汾酒是当时公认的"酒王"。

第三任"酒王"——渠道为王的五粮液。随着经济的发展和技术的进步,白酒行业供小于求的市场环境发生了巨变,白酒不再是生产出来就能卖掉的紧俏品。这个时候,营销的重要性逐步凸显,白酒行业从"产能为王"的初级阶段,升级到了"渠道为王"的时代。

就是在这个时代,五粮液采取了有力的措施:品牌买断模式。这个措施,一方面增强了五粮液在市场上的规模和影响力;另一方面解决了渠道触达问题,五粮液建成了白酒行业第一个能下沉到地级市的全国性渠道网,销售能力获得巨大的升级。

1991~1993年,五粮液通过"饥饿战术"率先大幅提价,让其终端零售价在远低于茅台的前提下突然涨到茅台之上,一举成为中国第一高端白酒品牌。2003年,五粮液销量一举超过白酒行业第二名的4倍左右,成为当时白酒市场当之无愧的"酒王"。

第四任"酒王"——品牌为王的贵州茅台。在同行们称王称霸的时候,贵州茅台也没闲着,就做了一件事:苦练内功。第一是通过科学方法总结提炼了茅台酒的10大独特工艺,即高温堆积、高温发酵等,使茅台酒实现了工艺的标准化和质量稳定。第二是梳理了茅台的产品体系,推出高端陈年茅台酒,主打飞天茅台高端大单品战略,为茅台的奢侈品化打下基础。第三是品牌运作,在媒体上放广告、讲故事,塑造"国酒茅台"的大众舆论,虽然最后不了了之,但是成功地在消费者心中种下了"茅台是高端酒"的认知。

质量没问题,故事没问题,渠道没问题,而友商们则因为这样那样的原因,或者企业治理,或者产品定位,或者产品质量,被茅台狠狠甩在了身后。"酒王"宝座由此花落茅台。

贵州茅台并不是今天才具有稀缺的经济资源,但是成为"酒王"却是经过了多代人的努力经营才达到的。事实上,纵观古往今来,伟大的事业必定由伟大的人在伟大的时代铸就,拥有稀缺资源的企业从来都不少,但是成功乃至伟大者寥寥。

白酒"酒王"的变迁史正是在不同经济背景下,效率模式、价值模式和效能模式的全景展现。

我用较长篇幅分析效能模式,是因为我认为投资界中有一种不当的观点——拥有稀缺资源的企业,即使管理人一般,仍然值得投资;一般性的企业即使管理层卓越,也难以忍受。事实上呢,优秀的管理人可以创造伟大的企业,建筑坚固的"护城河",这种价值比先天的属性更强,而拥有稀缺资源的企业即使成功,也并不是伟大的类型。

在我国 A 股中,这样的企业数不胜数,双汇发展、中国平安、格力电器、爱尔眼科、中信证券、招商银行、腾讯、阿里巴巴等,再到日本四大经营之神——松下幸之助(松下公司)、本田宗一郎(本田公司)、盛田昭夫(索尼公司)、稻盛和夫(京瓷公司),以及美国的苹果、微软等,我们认真思考,这些企业成功的根本是什么?它们是怎么成功的?它们现在的优势是怎么来的?更不要说那些"沙漠之花"的企业了,福耀玻璃、万华化学、百果园,甚至美团、拼多多、华为等。

五、关于商业模式的思考

优秀的投资者都是人生的智者,可以穿破时间的迷雾,在黑夜中清晰看到黎明的景象。一个优秀的投资者未必是合格的总经理,却一定是有统帅气质的董事长。其能够对企业快速做出诊断,找出风险,抓住机遇,选对方向,将具体的工作交给管理层,平时只关注企业的经营方向不走偏。

我根据自己在投资中遇到的一些具体企业,把关于商业模式的一些经验性要点总结如下。

1. 企业的相对竞争力与资本回报率指标所处级别有一定的关系

从定量指标和定性认知的角度看,资本回报率达到 20% 以上的企业在行业内拥有绝对的竞争优势,如贵州茅台等;资本回报率处于 10% 以上的企业,是在行业内拥有相对较强竞争力的企业,但尚未提升到绝对优势。我们采取资本回报率而不是净资产收益率,是为了消除财务杠杆的影响,这样可以看到企业真正的盈利能力。同时,由于不同行业的属性不同,定量指标也不同,具体行业需要具体分析。

我们从财务数据出发,可以挑选具有较强竞争力的企业,但这是非必要非充分条件。即好企业的资本回报率一般较高,好企业也会在一段时间有不好的资本回报率,而有好的资本回报率的企业不一定就是好企业,有可能仅仅是因为行业的景气度比较好。我们一定要透过财务数据看企业的经营本质,区分周期性企业和非周期性企业,客观看待企业不同生命周期的财务特征,很多企业的财务报表最好看的时候恰恰是其开始走下坡路的时候。

2. 渠道为王的前提条件是供应商不存在明显的竞争优势

在同质化的行业中,渠道的力量会相对较大。渠道解决的是产品的触达问题,一个成熟的渠道网络具有规模优势以及部分独占优势。比如,一个超市的鲜猪肉销售,如果被双汇抢先了,那么雨润就很难进去了。

但不应忽视的是,以上逻辑仍是站在产品和服务的竞争力相当的前提下得出的,渠道为王不能一概而论。如果一个企业的产品非常优秀,那就不担心渠道网络,比如茅台、格力、苹果等品牌。渠道和供应商间并没有绝对的谁控制了谁,关键是看谁的竞争力强,足以压倒对方。

零售行业中,一定要重视销售渠道的健康发展。在上下游的长期斗争中,销售渠道有时候也会抱团做大。比如,五粮液曾经的大商就对五粮液的整体销售产生重要影响,企业过度依赖大商导致销售政策执行不下去,产品价格体系混乱,经销商彼此之间窜货的现象屡禁不止,而沃尔玛这样的零售商,本身的销售渠道非常强大,在对商品进行采购的时候,对于绝对多数品牌都是一个令人畏惧的价格杀手。

3. 净利率高不一定是好事

在企业分析中,我们经常使用净利率这个指标。传统观点认为,一个企业的净利率高,说明企业的盈利能力强,企业具有显著的竞争优势。但是,在我的投资实践中,通过分析几百家企业及其商业模式,发现这种情况也是有例外的。

以零售业为例,苏宁的利润率历年在提高,但这并不意味着其竞争力在增强，"护城河"在加深。与企业不断提高自己的净利率相伴随的，很可能是客户的流失和市场占有率的萎缩。而沃尔玛长年利润率维持在 3% 左右的低水平，其把节约的成本转让给了消费者。因此，在美国沃尔玛构造了"天天平价"的口碑，低利润率招来更多客户推动销售额，同时降低了固定费用率，从而形成良性循环。另外，低利润率经营也排挤了区域内的对手，抢占了市场份额和构建了壁垒。

怎么看待毛利率这个指标的意义呢？毛利率高反映了产品的畅销和企业的强势地位。这有两种可能性，一种是行业本身处于快速扩张阶段，市场参与者还没有开始竞争；一种是企业从竞争中胜出，形成垄断或者寡头均势，具备了定价权。

在同质化的行业，如果不能形成稀缺的、不可替代的经营环境，成本的最优化（不是最低）是企业最强的竞争力所在。通过把成本压缩到极致，企业一方面能够保持一定的盈利能力，另一方面可以对竞争对手形成强大的威慑力，这种比对手更低的生产成本本身就是"护城河"的一种体现。

4. 价格战是某些有成本优势的企业，通过低价格的营销策略快速提高占有率从而排挤对手的手段

如果某行业内消费者对品牌依赖度不高，且行业也难以生成有明显的成本优势的企业（有些行业内的企业难以形成规模优势），那么价格战容易导致行业过度竞争，多方同时受到伤害。我们在投资时，这种行业要回避。

在国内有很多这样的行业，比如水果行业、装修行业等，行业规模很大，但是产品同质化严重，进入门槛低，不具备规模优势。这样的行业就很难出现一家赚钱的企业。新进入者通过价格战，很快就可以从老从业者手中抢占市场。

5. 企业产品品牌应该多元化还是单一化，需要具体问题具体分析

以普通饮料行业为例，普通饮料行业的企业多是以多元化的产品为发展方向，不断尝试推出各种饮料产品，或成功或失败，这种尝试甚至延伸到其他即食食品。

比如，伊利发力"健康大平台"，走向饮品战略；双汇开始养鸡，做熟食项目。一个是基于行业相关性，一个是基于能力相关性，两者都有不错的前景，都利用了原有的渠道优势。这样的扩张不是基于地域规模，而是基于产品品类的丰富，所以经营费用不会过分增加，同时原来的主营业务也不会受到削弱。

怎么看待企业的多元化发展和专业化发展，单一品牌和多品牌选择的适用性呢？

我的理解是，行业有差异，采取哪种方式，关键在于了解消费者对产品的诉求点是什么。下面，我具体讲一下。

（1）消费品行业

对于消费品行业，以云南白药为例，消费者的诉求点是止血，延伸的产品到牙膏都还可以，但延伸到洗发水就要提出质疑了。前者多元化成功，后者多元化执行起来比较勉强。云南白药有多元化的产品和只使用单一品牌，反而有利于消费者认识云南白药这个品牌下产品的特征。消费者看到"云南白药"这四个字，就会想到它的功能，非常有利于新产品被消费者接受和认可。

同样的案例也适用于农夫山泉和百草味等。对于这些品牌的消费者，对企业产品的认知就是好喝、好吃、卫生。如果多品牌运作，不仅需要投入大量的费用，还会淡化原有的品牌价值，新建立的品牌也不一定能得到消费者的认可。在"好喝、好吃、卫生"的概念下，企业实现单一品牌和多元化的产品则是可行的。

（2）家电行业

对于家电行业，消费者的诉求是耐用、高品质。典型的产品有空调、洗衣机、冰箱等，这些产品使用频率较低、功能迥异，相互之间的关联比较小。所以，当格力在空调行业建立霸主地位的时候，推出格力小家电，市场反而反应平平。这个行业如果想进行多元化的产品生产销售，非常适合多品牌运作。

我注意到一个现象，很多家电企业开始把自己的影响打造成诸如"家电一体化""厨电领军"等，直接跨越了品类界限，试图从心智占领上打开市场，这很值得期待。

在空调行业内部，如果想进一步细分市场，也需要进行新的品牌建设。以格力电器为例，其空调就有品悦、京逸、云锦等品牌分类，在不同的市场上形成品牌的梯队去迎合消费者的具体需求。

汽车行业也有类似的案例。比如,丰田的高端车不用丰田车名而是用雷克萨斯,并单一用雷克萨斯品牌做高端车的广告。因为消费者的诉求点是高端车拥有更好的品质和更好的地位象征,如果用丰田车名则层次感不同。这个例子就需要多品牌运作。

综合来说,多元化发展或是专业单一品类发展、多品牌运营或单一品牌运作都没有必然哪个好,主要依据各个行业的特征、消费者的需求来分析。需求差异性不大的,且各品类的诉求点有共性的,可发展多元化产品结构和采用单一品牌。需求差异性较大的,专业化会更好,如果是同类产品,可以采用单一品牌;如果是不同效用类产品,需要采用多品牌。诉求点与原先产品诉求点不同的,较适合采取多品牌运作。

通过对商业模式的本质进行分析,从而区分企业盈利的三种基本模式,再通过实际企业的经营活动加深理解,现在我们看一家企业的眼光就会截然不同。因为价值的可变性,昨天伟大的企业可能会倒下,新的伟大的企业会诞生,社会由此不断进步。**我们清楚自己在以何种方式从事投资,面对市场和企业的变化就不再迷茫,是坚守价值还是顺势而为,两者就不再有矛盾,而是统一在价值的判断上。**

现实企业的盈利模式通常是复合体,并不像我们理论分析得那样清晰,这就需要我们找出企业当下的主要矛盾和次要矛盾,结合行业环境变化和企业的具体经营管理,把握矛盾的演化和发展,这样才能穿过迷雾,洞悉未来。

我认为,伟大的企业是伟大的人在特定的历史环境下用伟大的产品实现的。这就是我对企业分析的全部判断。在后面的章节中,我会继续展开对企业投资价值分析的研究。

第二节 行 业 分 析

在对商业模式有深入了解后,我们再看行业分析、企业分析和产品力分析就非常简单了,因为这一切都是商业模式逻辑下的具体展现。

俗话说:"男怕入错行,女怕嫁错郎。"可见行业的重要性。好行业就是"长长的赛道,厚厚的雪",企业只有在这样的环境中才可能有持续优秀的表现,否则就是"一个优秀的骑手骑在驽钝的马上",事倍功半。

我并不是说平庸的行业不能出现优秀的企业,"沙漠之花"也是有的。我只是说,在优质的行业中,更容易出现值得投资的企业。我们做投资,自下而上和自上而下应该是结合起来的。

下面,我们来具体看看行业分析。行业分析一般有三个内容:行业基本概况、行业特征分析和行业影响因素分析。

一、行业基本概况

行业基本概况主要包括行业的概述、发展历程、发展现状,市场竞争格局及发展趋势分析,行业的规模,行业的盈利水平及趋势分析,行业的可持续发展情况,等等。通过分析,我们要了解行业的历史,掌握行业的现状,判断行业的未来。

以行业规模为例,有的企业规模做不上去,不是企业自身的问题,而是行业规模就那么大,就算做到了行业第一也就那样。这样的企业可以通过收购,从而延长产业链来实现成长,但是其通过自身力量很难突破行业瓶颈。这样做,通常只是规模的扩大,不等同于企业效率的提升。表面上看,通过产业链的拓展减少了企业的中间摩擦成本,但是市场化精细分工被打破,容易形成负反馈,一旦过了临界点,行业的整体效率就会降低,企业管理者实际上做了无用功。

我们做投资的核心是投资增值能力最强的资产,而不是寻找规模最大的资产。

二、行业特征分析

不同的乐器音色不同,不同的行业特征也有很大区别。行业特征包括竞争特征、需求特征、技术特征和盈利特征四个方面。

1. 竞争特征

竞争特征主要包括行业内参与竞争的企业数量和竞争结构,未来有哪些潜在的参与者,企业竞争的资源是什么,行业主要资源的分布现状是什么,为了竞争各企业采取了什么战略,不同企业产品的差异性,行业产能的增长空间等。

2. 需求特征

需求特征主要包括行业产品的需求增长率,需求的弹性,替代品的威胁,下游需求主体的稳定性等。

3. 技术特征

技术特性主要包括技术的成熟度,技术的复杂性,技术有无门槛保护,技术是否需要持续研发,新技术开发的风险等。

4. 盈利特征

盈利特性主要包括行业内盈亏企业分布如何,行业的毛利率、净利率是多少,行业的整体净资产收益率是多少,行业的费用支出主要是什么,产品的成本结构是什么样的等。

如果说企业是一棵棵的树木,那么行业环境就是企业的雨露、阳光、养分等。研究企业,就要研究其所处的行业的特征。以零售行业为例,该行业进入门槛不高,企业竞争激烈,整个行业呈现出经营品种多、周转速度快以及行业毛利率低的特点。再以制药行业为例,企业首先要取得政府颁发的生产许可证,行业进入门槛高;再加上药企资金投入大,对高级专门人才的需求大,工艺复杂等,这种行业的高门槛就会导致其利润率要高于一般行业。所以,同行间的企业更具有可比性。我们在做投资的时候,一定要注意这种行业本身属性的差异性。

比如,我们在考虑行业竞争格局的时候,需要重点关注两个方面:行业的集中度和行业整体的竞争程度。行业整体的竞争程度又包括行业内部的竞争、行业遭受上下游行业及其他行业跨维打击的风险。每个行业的情况都是不一样的。

虽然此处我总结了行业特征分析的四个方面以及影响因素,但是在实际的分析中,每个行业因为面临的发展矛盾是不一样的,从而决定性的因素也是不相同的,**我们必须分析出影响行业当前发展的主要因素,才能深刻认识行业的现状,把握行业的未来。**

三、行业影响因素分析

我们做行业分析的目的是找出影响行业发展的主要因素及行业成功的关键因素等。从宏观方面来说，我们需要关注行业与宏观经济有何关联和发展逻辑，弄清楚该行业在国民经济结构中的位置和地位，理解与掌握宏观经济变动对该行业造成的影响。从微观方面来说，我们要回归到细分行业及企业层面，深入了解作为行业基本单元的企业。

对于投资者来说，最直接的目的就是要抓住优势行业与优势企业。优势行业是具有广阔发展前景、国家政策支持、市场成长空间巨大的行业。优势企业是在优势行业中具有核心竞争力，在细分行业中排名靠前的优秀企业，其核心业务或主营业务要突出，企业的核心竞争力要突出，要超越其他竞争者。

行业影响因素主要有三个方面，即行业历史、行业现状、行业趋势。

1. 行业历史

行业历史主要是探究行业的产生、发展、演变的历程，通过对行业历史的把握可以更好地研究行业发展现状及趋势。

关于行业历史的研究，我们需要关注以下四个方面。

（1）行业界定

行业界定主要是明确行业的研究范围、行业的产品价值。比如，研究酒类，有红酒、黄酒、白酒等。

（2）行业分类

行业分类有不同的标准和类型，需要根据我们研究的目的与用途分类。比如，研究白酒的香型，有浓香型、酱香型等。

（3）行业演变

行业是因满足社会某一方面的需求产生，需研究行业发展过程中经历了哪些阶段，行业供需发生了哪些变化。同时，在行业的历史演变过程研究中，有些行业我们需要从全球视角去研究，对国内外发展作对比分析。

（4）行业周期

行业周期主要是需要判断行业处于哪个阶段，行业目前所处阶段是否产能过剩,是否已经达到"天花板"上限。

在研究行业周期的时候,应该注意和企业的生命周期研究结合起来。宏观经济有周期,行业有发展周期,企业有生命周期,每个企业都是在具体行业背景下生存发展的,应该引起我们的重视。

2. 行业现状

关于行业现状,我们需要分析的资料较多。比如,行业基本情况、需求变化、竞争格局、政策监管、技术发展、行业壁垒等。下面,我简单分析一下后三个。

(1)政策监管

首先,需要明确该行业的主管部门有哪些,其中对该行业负有主要监管职责的是哪个部门。其次,要清楚影响该行业发展的主要政策、规范、标准有哪些,区分政策、标准对行业有利及不利的地方、影响程度及时间长远性等。最后,弄清楚企业的行业经营资质是否经过了相关部门审批,是否受法律政策限制或影响。

(2)技术发展

技术发展与进步是行业驱动的核心要素及相关行业颠覆性改变的重要导火索。研究行业技术发展,有利于把握行业未来可能的发展方向及对行业内企业的影响状况。我们需要了解企业的技术发展水平的现状,以及在行业中的竞争力。

(3)行业壁垒

行业壁垒主要有规模、技术、资金、网络效应、转化成本、法律法规等。有好壁垒的行业才是好行业,比如白酒、保险等。而零售、装修、农业种植等行业,尽管行业规模很大,但是缺少壁垒保护,每个企业的经营都不是很理想。

3. 行业趋势

行业趋势研究就是从行业的过去和现在中找到行业发展的一般性规律后,展望行业的发展未来。行业环境之所以发生变化,是因为一些重要的力量在推动行业的参与者改变他们的行动,这些重要的力量构成了行业变革的驱动因素。

行业趋势研究，一般主要研究行业长期增长率的变化、购买者偏好变化、产品使用方式变化、产品革新成本、政策法规变化、技术创新等。

我们除了对这些现有的行业资料进行分析以外，还要注重调研，多与企业的管理人员、销售人员、供应链、消费群体等交流，他们走在行业前沿第一线，也是最了解这个行业的人。

通过这样一个流程，我们对具体的一个行业就有了一定的了解，这也是我们建立属于自己的能力圈的第一步。

四、案例：水泥行业的变迁

下面以水泥行业为例，我们通过分析该行业近年来在供给侧改革下发生的重要变化，去发现在行业萎缩的背景下，全行业是如何进入盈利繁荣期的。这有助于我们理解行业环境对企业经营的重要性。

1. 水泥的基本知识

在研究水泥行业之前，我们先来了解一些关于水泥的基本知识。

（1）水泥的生产

水泥最早是罗马人发明的硅酸盐胶凝材料，500 年前的水泥和现在没有太大差距。作为传统行业，水泥的产品制造过程非常稳定。100 年前，水泥大体上分为高标号水泥和低标号水泥，产品单一简单、同质化。因此，成本低几乎是唯一竞争优势，适用于大规模工业化生产。［注：高标号就是强度高（更硬，标号42.5），低标号就是没那么硬（标号32.5）。］

2018 年，国家市场监督管理总局、国家标准化管理委员会批准 GB 175—2007《硅酸盐通用水泥》3 号修改单，其规定复合硅酸盐水泥 32.5 强度等级（PC32.5R）被取消，保留 42.5、42.5R、52.5、52.5R 四个强度等级，于 2019 年 10 月 1 日起实施。

熟料是水泥的中间品。把天然的石灰石及黏土（碳酸钙、二氧化硅）煅烧成熟料（氧化钙），熟料加适量石膏共同磨细后，即成硅酸盐水泥。这也就是水泥生产的关键步骤：靠近矿山的工厂大规模生产熟料，靠近市场的分散的粉磨站生产水泥。水泥和砂石、减水剂一起搅拌就成了混凝土，用混凝土就可以盖房子、铺路、修桥。

水泥加水就变成石头，虽然空气里含水，但是水泥太不值钱，一吨才两三百元，因此水泥一般只会露天堆放，即水泥在通常意义上被认为不可库存（实际上一般生产企业有 1 个月左右的库容量）。熟料库存时间比水泥可以略长。

（2）水泥的区域性

水泥运输半径一般为陆运 200 千米，水运 500 千米。其真实原因是，水泥货值太低，运远了不划算，产品没有竞争力。因此，研究水泥，一定要看区域市场，要看"地图"：有没有大江大河（比如，沿长江，运输更加便利），有没有山丘沟壑（比如，川渝市场，外省的运不进来），有没有石灰石资源（比如，福建省石灰石分布在西边山区，市场却在东部沿海，所以省内的水泥企业成本难以和外省走海路输入的企业竞争）等。

（3）水泥的淡旺季

一般来说，水泥的淡旺季取决于气温，因为建筑施工主要在室外，太热太冷都无法施工。华东、中南地区，二、四季度是旺季，其中四季度是最旺的旺季，赶工一直要到春节前；一季度有春节是淡季，三季度太热也是淡季。三北地区（东北、西北、华北地区），施工工期更短，11 月至 3 月下雪，室外滴水成冰，也没法施工，也是淡季。西北、东北冬天尤其长，复工要 4 月份了。因此，水泥的产能利用率，考虑到淡旺季，全年在 85% 就属于基本满产，在 90% 以上就非常好了。

建筑施工的这种季节性造成了水泥整个行业层面在一年中的销售也有明显的季节性，水泥的价格在旺季比较高，淡季就比较低。

（4）水泥的价格

由于水泥具有高度市场化、无库存、无金融属性的特点，水泥价格的上涨其实就反映了当期供需。我认为，除非供需严重失衡，否则产能过剩与否，是无法通过绝对量测算出来的。产能过剩与否最值得注意的就是价格信号。

此处需要注意水泥的价格弹性问题。水泥用于建造房屋和基建，但在建筑成本中占比极低。平均住宅用水泥 0.1 吨~0.2 吨/平方米，按照水泥 200 元~300 元/吨计算，也就占建筑成本的 1% 左右。因此，可以认为，水泥的供需结构逆转时，需求的刚性会导致价格巨大的弹性。

水泥的成本中占比较大的是可变成本，即煤炭和电耗占比较大。成本构成决定了水泥生产随时可以关停，随时可以开启，也决定了水泥提升区域集中度、协同提价、提升利润的链条是可行的。

这个问题引申下去，可以得出两个结论：一是水泥生产和关停的切换成本较低，经济人假设下，水泥不可能跌破现金成本（但2015年冀东金隅在现金成本线下出货导致巨亏，是恶性竞争）；二是水泥行业可以实现集中度提升、通过行业限产间接实现协同提价、提升盈利能力（而反之，固定成本占比较高的行业，比如玻璃、钢铁、玻纤等，协同限产对维持价格没太大的作用）。在一定销售额的范围内，不随销售额增减而变化的成本称为固定成本，而随着销售产品数量增减而同步变化的成本称为可变成本。任何一件产品的成本都可以分解为固定成本和可变成本。固定成本是可以形成规模优势的，企业生产的产品数量越多，产品成本中的固定成本是会减少的，而可变成本则保持不变。对于可变成本较高的产品，缩小生产规模，单位产品成本变化不大；而对于固定成本较高的产品，缩小生产规模，则单位产品成本显著提高。

所以，我们才说对于成本结构中固定成本占比较高的玻璃、钢铁等产品，通过限产的方式，企业的利润率并没有显著提高，甚至还会下降。同时，因为产能缩减，企业的营业利润大概率是要减少的。

而对于可变成本占比较高的水泥，通过限产的方式，企业的产品单位生产成本变化不大，但是产品的价格提高了，也就存在了提高利润率，用来补偿产能减少的可能损失，企业可以获取更高的营业利润。

2. 水泥行业发生的变化

随着中国经济的高速发展，水泥行业也迎来大发展。但是，因为水泥行业进入门槛低，产品高度同质化，这就形成了水泥行业供给端产能的扩张比较容易，而水泥的需求量在短期内又是比较稳定的，由此形成了整个行业的周期性：一年内价格的季节周期性和行业的周期性。行业的周期性主要反映在产品的毛利率上面，我们看一下水泥行业龙头企业海螺水泥的历年毛利率走势图（如下图所示）。

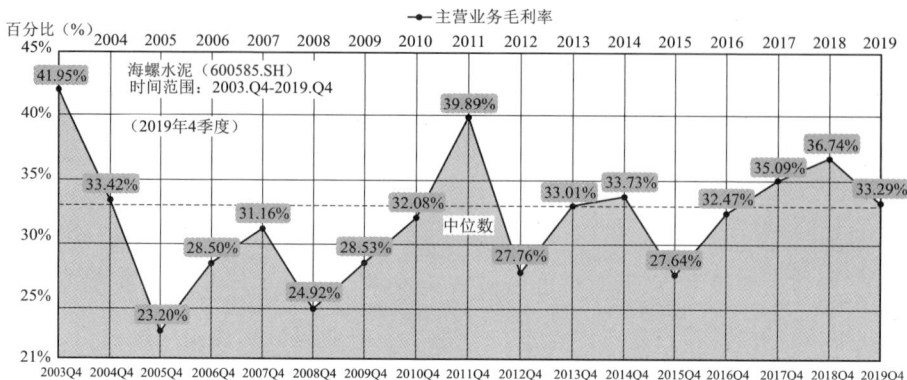

海螺水泥的历年毛利率走势图

由上图可见,海螺水泥的产品毛利率在 2013 年到 2019 年之间出现了周期性的涨跌,这说明了行业的周期性。需求增加,供给也增加,但是当需求到顶之后,供给持续增加一定会带来全行业的生态恶化。

参考华西证券研究院《水泥行业供给侧改革 5 年复盘及未来展望》一文,我国人均累计水泥消费在行业一路高歌猛进之下,于 2014 年底达到 21 吨。根据发达国家的经验,人均累计水泥消费量达到 21 吨至 23 吨时,就是行业总需求的拐点。我国水泥行业也未能从这一规律中幸免,2015 年水泥行业经历了旺季不旺、量价齐跌的至暗时刻。

现在看,2015 年的水泥行业出现了三个特点。

(1)需求疲软。2015 年,我国旧基建投资增速下降至 10%~20%,地产新开工全年下降 14%,地产投资全年同比增长 1.0%,全社会持续高涨的水泥需求量戛然而止。

(2)供给失控。2015 年,我国新增熟料产能 4 464 万吨,相比于 2011~2012 年的高峰时刻明显减少,但对于已经习惯了靠需求增长抹平供给矛盾的水泥行业,2015 年的产能增长仍然使得企业竞争关系大幅恶化。

(3)盈利急剧恶化。2015 年,水泥行业库存高企,价格直线下挫,Q4 旺季也并未上涨。全年水泥行业利润总额 329.7 亿元,同比下滑 57.7%。就水泥企业而言,2015 年绝大多数企业吨毛利显著下滑,部分龙头企业水泥业务全年录得亏损,部分过往高盈利优质领先企业录得个别季度亏损。而随着牛市的结束,2015

年起 A 股及 H 股水泥板块遭遇业绩、估值双杀，多数企业股价下跌至历史低位。

这个时候看水泥行业是"绝对的夕阳行业"，没有任何前途，这里面的问题主要出现在供给侧方面。与此同时，多年来的野蛮生产，水泥行业对环境造成了严重的破坏。在各方面因素的共同驱动下，水泥行业的供给侧改革开始了。

行业采取多项措施控制供给量，包括限制新增产能，淘汰落后产能，实施错峰生产，实施产能置换。此外，在行业内具有影响力的龙头企业还有意加强合作，调控熟料销售的规模和价格，在确保行业一定利润的基础上，也间接淘汰了很多中小粉磨站，企业的市占率得到了扩大。

企业的内容整合也相继展开，行业竞争格局随之改变。金隅水泥和冀东水泥合并，新成立的冀东水泥在华北市场占据绝对主导地位，行业恶性竞争大大改善。海螺水泥和华润水泥控股签署战略协议，华南市场为之一新。海螺水泥及中建材进行合作，奠定了华东区域水泥行业大繁荣的基础。中国建材集团与中材集团成功实施重组……

这一系列举措产生了两个效果：水泥的供给得到控制，行业竞争格局得到改善。全行业的盈利开始持续改善。

到了 2017 年，国家层面严抓环保，水泥行业迎来了一次脱胎换骨的契机。

第一，错峰生产和产能置换得到严格执行，新增产能控制住了，而无力上马符合要求的环保设备的大量小水泥生产线被关停。

第二，一直以来，中国的石灰石矿产开发面临着"乱、小、差"等诸多问题。而自 2017 年以来，全国各地国土资源部门开始加强对水泥用石灰岩资源与砂石资源等非金属矿产资源的环保整治，呈现出"集中开采、规模开采、绿色开采"的开采管理新思路。事实上，过去的开采乱象源于粗放发展的经济大环境与淡薄的环保意识。在生态文明建设意识日渐加强的今天，可以判断石灰石资源环保日趋严格的趋势是不可逆的。水泥行业的进入门槛大大提高，不再是一个想干就能干的低端产业了。

第三，在各地石灰石资源环保整治的过程中，砂石骨料资源的收紧是同样非常重要的一部分。中国砂石骨料行业十分分散，在自然砂石（河砂）禁止乱采，机制砂矿山要求规模化开采的大环境下，砂石骨料行业将腾出市场空间。

此时,大型水泥企业的资源优势、资金优势、交通优势与销售优势将再次展现,有望借机快速拓展骨料市场。我国水泥龙头企业的骨料业务将迎来发展契机。事实上,过去几年,海螺水泥等国内的水泥龙头企业已经在着重发展骨料业务。对标国际水泥龙头企业的情况,我国的水泥龙头企业的骨料业务可预见有较大的发展空间。

在传统建材行业由"稀缺经济"已经变为"过剩经济"的今天,环保作为行业产能出清的契机,将有利于供给侧改革的推进,有利于行业效率的提升和行业整体健康发展。可以说,环保收紧的政策彻底改变了水泥行业的周期属性。

综上所述,作为一种同质化的商品,水泥的需求侧已经到达顶峰,未来很难再有较大的扩张,但是通过行业自律以及借助国家对于环保的重视,行业的供给侧得到了大量出清,供求矛盾大大缓和。同时,行业的门槛提高,存量企业具备了垄断运营的可能。如果行业内维持良好的竞争格局,不再打价格战,我认为未来的水泥行业的消费品属性将大大增大,相关企业的盈利能力将大大增强,企业的估值中枢也将发生重大变化。

第三节 企 业 分 析

优质的股票就像天上的太阳和月亮,数量稀少而且人尽皆知;糟糕的股票就像满天繁星,令人眼花缭乱而无从下手。

林园曾经说过,"远离竞争,拥抱垄断"。巴菲特说,"我们会试图拥有具有坚固护城河的企业"。我发现,优秀的企业总是相似的,糟糕的企业各有各的不幸。这一节具体讲解企业分析的方法。

一、巴菲特的"五分钟调研"

1982 年,为了收购到好的企业,巴菲特花钱登了广告,并公布了条件:

"我们对具有以下条件的企业感兴趣。

(1)巨额交易(每年税后盈余 500 万美元以上)。

（2）持续稳定获利（我们对有远景或转机的企业没有兴趣）。

（3）高股东报酬率（并甚少举债）。

（4）具备管理层（我们无法提供）。

（5）简单的企业（涉及高科技，我们不懂）。

（6）合理的价格（在价格确定前，我们不想浪费彼此时间）。

我们承诺完全保密，并尽快答复是否感兴趣。通常时间不超过五分钟。"

巴菲特是非常重视个人声誉的，在短短的五分钟内，他怎么完成企业分析呢？

1991 年的巴菲特致股东的信给了我们一些线索："如果我们投资机会非常有限，比如，仅限于那些在奥马哈这个小镇的私营企业，那么我会这样进行投资：首先，评估每一家企业业务的长期经济特征；其次，评估负责企业经营的管理层的能力和水平；最后，以合情合理的价格买入其中最好的几家企业的股份。"

显然，巴菲特的投资方法是：寻找好企业，这家企业具有良好的商业模式，表现为可以长期获取较高的净资产收益率；这家企业具有良好的管理层；以合理价格分散持有几家企业。

商业模式我们已经分析过，这里不再赘述。

二、企业的竞争优势

竞争优势的核心词有两个：一个是竞争，竞争优势一定是在两个以上的参与者针对同一目标展开争夺下才可能出现的；一个是优势，竞争优势一定是一种比较优势，必须有明确具体的比较对象。我们可以说茅台对二锅头有竞争优势，但是茅台对老干妈辣酱就无法用竞争优势来形容。

一般而言，一家独立的企业要建立足够的竞争优势有以下五条途径。

1. 通过出众的技术或特色，创造真实的产品差别化

这里指的是真实的产品差异性，比如京东的一日达业务。此处要注意这种差异性的稳定性，很多靠技术形成的差异性随着市场环境的变化会消失，或者彻底被消费者抛弃。典型的案例就是柯达，数码相机的出现令柯达的胶卷业务

走上了不归路。

2. 通过独特的品牌，创造的文化内涵

这就是品牌的价值，通过"占领心智"长期获取超额收益。比如，可口可乐、贵州茅台等品牌，企业本身的质量当然是没问题，但是只靠质量赚不了这么多钱，也不能长期盈利，难道就没有比它们更好的产品吗？正是因为在消费者心中建立了持续的认同感，从而形成了企业强大的"护城河"。

品牌的基本属性有三个：知名度、美誉度、为股东带来超额收益。一个没人知道的商标，肯定不能算作品牌；一个众所周知但是大家印象很差的商标，也不能算品牌。作为商誉的一部分，品牌的真正价值在于创造利润，否则就不能称为品牌，只是一个普通的标识而已。

3. 结构性的成本优势

在很多同质化的产品中，企业因为占据优质的资源（比如，长江电力的三峡大坝），或者具有独特的组织结构（比如，双汇发展屠宰业务和肉制品业务的协同，海螺水泥的"T型"布局等），从而在生产中长期具有显著的成本优势。

我们唯一需要做的就是，分析企业保持低成本优势的原因，判断这种优势能否持续。

4. 高昂的转换成本

转换成本，是指消费者更换自己使用的产品的时候所增加的成本。比如，增加新设备、重新熟悉产品、调整检测工具、对使用者进行再培训等发生的费用。除了这种经济上的成本，转换成本还包括时间、精力和情感。如果转换成本很高，那么出于对潜在损失的担忧，消费者更倾向于使用原先的产品。

比如，航空企业一般不愿意更换飞机供应商，因为如果将波音换为空客，那么重新培训机械师、投资购置新的备用部件等会增加很多成本。我们一般把这种产品的高转换成本属性称为消费者黏性，或者说需求的稳定性。这种转换成本表现在产品上就是产品的成瘾性。

5. 建立高壁垒的商业模式

垄断是企业竞争力的极致，具备垄断条件的企业都有最强大的商业模式。

垄断一般有行政垄断、专利垄断、资源垄断、地域垄断和文化垄断五种。

行政垄断的企业一般关系到国计民生,以特许经营权形式实现垄断,如电信、高速公路等。

专利垄断主要集中在科技类企业,比如制药企业、生物技术、5G企业等,这类企业一定会关注技术的价值导向,优秀的企业有恒瑞医药、中兴通讯等。作为市场经济中的竞争参与者,发展技术一定要有明确的价值导向,切不可陷入"唯技术论"的怪圈中。

资源垄断的案例有长江电力等,地域垄断的典型案例是高速公路,这两类垄断一般和行政垄断息息相关。

文化垄断是一种心智占领。比如,说到白酒我们就会想到贵州茅台,说到手机我们就会想到苹果公司,说到碳酸饮料我们就会想到可口可乐,这些都是一种文化垄断。

判断企业的竞争优势有两个维度:深度和广度。深度是说企业赚钱的效率,广度是说能持续多长时间。深度的常见指标就是净资产收益率,广度就是我们常说的"护城河"。

三、企业的产品优势

商业模式分析、行业分析、企业分析,最后都要体现在企业的产品中。我们在讨论什么是好企业的时候,很多人有意无意地把竞争力、商业模式和产品混为一谈。虽然从本质上讲它们关系非常密切,但还是存在一些区别。我们界定了讨论的范围,有助于廓清逻辑,更全面认识我们买的股票的背后究竟是一个什么样的企业。

产品、商业模式、竞争力是同一逻辑思维的不同层次。就像我们说可口可乐这个企业,可口可乐的产品为什么畅销(产品);它依靠什么扩大市场,抵御竞争(竞争力);它是怎么赚钱的(商业模式)。

具体分析就是可口可乐口感好,文化基因强大(产品);品牌效应强大,口感稳定,配方独特(竞争力);通过将水和一些配料混合成褐色的液体灌装后出售就可以卖钱,成本固定且随着规模化不断降低(商业模式)。

清晰、有效的逻辑不是找出多少依据,说出多少名词,首要的是知道我们在讲什么。

为深入理解企业,在商业模式和企业竞争力之间,我们引入战略的概念。商业模式指的是企业做什么,然后考虑企业执行能力的强弱。比如,在发电行业,发电企业都是以为社会发电去满足能源需求。怎么做?有的用煤炭发电,有的用水力发电,有的用风能发电,五花八门,各显神通。要做什么和怎么做形成了企业的商业模式后,因为企业的资源禀赋、经营环境、管理能力、财务现状等具体的差异,从而形成了企业的竞争力区别。战略是商业模式的次级选项,指的是企业要把事情做成什么样。比如,贵州茅台的战略是做高端酒,牛栏山的战略是做低端酒。战略和企业定位深度联系在一起。竞争力的核心就是执行企业战略的能力。我们也可以把企业一个一个的竞争力组合成竞争链,来判断战略的执行如何,也要注意到战略和竞争力之间形成的反馈。

我们分析企业的竞争力一定要注意,这种竞争力是服从于企业的战略方向的。企业的战略是商业模式的具体化,商业模式一定是在对现有行业分析基础上做出的"做什么,怎么做"的回答。不同的行业现状和战略定位对竞争力建设的要求是有差异的,一定要注意。

比如,在同质化的水泥行业这个商业模式中,海螺水泥就把核心放在了降低成本上面,这是它的战略。同时,根据自己的资源禀赋大力建设"T 型"结构来支持。"T 型"结构布局后,确实极大降低了企业的生产成本,这就形成了海螺水泥的核心竞争力。具体分析就是,以低成本生产社会需要的水泥即企业的定位;低成本即战略;一系列的举措,比如"T 型"战略、余热发电、员工持股等,形成竞争链来支持战略,贯彻到商业模式的运转中;最后体现在产品端,就是低成本的同质化水泥,在市场上具有极强的竞争力。

我的观点一向是:独立的知识点是没有价值的,不能运用的知识点也是没用的,没有战略导向的知识体系是有害的。只有当我们把企业的信息搭建成一个立体的框架,多角度审视企业,才有可能看懂这个生意,建立自己的能力圈。

现在从产品优势的角度来看,什么样的产品具有强大的生命力。需要注意的是,一个优秀的产品可能同时具备不止一个因素,强大的商业模式也是一个道理。

我们首先把强大的产品列出来,再逐步用归纳法总结(注意,归纳法是一种经验主义,只有经过推理反证才可以算通用的规律,而我们的结论很难反证,注定是一个经验性的总结)。我脑海中直接涌现的好产品有:贵州茅台、云南白药、格力空调、吉列、可口可乐、苹果手机、微信、淘宝等。

我总结的最好的产品有如下的特征:顶尖的品牌,品牌的背后是过硬的技术、独特的文化、长期的口碑等,但是都给产品带来了溢价的经济效益或者强大的竞争优势;广阔的市场,有市场才有生命力;有重复的需求,一次性的需求很难出现强大的产品,但是不绝对,有很多单次需求领域也出现过大量优秀产品;有一定的定价权;消费群体稳定,并且逐步扩大,这是由产品的成瘾性或者垄断性等诸多因素导致的。

四、案例:世界水泥看中国,中国水泥看海螺

在讲完行业分析和企业分析的要点后,我通过对海螺水泥的分析来为大家做一个企业分析的案例。此处以海螺水泥2020年中报①为基础,在前述行业分析的基础上进行,主要分析企业的竞争力和“护城河”,非投资建议。

通过行业分析,我们知道水泥的命脉在成本,水泥的利润在价格。作为生产同质化产品的企业,海螺水泥正是严格执行了“成本领先”战略,在原材料、能源成本、物流和现代化管理四个方面建立了成本端的核心竞争力,才能在面对价格战的时候从容不迫,有更充裕的缓冲空间,在行业稳定时期相比较同行有更高的净利率,为股东创造超额收益。

水泥的生产过程被概括为“两磨一烧”,按照一定的比例配合原料,先经粉磨制成生料,在窑内经过高温煅烧制成熟料,再经过二次粉磨制成水泥。在生产端,这里的核心材料就是石灰石。

如果没有足够的石灰石资源,水泥企业就需要外购原料。伴随着环保趋

---

① 企业财务报表的下载方法:打开“巨潮资讯网”,在右上角的搜索栏,输入上市企业股票代码或者企业拼音,查企业公告,就可以找到该企业发布的季报、中报和年报。

严,矿山集中度提高,水泥原料的成本中枢将持续提高。这种生产成本的提高,将迫使部分中小水泥企业退出市场,而资源丰富的头部企业则趁机提高了市场占有率。

根据《中国矿产资源报告 2019》显示,2018 年已探明水泥用灰岩储量为 1 432.37 亿吨。以估计的石灰石矿山资源利用率 60% 来计算(正规开采的石灰石矿山资源利用率大概为 90%,民用矿山资源利用率大概为 40%,且民用开采量大于机械化开采量),我国石灰石矿山资源储量大约为 859.4 亿吨。当前海螺水泥生产线均配备 30 ~ 50 年的开采年限,总体量约 140 亿吨(石灰石储量 × 海螺水泥市占率)。企业的矿山开采权记录在无形资产下面,海螺水泥的 2020 年中报显示,矿山开采权仅 52.53 亿元。对于使用寿命有限的无形资产,企业将无形资产的成本扣除预计净残值和累计减值准备后,按直线法在预计使用寿命期内摊销。我们有理由认为,海螺水泥的石灰石资源储备将在很长时间内支持企业的正常经营,且这种财务记账方式极大低估了海螺水泥持有的矿山资源价值。

通过上游原材料的整治,整个水泥行业的进入门槛大大提高,开始变为一种排他性的区域资源垄断性行业了。

我们来看熟料资源,其集中度已经得到显著提高。根据数字水泥网统计,2019 年,华东(苏浙沪皖)、京津冀、华南(广东、广西)CR5[①] 分别为 75.7%、72.3% 和 66.3%。如果再细分到省域,可以看到有多个省份的 CR5 已经超过了 80%。比如,市场需求较好的华东地区的江苏、浙江、安徽、江西的产能集中度均在 80% 以上,优异的产能格局和优异的需求前景也是华东区域水泥市场保持高景气度的重要基础。

讲完原材料,我再讲讲能源成本。下表是海螺水泥 2020 年中报揭露的水泥熟料综合成本。从此表可以看到,在生产端,燃料及动力占比超过 50%,这点非常重要。

---

① CR5 指的是在某一行业中,市场占有率排名前 5 位企业的市场占有率之和。

海螺水泥 2020 年 1～6 月水泥熟料综合成本及同比变动

项　目	2020 年 1～6 月		2019 年 1～6 月		单位成本增减（%）	成本比重增减（百分点）
	单位成本（元/吨）（未经审计）	比重（%）	单位成本（元/吨）（未经审计）	比重（%）		
原材料	42.66	24.45	39.09	22.26	9.13	2.19
燃料及动力	92.78	53.17	97.53	55.56	-4.87	-2.39
折旧费用	13.44	7.70	12.72	7.25	5.66	0.45
人工成本及其他	25.62	14.68	26.20	14.93	-2.21	-0.25
合　计	174.50	100	175.54	100	-0.59	—

该项成本从 2014 年的 59.86% 下降到 2019 年的 52.93%，2020 年中报为 53.17%，同比继续下降。这归功于两方面：一是煤炭采购成本的下降，海螺水泥用现有煤炭供应渠道、跨区域调剂煤炭资源和不同品种搭配使用三种方式来降低企业煤炭采购成本；二是加强与大型能源电力企业的合作，增加直供电的采购比例，同时加快节能技改，进行余热发电项目的工程设计等，降低电力成本。

如果说原材料及能源成本这一块同行还有赶超的可能性，那么海螺水泥在物流领域建立的大名鼎鼎的"T 型"战略则构筑了企业强大的"护城河"。海螺水泥在长江沿岸石灰石资源丰富的地区，兴建、扩建熟料生产基地；在沿海无资源但水泥市场发达的地区，低成本收购小水泥厂并改造成水泥粉磨站，就地生产水泥，从而形成沿江沿海"熟料基地＋水泥粉磨站"的"T 型"战略布局。

该布局有以下三个优点。

第一，企业的大型熟料生产基地建在石灰石资源富集地区，在原材料供应上保证了企业的发展，熟料生产的高度集中又可以充分发挥规模优势。

第二，水泥作为短腿产品有其最佳运输半径——公路 200 千米，铁路 500 千米，水路 1 500 千米，超过运输半径成本就会增加。海螺水泥利用长江水路，将自身水泥产品的市场范围扩大。由此，海螺水泥在中国最具经济活力的泛长三角区域、珠三角区域完成了兼具稳定性和效率的水泥产业链布局。

第三，熟料在粉磨制成水泥时，要添加 10%～50% 的辅助材料，如矿渣、火山岩等。这些材料大多在销售地就可以获得。相对于直接输出水泥而言，企业向销售地输出熟料又节约了一部分运输费用。

现代化的管理是企业成功经营的保证。2002年,海螺集团进行股权多元化改制,在制度设计上,探索了一条国有控股、员工持股的独特混改路径,降低了企业管理的代理成本。这些年来,企业的三项费用率持续下降。2019年年报显示,三项费用率仅4.98%,这在整个资本市场上都是非常少见的。

雄厚的熟料资源、较低的能源成本、独创的"T型"战略和现代化的管理四个方面,造就了海螺水泥的低成本优势。低成本的竞争优势具体体现在,行业景气上行期,获得更多的扩张机会;行业景气下行期,保持较高的产能利用率,抢占市场份额。历史上,海螺水泥的资本性开支增速峰值一般比行业峰值提前一年,增幅也更高,保持顺周期扩张。2017年是一个例外,错峰限产抑制了周边省份产能的发挥。但是,海螺水泥的大本营安徽没有提出错峰生产的明确要求,企业销量逆势增长。

用杜邦分析法把海螺水泥的净资产收益率驱动因素进行分解,我们发现,作为一家水泥制造企业,海螺水泥的资产周转率持续提高,同时资产负债率不断下降。在企业经营规模持续扩大的同时,海螺水泥还实现了优质增长,高内生性增长。上市以来,企业累计融资164.29亿元,分红已经高达421.6亿元。2019年,实现扣非净利润327.19亿元。

看完过去聊未来,海螺水泥的投资价值有三个看点。

第一个,在需求稳定的前提下,抓住供给侧改革的机会,做好行业间协同,维持甚至推动水泥价格的上行。根据2020年中报,"海中贸易"类子企业共计12家,负责水泥及水泥制品的销售及售后服务,主要目的就是强化水泥企业之间的合作关系。

第二个,骨料业务的崛起。2019年年报显示,海螺水泥骨料产能为5 530万吨。而2020年中报显示,其骨料产能已经达到5 680万吨。骨料业务毛利率高达70.78%,利润丰厚,有望成为企业利润的增长点。

第三个,强健的财务结构。2020年中报显示,货币资金高达616.20亿元,有息负债仅132.38亿元,财务费用-8.64亿元,其中利息费用2.17亿元,利息收入10.62亿元。现金流方面,2019年经营现金流净额407.38亿元;2020年中报显示,经营活动现金流净额为145.62亿元。

在拥有充足现金储备的条件下,未来可以轻易覆盖海螺水泥日常经营活动的资本性开支。除此之外,海螺水泥在国内水泥产能的并购扩张、海外自建和并购产能的扩张、骨料行业的产能扩张等方面均还具备较大的空间。

在2020年中报中,我们还能看到企业下半年工作的重点。下面是中报中相关的部分原文。

坚持以供给侧结构性改革为主线,为打赢蓝天保卫战,大气污染环境治理不会放松,地方环保管控将更加严格,加之行业错峰生产、矿山综合整治等政策持续性影响,有利于平衡水泥行业供求关系。

在国内发展方面,聚焦水泥主业,抢抓发展机遇,积极寻找合适并购标的,不断完善市场布局;同时,加快上下游产业链延伸,全力推进骨料项目落地,稳步拓展混凝土产业,试点装配式建筑产业,不断拓展新业态领域。

深入研判市场供求形势,统筹优化资源配置,合理把握产销节奏,强化终端市场建设;持续推进溯源控源工作,深化与大型煤企战略合作,拓宽长协资源供应渠道,降低采购成本;贯彻落实国家生态文明决策部署,持续开展节能环保技改,加快创新成果转化,推进科技创新项目落地;大力开展信息化建设,全面推进智能化工厂建设应用,不断增强企业核心竞争力;推进组织结构优化和人才梯队建设,激发人才创新创造活力,助力企业高质量发展。

这些书面语言大家听起来可能比较绕,我用大白话总结一下,即海螺水泥认为未来行业竞争格局持续优化,水泥价格不会出现大幅度降低,企业一方面寻找机会实施并购扩大规模,一方面大力发展骨料和混凝土业务。在市场终端,企业将积极开展贸易业务,进一步完善市场布局,提升市场控制力。企业将努力和上游企业达成合作,争取低成本煤炭供应。企业大力发展科技,在符合国家环保要求的同时,实现企业的产能升级改造。企业重视人才培养和使用,为高质量发展保驾护航。

我要不断降低成本,我要尽量卖出好的价格,我要扩大规模,我要培养新的增长点,我要储备人才,这就是海螺水泥未来要做的五件事。

第四节　财务分析

　　财务报表是一门记录企业日常经营活动的语言,刻画了企业鲜活的生命。企业分析只看数字是远远不够的,更要看到数字背后的实际意义。

　　通过对商业模式、行业分析、企业分析和产品分析后,我们对一家企业的具体经营实践就有了一个定性的了解。为印证我们的判断,就需要从财务报表入手,从定量的角度,去评价企业做了些什么,做得怎么样,并和企业的经营活动相结合对比,去理解企业的战略、竞争力和发展趋势。

　　财务报表是企业已经发生的经营行为用会计科目表达的记录。企业的经营活动和财务报表就是一个包含与被包含的关系,财务报表只能反映企业的部分信息而非全部。比如,财务报表可以记录企业的研发费用,但是这不能代表企业全部的研发实力,更无法反映企业的研发战略,而战略才是一家上市企业长期发展的关键。财务报表反映的是过去,而我们的投资是面向未来的,了解过去有助于洞悉未来。但在绝对层面上讲,未来永远是未知的。阅读财务报表是投资者必备的基础技能,但是不能过于迷信。

一、建立战略导向分析的财务视野

　　会计是一门严谨的学科,用来对企业的经济活动进行记录,这就必然涉及记录的规则和对客观事物价值的主观判断。此外,这种记录是对企业过去的已经发生的客观事实进行记录,我们无法得到确切的关于未来的信息。因此,会计工作只能记录企业整体面貌的一部分,并且不是特别精确。

1. 正确认识财务报表

　　怎么利用好财务报表去理解企业呢? 我认为,在思想上要认识到两点。

　　第一,我们必须认识到企业的财务报表是认识企业的工具,但并不是全部,财务报表只能描述企业的一部分,所以应该始终保持一份谨慎和怀疑。

　　第二,我们必须明白企业的财务报表是企业实际经济活动的结果记录,而不是企业根据财务报表开展经营活动,要弄清楚两者的关系。

2. 阅读财务报表的目的

作为一个投资者,阅读财务报表的目的通常有三个。

第一,了解企业在特定时间内的经济活动,并根据需求对企业的财务状况进行判断。

第二,识别并评价企业的战略。

第三,对企业的竞争力和竞争优势,企业的前景和风险进行评价。

3. 研究财务报表的层次

财务报表的最大价值,是分析企业、理解企业。我认为,研究财务报表有三个层次。

第一个层次,停留在数字层面,理解会计科目的含义,理解财务数字的构成,并进行加减乘除的计算。比如,企业营业收入的金额,同比增速是多少。

第二个层次,发展在数字的质量层面,理解数字背后的经营意义,从财务报表去寻找企业做了什么,将要做什么。比如,企业营业收入和同行比较,同比环比的增速,营业收入的构成等。

第三个层次,从财务报表中理解企业的战略和企业具体的经营环境。我们知道任何企业都有自己的战略,有的战略好,有的战略差一点。企业所有的经营活动都是在战略指引下的具体行为。我们从投资者的角度看财务报表,分析企业未来的价值,就必须从企业的战略导向出发,这样的分析才能触及企业的灵魂。在这个层次上,财务报表对投资者来说只是一个深度认知企业的工具,我们把企业的经营和财务报表联系起来,相互印证,最后搞明白企业为什么这么做,这么做对不对,这么做的效果怎么样,这个时候才能说我们看懂了企业。

在战略的视角下,我们又有新的认识。比如,我们分析资产的质量,顺鑫农业靠较低市场定位的牛栏山赚钱,但是如果把牛栏山的品牌、销售渠道和生产线免费送给贵州茅台,贴上贵州茅台的标签,恐怕对贵州茅台就是"毒药"了。再比如,在新能源汽车如火如荼的时候,假设中国平安要全资设立子企业去追这个风口的"猪",恐怕也会成为企业的有毒资产。资产和战略的良好组合,可以发挥一加一大于二的催化剂作用。但是,资产和资产的战略冲突,再好的资产也是有害的。如果说会计要素分析是一维分析,那么质量结构就是二维分析,战略导向就是三维分析。所以,我认为,从财务报表看经营、看战略,这个思维视角的重要性怎么强调都不过分。

二、财务分析的一般性方法

有了正确的理念,把财务报表变成投资的利器还离不开相应的技巧。作为一个老股民,我总结了以下经验。

1. 四个注意点

第一,财务报表分析一定要和企业的具体经营活动结合起来。

第二,财务报表是企业具体运营的结果,是用来反馈、证实和证伪的。

第三,财务报表指标分析要规模和结构并重、结构分析和比率分析相结合。比率和规模解决量的问题,结构分析解决质的问题。

第四,关注企业运营和财务报表指标变化的趋势。

这四点都是很容易理解的,我们继续往下讲。

针对具体的会计科目,我们应该看会计数字的绝对值、会计科目的结构、会计科目的比率。比如,贵州茅台的 2018 年中报中,预收款项和营业收入的比例为 28.2%;同期,洋河股份的预收款项和营业收入的比例为 14.1%。我们可以看出,贵州茅台的预收款项的蓄水池含金量更高,对市场可能风险的缓冲更强。贵州茅台的 2018 年中报中,预收款项同比减少 44.09%;同期,洋河股份的预收款项同比增加 40.67%。我们可以看出,洋河股份的预收款项增速较快。从财务数字分析,洋河股份的产品在市场上的竞争力在加强。

2. 建立整体分析的视角

这里需要说明的是,会计指标的比率分析,可以同比来看企业这个指标规模的变化,可以环比来看这个指标的最新变化趋势;可以和同行相比,还可以和自己的历史相比,从不同的角度分析企业真实的运营。比如,有的行业有的企业因为业务的季节性特点,当我们分析出环比数据很差的时候,就要分析这种情况正常不正常,背后的原因是什么。典型的案例有白酒企业的春节行情,房地产企业的结算周期等。

此外,我认为,比率分析和规模分析的本质是一样的,两者的本质都是在量的层次分析会计项目。比率是规模的一种表现形式,在解释了财务指标结构的同时指出了财务指标的质量。所以,规模和比率,这两个维度在做财务分析的时候必须结合起来用。

这里再次强调,会计科目的分析必须结合企业的具体运营情况,切忌从财务报表推企业,而应该是从财务报表验证企业。因为财务报表是企业日常运营的结果,而不是说企业的经营活动是根据财务报表展开的。这个思维逻辑我强调过很多次,这也可以解释很多财会人员做股票投资效果不理想的现象。

比如,在我们分析贵州茅台的预收账款时,根据同比变化很容易得出,贵州茅台的产品在市场上竞争力大幅度削弱的结论。事实上,2018 年是贵州茅台历史少见的销售旺年。进一步查询相关资料,我们可以知道,预收账款的这种变化是贵州茅台主动改变销售政策引起的。

如果不能把阅读财务报表和分析企业的实际经营情况结合起来,就成了大家经常说的"呆会计",研究越仔细才发现错得越离谱。

会计科目的分析必须以企业盈利为导向。此处仍然以预收款项为例,如果是由于企业采取过激的销售策略形成的预售款项大幅度增加,那么我们对这种增长的质量需要保持怀疑态度。

从财务报表分析企业,必须坚持系统优化的整体思维。没有完美的企业,自然也就没有完美的财务报表。事实上,如果一份财务报表完美无缺,那么这份财务报表大概率是造假。因为企业的优势本质是比较优势,如果一个企业全面领先,我们有充足的理由怀疑这种领先的真实性或者持续性。

在财务报表的分析中,每个科目都不是绝对静止的,而是有生命的,有着自己的变化趋势;每个科目都不是绝对独立的,而是企业整个体系中的一部分。我们应该建立一个立体的视角,在全局的环境下,去分析具体的会计科目。

因此,在财务报表分析中,我们不要求每个会计指标是最好的,而是追求这个指标在整个财务报表内是最优的。这个最优一定是针对企业经营的主要矛盾的最优,一定是针对企业未来发展趋势的最优。

同时,我们还要做好趋势分析。趋势分析既可用于对会计报表的整体分析,即研究一定时期内报表各项目的变动趋势,也可以只是对某些主要财务指标的发展趋势进行分析。

对于高超的财务分析者,还有两个常用的技巧:因素分析和综合分析。

(1)因素分析

因素分析是用来计算几个相互联系的驱动因素对综合财务指标的影响程度的大小。比如,销售收入取决于销量和单价两个因素,企业提价,往往会导致销量下降,我们可以用因素分析来测算价格上升和销量下降对收入的影响程度。因素分析最主要的目的是,当一个重要指标的变化是由多因素影响的时候,把其中最重要的驱动因素找出来。

(2)综合分析

有时候,我们无法找出驱动要素。企业本身是一个综合性的整体,企业的各项财务活动、各张财务报表、各个财务项目、各个财务分析指标是相互联系的,只是单独分析一项或一类财务指标,就会像盲人摸象一样陷入片面理解的误区。因此,我们把相互依存、相互作用的多个重要财务指标结合在一起,从企业经营系统的整体角度来进行综合分析,对整个企业做出系统的全面的评价。这种分析方法就是综合分析。它可能给不出一个具体的量化关系或者主次关系,投资者只有根据自己对商业和企业的深度理解,从财务指标上做出一个感性的判断。

综合分析的典型代表是杜邦分析体系,其最显著的特点是将若干个用以评价企业经营效率和财务状况的比率按其内在联系有机地结合起来,形成一个完整的指标体系,并最终通过权益收益率来综合反映。采用这一方法,可以使财务比率分析的层次更清晰、条理更突出,为报表分析者全面仔细地了解企业的经营和盈利状况提供方便。

三、资产负债表的分析

在企业的资产负债表、利润表和现金流量表中,资产负债表是核心报表,处于支配性的地位;利润表是对资产负债表中股东权益未分配利润、盈余公积和资本公积项目部分内容的展开说明;现金流量表是对资产负债表中货币资金变化情况的展开说明。所以,三张表是有内在的勾稽关系的。

对于投资者来说,要从资产负债表看资源,从利润表看效益,从现金流量表看效益的质量。资源决定了效益,所以资产负债表是财务报表分析的基础和核心。资产负债表的具体分析如下。

1. 资产负债结构

对于资产负债表,我们首先要关注资产负债率,通过企业资产负债率同比、环比的变化情况以及同行之间的数据对比,判断资产负债率是否合理,有什么样的风险,或者能不能进一步通过提高资产负债率获取更高的净资产收益率。

我们还要关注企业资产和负债的结构。在资产端,我们要关注流动资产和固定资产的比例,关注企业经营性资产、金融性资产和闲置性资产的比例,关注应收类资产和应付类资产的大小、历史变化情况等。在负债端,我们要关注企业的流动负债和非流动负债的比例,关注企业有息负债和无息负债的比例。这些对于我们从轮廓上去了解一家企业非常有帮助。对于特殊的项目,比如其他流动资产、商誉等会计科目,必须要引起注意,如果有疑问,可以结合附注来看。

2. 存货减值风险

我们需要关注企业的存货占比,关注企业的存货周转率和企业存货的计提减值规则,但也要注意企业的存货组成,为什么会形成存货。比如,东阿阿胶的存货部分,原材料驴皮占了很大一部分,驴皮一直是东阿阿胶生产的重要影响因素,驴皮增加有利于增强东阿阿胶的抗风险能力。类似的案例还有双汇发展,2018 年上半年,其趁着市场猪价比较低的有利形势,大量购买猪肉。原材料增加,也被认为是企业主动作为、积极经营的加分项。我们分析财务报表时,必须结合企业具体的经营活动进行。

3. 商誉和无形资产

对于商誉和无形资产占比较大的企业,我们应该分析商誉和无形资产在总资产中的比例。因并购形成的商誉,应该关注子企业的经营实际,判断商誉的水分大不大。对于无形资产,则应该关注企业的会计实际中,研发支出是费用化还是资产化,并通过和同行的比较判断这种会计处理是否合理。当一个企业忽然改变自己以往记账规则的时候,尤其应该引起注意。

4. 应收类和应付类会计科目

通过分析应收类和应付类的会计科目,可以判断企业在上下游的议价能力。主要分析应收账款的账龄和客户结构,欠账的客户是集中还是分散,客户有什么特点,是什么原因形成的应收账款,资产的计提标准怎么样,计提的折回数量大不大等。

5. 在建工程和固定资产的比例

在建工程代表未来的产能,固定资产代表现在的产能,具体的项目可以在报表附注查。需要注意的是,只有固定资产存在折旧,所以我们必须警惕企业存在的较长时间、较大金额的在建工程迟迟不能转入固定资产的情况。

6. 负债构成和负债金额

我们应该关注有息负债的比例,找到真正的负债。一般来说,预收款项这样的负债代表,是企业对下游议价能力较强的体现。相对应的,应付账款是对上游的议价能力。此外,还需要看负债的账龄、集中度及坏账计提政策(影响净利润)等方面。

7. 所有者权益及构成

所有者权益由四部分构成,分别是实收资本、资本公积、盈余公积和未分配利润。我们看所有者权益的结构,要看股东权益增长的驱动力是来自于企业的经营活动还是金融市场的融资。通过考查未分配利润的多少,来评估未来分红的可能性及多少。

这里需要注意的是,所有者权益中的“所有者”既包括母企业股东,也包括少数股东。我们股民一般都属于前者,所以也要关注在所有者权益中,自己能分得多大的份额,还要看看少数股东权益的变化趋势以及具体来源。在很多企业中,少数股东和企业的治理结构有着紧密的关系。

8. 其他关注事项

递延所得税,是当合营企业应纳税所得额与会计上的利润总额出现时间性差异时,为调整核算差异,可以账面利润总额计提所得税,作为利润总额列支,并按税法规定计算所得税作为应交所得税记账,两者之间的差异即为递延所得税。在会计科目上,递延所得税分为递延所得税负债和递延所得税资产。关于递延所得税,我们应该关注它是资产端,还是负债端,这部分的记账变化有可能会影响到当期净利润。

对于商誉这个会计科目金额较大的企业,我们应该关注商誉的形成过程,评估当前资产的质量,考虑企业有没有可能出现商誉大幅度减值的情况。

在流动资产中,其他流动资产的金额一般不会太大,如果很大,则很有可能是企业投资性资产的资金通道。我们可以把母企业财务报表中的该科目数据和合并资产负债表中该科目数据比较着看,更有利于我们通过财务报表去理解企业的经营行为。

有些企业所有者权益很高,但是存在大额的少数股东权益(这部分不属于上市企业股东),这时候使用市净率估值就会带来误区。比如,房地产企业多存在联合开发,因此存在大量的少数股东权益。

不同行业的企业,其资产负债表的构成会有较大的差别。通过静态数据的结构分析,通过动态的同比分析和环比分析,通过与行业上下游企业的关系梳理,与同行业企业的关键财务指标比较,我们就可以判断企业的战略抉择是什么,企业的经营状态是不是健康,企业未来发展的后劲是不是足。

在分析完会计科目后,我们还可以把资产分为经营资产和投资资产。由此可以把企业分为三类:经营主导型企业、投资主导型企业、经营投资并重型企业。经营主导型企业的财富积累比较慢,步子坚实;投资主导型企业可以在短期内实现跨越式发展,也容易在这个过程中形成"虚胖",集聚金融风险,对于这种高"商誉"的企业一定要警惕;经营投资并重型企业表面看起来采用了一种兼顾型策略,但是在实际的经营活动中,管理者很难做好经营和投资的平衡,出问题的可能性反而更大。

四、利润表的分析

利润表是资产负债表中"未分配利润"变化的具体展开。在企业利润表中,我们计算净利润的过程是这样的:营业收入减去营业成本,减去期间费用,加上投资收益,再加上其他一次性的非经营性收支差额,最后在利润总额的基础上,减去所得税费用。利润表反映的是,企业在某一经营期间营业收入、营业成本、各项费用和实现利润的情况。净利润也是股票市场中个人投资者最喜欢看的数字。

1. 相关概念

为了理解利润表,首先说明以下几个概念。

①成本是为了实现某个特定的目的而发生的资源消耗。

②费用是为了实现一定时期的收入或者利润而发生的资源消耗。

③资产是为了实现较长时期的收入或者利润而发生的资源消耗。

至此,企业经营活动的基本形式就是:固定资产以折旧的形式,无形资产以摊销的形式,在企业的经营活动中逐渐消耗,转化为商品或者服务,带来利润;利润沉淀在所有者权益中,形成新的资产;企业再重新构建自己的资产结构,去赚新的、更多的利润。

我们关注企业的利润表,主要关心这几个问题:企业的利润是从哪里来的?可以持续吗?含金量怎么样?自由现金流的比例是多少?

这里需要注意含金量。我们需要对照经营活动产生的现金流,去判断企业利润的含金量。看企业的利润是实打实的现金收入,还是应收类的科目数字;应收的是什么,是票据还是银行承兑汇票,还是商业承兑汇票等。

2. 利润的来源

观察利润表可以知道,企业最终的利润来自三部分:经营利润、投资收益和营业外收入。这三部分构成利润表的三大支柱,分析利润的结构组成非常重要。具体来说,我们需要分析企业经营活动带来的经营利润的质量怎么样,这一般是企业的核心利润来源,所以有时候经营利润也叫核心利润。

投资收益比较复杂,对于交易性的投资,特别是一些金融资产,其收益通常是不稳定的或者一次性的,比如企业购买的股票、基金等。但是,有一些投资属于战略投资,比如长期股权投资,这部分带来的投资收益是稳定的。企业的投资资产是被投资企业的经营资产,企业投资收益的大小和稳定性则来源于被投资企业的经营发展,比如雅虎投资的阿里巴巴、旗下拥有大量互联网企业股权的人人网等,尽管企业的主营业务已经没有什么价值,但是其投资资产带来的收益是稳定可持续的,那么我们在分析其利润质量的时候就要把投资收益当作重点。

营业外收入也是一样的,大多数企业的营业外收入都是不稳定的,但是也有个别企业,比如高科技企业的退税等,所以不要看到此类收入就一闪而过,还是应该看一下其持续性如何。

3. 经营利润

经营利润,是我们分析绝大多数企业的重点,体现了一个企业长期的投资价值。

(1)毛利润

关于经营利润,首先要说的是毛利润,即营业收入减去营业成本,反映产品的初始盈利能力。这里需要注意是,毛利润 = 营业收入 − 营业成本,但有的企业的利润表不是这样,因为其有金融业务收入,比如下设的财务企业有利息收入等,在其利润表中就会出现营业总收入的概念。

我们分析经营利润的目的是分析其经营活动的质量,所以在计算经营利润的时候,营业收入应该用营业总收入下面的营业收入。同理,营业成本应该用营业性成本(即企业经营活动引起的成本),这点大家要注意到。

$$毛利润 = 营业收入 − 营业成本$$

这里说的营业一定是企业的具体经营活动。

$$营业收入 = 主营业务收入 + 其他业务收入$$

如果有需要,在情况允许的时候也可以对具体的业务板块进一步拆解,在企业的业务和结构日渐复杂的今天尤为必要,这有助于我们认识企业不同业务板块的表现,从而在更深层次分析企业的价值。

分析营业收入的时候还要同时观察主营业务收入,看主营业务收入占总营业收入的比重,企业经营是否过于多元化。通常具有成长性的企业都是主营业务突出,经营比较单一的企业。我们不仅要分析具体业务板块营业收入的比例,还要分析其利润的占比,看看资产表和利润表是不是匹配,分析企业的战略方向和经营成果。

（2）毛利率

有了毛利润就可以计算毛利率，一般我们认为毛利率直接体现了企业产品的竞争力。和毛利率相对应的是净利率，净利率体现了企业产品 + 管理能力的综合竞争力。这是因为在毛利润向净利润转化的时候，涉及期间费用的扣减。一般认为，期间费用率是表征企业管理能力的重要参数。但是，要注意这个一定是建立在同类企业的比较中。我们看很多医药企业的毛利率都很高，能说它的产品很有竞争力吗？不能的，因为它的销售费用特别高，经营成果向股东权益转化过程中的主要代价在销售端，而不是直接的生产成本。同行业同品类的企业间，一定是毛利率高的那一家更有优势。看企业的毛利率，对比同行业看是否比别人高，对比自己的过去看是否稳定或者逐步提高，可以看出企业盈利能力相对于同行、相对于自己的变化。

一般来说，毛利率高有两大好处。一是在正常情况下，同样的销售收入所赚的钱更多。二是在市场不景气的时候，毛利率高的企业有能力降价促销，即使降价，企业还是有利润可赚。所以，这个数字是很有价值的。

（3）经营利润

清楚毛利润以后，就开始分析经营利润。公式如下。

经营利润 = 毛利 – 期间费用（销售费用、管理费用、财务费用、研发费用）–

营业税金及附加

= 营业收入 – 营业成本 – 期间费用 – 营业税金及附加

这是我们分析企业经营活动盈利能力的核心。

这里的期间费用就是传统的销售费用、管理费用和财务费用，简称销、管、财。近年来，随着财务发布质量的提高和会计政策的导向，也是出于企业实际经营需要，同时为了投资者更好地理解企业的经营活动，很多企业在利润表中开始公布研发费用，这部分应该引起我们的关注，具体计算的时候也要减去研发费用。期间费用的占比与净利率的高低，是衡量企业盈利能力和企业管理层能力的很好的指标。那些花钱大手大脚的管理层总会想到乱花钱的主意，而那些节俭的管理层总会想到为企业省钱的办法。我们一定要关注期间费用，这不仅关系到最后投资者能获得蛋糕的大小，还能看出管理层的能力和风格。

注意：此时，我们可以用"经营利润÷营业收入"来计算净利率，这样的算法更加贴近企业实际经营活动，毕竟我们是用毛利率、净利率这样的数字去衡量企业的经营活动的。但是，在一般性的计算中，广泛认为净利润的具体计算如下。

净利润＝营业收入－营业成本－营业税金及附加－销售费用－管理费用
－财务费用－资产减值损失＋公允价值变动净收益＋投资净收
益＋资产处置收益＋其他收益－所得税

然后用"净利润÷营业收入"去定义净利率。净利率受到了较多的干扰，并不能充分反映企业自己的日常经营活动盈利能力。

净利润可以理解为利润总额减去所得税后的金额。而利润总额，是指营业利润加上投资收益、营业外净收入的总和。我们发现，会计定义上的利润总额受到多重因素的干扰，并没有真实反映出企业的实际经营活动成果。我一直坚持认为，财务分析应该是我们认识企业的一个工具，是一门实践性很强的学科，而不是标准化的数学计算公式。所以，对于自己喜欢的企业，我还是建议多阅读财务报表，立足认识企业的经营活动这个出发点去思考，而不是停留在看别人计算好的财务数据上，因为按照会计规则计算出来的数字，经常不能如实反映企业的经营活动成果。

通过把营业利润和营业收入的增长率做比较，可以获得有趣的信息。如果营业利润增长快于收入增长，则净利率会提升，说明企业盈利能力在增强；相反，则说明企业盈利能力有可能在下降。

4. 营业利润

把毛利润、经营利润弄明白后，我们接着讲营业利润。营业利润，包括企业经营活动产生的利润和非传统经营活动产生的利润。公式如下。

营业利润＝经营利润－资产减值损失＋公允价值变动收益＋投资收益＋
汇兑收益

上述公式中的后面四项之所以参与计算营业利润，是因为尽管它们不是由企业经营活动形成的，但是和企业的经营活动紧密相关。

进一步地，在营业利润的基础上，我们再把营业外收支这部分加上就得到了利润总额。公式如下。

$$营业利润 + 营业外收入 - 营业外支出 = 利润总额$$

最后一步，有了利润总额，再减去所得税费用，就会得到净利润。公式如下。

$$利润总额 - 所得税费用 = 净利润$$

这个净利润就是我们最常见的那个净利润，经过重重加工和包装后的净利润。我们在投资的时候，要尽量看经营利润，看母企业投资资产形成的被投资企业经营资产的经营利润，看营业外收入的内容，最起码也要看扣非净利润。如果只是盯着净利润，那就真的要掉坑里了。

分析利润表，我们要关注企业的利润是怎么形成的，哪个环节是企业的优势，哪个是企业的不足；关注利润的结构，利润是哪些经营活动形成的，占比多少，利润的发展趋势如何；关注企业的利润是什么产品形成的，产品的库存变化如何，产品的毛利率变化如何，产品销售在什么区域；关注下游客户有什么特点，是大客户还是分散的，是政府单位还是普通消费者；关注企业盈利的能力依靠什么，是技术优势，管理能力，市场渠道，还是行政保护等。

财务报表阅读到最后还是要回归到对企业的理解上面。对生意的理解，才是阅读财务报表的终极意义。

五、现金流量表的分析

现金流量表是关于资产负债表中"货币资金"变化的具体展开，主要包括三部分内容，即经营活动现金流、投资活动现金流和筹资活动现金流。

1. 经营活动现金流

在现金流量表分析中，第一大类是经营活动现金流。对于经营活动现金流，我们应该关注长期的经营活动现金流和营业收入的比例关系，特别是关注净利润和经营活动现金流的对应关系，现金流才是企业的终极收益。那么，企业的净利润只是一个会计数字，充满了应收账款，还是实实在在收到了现金呢？我们可以通过考查净利润和经营活动现金流的关系，去印证企业净利润的含金量。当净利润和经营活动现金流的关系扭曲失真的时候，用净利润衡量企业的盈利能力就不再合适。这种情况下,我们说企业利润表是失真的,是有可能有"雷"的。

当净利润和经营活动现金流的关系扭曲的时候,所有以损益表为基础的估值都将失效。比如,关联方的大额应收账款,很有可能是对上市企业的资源占用。再比如,存在高额存货、很低的存货周转率,以及很低的资产周转率,如果企业此时利润仍然很好,我们就有理由怀疑这个利润的真实性和含金量。此外,如果收到其他与经营活动有关的现金这个会计科目出现金额大、占比高的情况,应该引起关注,谨防关联交易,有可能是过桥款。

2. 投资活动现金流

在现金流量表分析中,第二大类是投资活动现金流。分析收回投资收到的现金,应该结合附注说明,分析投资的盈亏;分析取得投资收益收到的现金,与利润表中的具体投资项目对比,分析企业投资收益的含金量;分析构建固定资产、无形资产和其他长期资产支付的现金,结合资产负债表的在建工程和固定资产项目明细,推测未来的产能规模以及营收增长;分析投资所支付的现金,与回收资产收到的现金做比较,推测企业的经营活动是扩张还是收缩,结合资产负债表中的长期股权投资,分析企业的战略。

3. 筹资活动现金流

在现金流量表分析中,第三大类是筹资活动现金流。筹资活动现金流分为流入和流出两部分。筹资活动现金流入是融资收到的现金,包括直接融资以及间接融资。筹资活动现金流出,包括还贷款支出的现金以及分红、回购等支付的现金。

六、财务分析对投资的价值

如同学好语文必须有一本字典,做好投资就必须会分析企业的财务报表。财务报表是企业无声的语言,独立完成企业的财务报表分析是投资的基本功。

1. 分析企业的风险

"财务报表是用来证伪的,是来排除企业的。"这句话在投资界流传甚广,我持有不同的看法。

（1）风险

什么是风险呢？通俗地讲，风险就是发生不幸事件的概率。换句话说，风险是一个事件产生我们所不希望的后果的可能性。它是某一特定危险情况发生的可能性和造成后果的组合。从广义上讲，只要某一事件的发生存在着两种或两种以上的可能性，那么就认为该事件存在着风险。而在保险理论与实务中，风险仅指损失的不确定性。这种不确定性包括发生与否的不确定、发生时间的不确定和导致结果的不确定。我们要注意风险不一定会发生，风险的本质是指发生的可能性。

我们进入股市通常听到的第一句话是"股市有风险，入市需谨慎"。假设我现在有 1 000 万元，有两种投资方式，第一种是全部存入工商银行，第二种是全部买进工商银行的股票，如何衡量两种投资的风险呢？当工商银行一年期定存利率是 1.5% 的时候，那么存银行一年可得本息和为 1 015 万，购买股票后因为行情震荡，年底市值只剩下 800 万，这个时候能得出"买工商银行股票比在工商银行存款的风险大很多"吗？

显然是不能的。综上所述，我认为，风险一定是对未来结果不确定性的预期。

（2）风险的特征

风险具有以下四个方面的特征。

①风险是客观存在的，它是不以人的意志为转移的，风险本身是无法消除的。

②风险是相对的、可以变化的。风险不仅跟其客体，也就是风险事件本身所处的时间和环境有关，而且跟其主体，也就是从事风险活动的人有关系。所以，不同的人，由于自身条件、能力和所处环境的不同，对同一个风险事件，承受的风险程度也是不一样的。

③风险是可以预测的。风险是在特定的时空条件下的概念，是未来事件不确定性的一种反应，是可以通过对环境因素的观察加以预测的。

④风险在一定程度上可以控制。因为风险是特定条件下不确定性的一种

表现,当条件改变的话,风险可能也会改变。

了解了风险的特征后,**我们在做投资决策时,不能只根据目标收益确定,也不能只根据风险规避,而要根据蕴含了收益和风险的综合收益做决策。**注意一定不要被所谓的高收益忽悠而去承担不必要的高风险,也不要因为恐惧不敢面对风险从而失去获得收益的机会。我们要做的是认识风险,识别风险,管理风险,乃至化解风险。

我们得到的智慧就是:获取高收益根本不必承担高风险,相反高收益必然需要去化解高风险。运用这个逻辑,可以分析军工股和科技股到底有没有投资价值的问题。按道理,所有的项目都有投资价值,问题是你能否控制其中的风险和收益。巴菲特说过,只要你知道你在做什么,你就是在投资。

我们一般强调对高科技行业要谨慎,就是因为大多数人并不能深入了解自己所投资的项目。比如我自己,我不投资高科技是因为我不了解,所以回避。我心里很敬佩投资科技股的人,但我只能赚我可以赚的钱。如果某天我了解了一个高科技行业,我也会投资。投资无偏见,只有认知。

对于投资来说,企业是活的多面体。一个会计科目可以被应用在企业多个主题的分析;同样,企业一个主题的分析要应用多个会计科目。不同的主题组成了企业的整体,不同的会计科目组成了企业的财务报表。

投资的风险一般集中在两个方面:买错了,这是企业价值的风险;买贵了,这是交易价格的风险。后者靠估值解决,前者需要深入了解企业的经营活动。这两个风险好像都不是财务报表能排除的,应该说财务报表能排除的风险只是企业风险的一部分。而对于投资,承担风险、控制风险、化解风险是一门一生的课程,因为有风险而排除企业是不恰当的。

(3)企业的风险

企业的风险主要有五个:经营风险、财务风险、股权结构和治理的风险、惯性依赖的风险和竞争环境的风险。其中,前两个风险在一定程度上是可以计量的,后三个风险则完全依赖于投资者的判断,对企业的威胁也更大。

经营风险,是指企业经营活动的不确定性。

财务风险,是企业负债经营和现金流的风险。财务风险很大程度是由经营风险造成的。

股权结构和治理的风险,是企业的基因,集中的股权结构可能发生大股东侵占上市企业利益的情况,而股权分散的企业可能面临"野蛮人"或者管理层为所欲为的情况,此类风险对企业的影响深远。

惯性依赖的风险,是指企业的惯性一方面增加了企业日常经营的稳定性,另一方面也给企业的未来发展带来风险,因为客观环境总是在发生变化,并不存在一劳永逸的产品或者模式。

竞争环境的风险,是指企业的竞争地位的改变;经济政策的改变,特别是补贴、返税和调控(我们应该关注此类政策的持续性和未来的变化方向);企业产品和服务的替代品发展;经济发展的客观规律;特定地区的政治和文化风险等。

企业真正的风险从来不在财务报表上面,企业背后的股权结构和经营管理才是企业风险的根源。这些不能计算的风险,其最后的结果都会体现在财务报表上面,所以财务报表是经营的结果和反馈。投资者一方面应该关注经营,一方面应该用财报做验证——证实或者证伪。所以说企业财务报表是用来证伪的,并不恰当。

2. 分析企业未来的发展趋势

除了从财务报表中分析企业的部分风险外,我们还可以分析企业未来的发展趋势。尽管未来是未知的,但是过去和现在对其有重大影响。在特定的时间段内,企业的经营是个连续的过程,分析过去,把握现在,一定程度上也就可以洞悉未来。

考查企业利润的形成过程时,通过对绝对值、结构、发展趋势的三维分析就能知道企业营业收入增长的持续性,判断企业整体的竞争优势,分析拳头产品和主推产品的比例及前景。尤其要注意,结构的变化趋势与未来持续盈利能力的关系。用望远镜看发展,用显微镜看运营,这才是我们做投资应有的姿态。

此外,现金流量表的项目还有助于我们了解企业的未来规划,投资活动现金流尤其重要。购建固定资产和无形资产,是对内扩大再生产;对外长期股权投资尤其是控制性投资,是对外扩张。从投资活动现金流出量的规模和结构分布,就可以观察到企业正在做的事情。

企业保持持续的盈利能力,要靠战略、靠管理、靠技术、靠市场、靠服务等。

总之,要靠综合竞争优势。我们对企业财务报表进行分析,也应该看全面,通过它去理解企业的实际经营活动,而不是仅仅停留在会计项目的简单计算和解读。只有这样才有可能帮助投资者对企业的整体投资价值做出恰当的判断。

第五节　建立能力圈

能力圈是巴菲特在前人投资智慧上发展出来的理念。巴菲特认为,坚持在能力圈内投资,投资者将胜多败少。那么,怎么建立自己的能力圈呢?

一、能力圈的核心是确定性

巴菲特指出,从长期来说,市场将出现非比寻常甚至诡异至极的情况。只要犯了大错,不管你过去有多少成功纪录,都将会被一笔抹杀。由此可见确定性对于投资的重要性。如果说投资的收益是1,那么不确定性就是0。再高的收益如果没有确定性做基础,最后都会因为风险的遍历性而归零。

怎么理解这种确定性呢? 纵观巴菲特的投资历史,他先后为自己划定了众多的边界,比如商业边界、安全边际、能力边界、管理边界等。其目的只有一个,即化解投资中的风险,寻找低风险高收益的投资机会。只有强大的确定性才能带来时间的复利效果,这才是投资的本质,而不是仅关注单次投资的收益率高低。

巴菲特在致股东的信中这样讲:虽然这样的风险度量无法做到像一项工程般精确,但至少可以做到足以作出有效判断的程度。在做评估时,主要的因素有下面几点。①企业的长期经营特质可以被衡量的确定程度。②企业管理阶层有能力发挥企业的潜质并有效运用现金的确定程度。③企业管理阶层将企业获得的利益回报给股东而非中饱私囊的确定程度。

可见,能力圈的本质是确定性。那么,怎么围绕这个核心做呢?

二、能力圈的关键是边界

关于能力圈的问题,巴菲特和芒格都有过多次论述。投资成功并不是靠你懂多少,而是认清自己不懂多少。"在自己的能力圈内投资",巴菲特建议,"这并不是能力圈多大的问题,而是你如何定义能力圈的问题。"

下面,我们来理解一下芒格的智慧。

如果要明白人生如何才能得到幸福,芒格首先会研究人生如何才能变得痛苦;要研究企业如何做强做大,芒格首先会研究企业是如何衰败的;大部分人更关心如何在股市投资上成功,芒格最关心的却是为什么在股市投资上大部分人都失败了。他的这种思考方法来源于"我只想知道将来我会死在什么地方,这样我就永远不去那儿了"这句谚语中所蕴含的哲理。

由此可见,两位智者都是在强调边界的问题。

边界的确定有两个方法,一个是以巴菲特为代表的强者思维,清楚地知道自己知道什么,然后在自己的地盘内运动;一个是以芒格为代表的弱者思维,通过寻找自己不知道什么,同样可以找到自己的地盘。当投资者掌握了边界后,就将比那些能力圈虽然很大但对能力圈的边界不怎么清楚的人要富有得多了。

如何具体确定边界呢?我觉得可以用巴菲特的"四脚理论"说明,即当我们看一家企业的时候,可以从以下四个角度分析。

1. 企业的经营业务

能不能了解企业的业务,与每个人的知识储备和经历背景有关系。有的企业对一部分人来说是可以了解的,对另一部分人来说是不能了解的,而且这种了解指的是投资方面的了解,即企业所处行业的发展前景和企业的竞争力分析。

2. 企业的经营前景

企业的经营前景即我们对企业所处经营环境的判断,企业竞争力持续性的分析,也是我们对企业为股东创造价值效率的综合评价。我们可以通过分析企业过往的经营是否稳定,企业经营结果的财务表现是否良好辅助我们判断。

3. 企业的管理层

一条船是否跑得快即这条船的属性好坏表现,是船长能力的结果。优秀的管理人是德才兼备的,个人的品行(比如热情、诚实等)良好,对企业经营管理的专业能力很强,对股东的利益很看重等。

4. 股票的价格

这个就不必多讲了。值得我们注意的是，在巴菲特后期的投资中，他越来越强调企业质量的重要性。他认为，用合适的价格购买一家优质的企业要好于用便宜的价格购买一家普通的企业。

通过这四个角度的分析，投资者就能找到能力圈的边界所在。

三、实践中能力圈的误区

能力圈的概念虽然简单，但是在实践中有很多的误区，需要引起投资者的重视。

1. 第一个误区

能力圈的边界贪婪。虽然从长期的角度讲，投资者只能在自己的能力圈内赚钱，能力圈外注定是负数的游戏，很多人也知道自己的能力边界，但是看着别人赚钱，忍不住想去搏一把，最后圈内圈外两边打脸。更惨的是，有时候一不小心迈出去竟然大有收获，然后不知不觉走出了能力圈，直到受到市场先生的致命打击。

2. 第二个误区

把投资的结果当作自己能力圈的证明。有的投资者看了别人的分析或者自己随机操作一只股票，赶上行情赚了一波，就会认为这是自己的能力圈。其实当潮水退去的时候，才发现裸泳的只有自己。

3. 第三个误区

把行业信息当作能力圈。有的投资者看了一些研报，或者自己本身就是业内人士，或者进行了有限的调研，从而把自己掌握的数据和信息当作自己能力圈的认证。事实上，这对行业的理解非常肤浅。

4. 第四个误区

认为能力圈是一成不变的。这是典型的机械主义，没有认识到自己之前的认识并不是全面的，没有发现企业的经营实际已经发生了改变。投资者只有保持不断学习的状态，才能守住能力圈。

如果说企业能不能赚钱取决于自己的竞争力，那么投资者能不能赚钱就取决于自己的能力圈大小;如果说企业能不能长期赚钱取决于自己的"护城河",那么投资者能不能长期赚钱就取决于自己能不能守住能力圈的边界。一个投资者就是一个企业,自负盈亏。我们做投资,在分析企业经营的时候,一定要注意构建自己的能力圈。

四、你怎么知道你知道

前面给出了投资者建立能力圈的方法,可是你怎么知道你在能力圈内? 你怎么知道自己知道? 你怎么知道自己是对的?

市场上流行的有以下三种观点。

第一种观点强调投资者的顿悟,在古文《秋水》中有两句经典的哲语:"子非鱼,安知鱼之乐?"和"子非我,安知我不知鱼之乐?"意思是,当你知道的时候,你就知道自己知道了。

巴菲特和芒格专门讨论过这个问题。巴菲特说,"如果你不确定一个事物是不是在你的能力圈范围内时,那它确实不在"。所以,这是一个可以自我解答的问题,如果想扩展自己的能力边界,就应该多加练习。

第二种观点是自问自答,投资者应该搜集尽可能多投资标的的内容,加以汇总、分析,努力去消除自己的困惑。当在这个领域没有自己不能回答的问题或者自己的见解不属于任何一位专家的时候,就可以认为这是自己的能力圈。

第三种观点是投资并非一个智商为 160 的人就一定能击败智商为 130 的人的游戏,所以对投资者来说,最重要的并不是信息,而是性情。投资者应该虚怀若谷,不要固执己见,要听取多方意见,"兼听则明,偏信则暗",我们不可能拥有真理,只能无限接近它。最重要的不是对,而是错的时候知道自己错了,有一个纠错的机制,并控制错的后果。

投资者应该有一个智者的圈子,同一件事从不同的角度去交流,理越辩越明,汲取群体的智慧,最后根据自己的交易系统去独立决策。

投资者还应该多复盘,分析总结犯的错误,当初为什么这么想,错误能不能避免等。在一个成长的过程中,逐步建立自己的能力圈。

综合来看,每种观点都可行,但又不是对每个人都适用。我们普通投资者可能没有足够的投资悟性,信息渠道也不够通畅,交流的圈子也没那么高大上,只有汲取三种观点的智慧,根据自己的实际情况做出投资决策,并做好分散,才是合理的选择。

第六节　周期股的投资方法

在了解了企业投资价值分析的一般性方法后,我们来重点了解一下周期股的投资方法。这是因为周期行业企业的股票价格在一个完整的周期内会出现剧烈的变化,如果能够掌握周期性行业的投资方法,投资者就能在较短时期内积聚较大的财富。

一、周期和周期性行业

周期是世界运行的一个常律,典型的理论代表就是大名鼎鼎的"美林时钟"。基于对美国从 1973 年到 2004 年的 30 年历史数据的研究,美林证券发表了著名的研究报告《The Investment Clock》,研究在经济的不同阶段相对应的投资策略,被市场称为"美林时钟"(如下图所示)。该理论根据经济增长和通胀状况,将经济周期分为四个阶段,指导我们在不同的经济阶段进行资产配置。

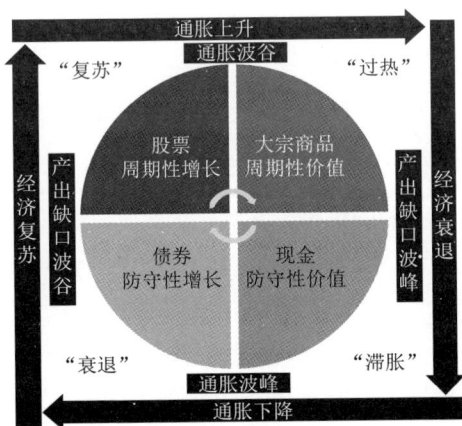

"美林时钟"基本框架

1. 周期的成因

关于周期的成因,霍华德·马克斯写的《周期》做了比较系统的分析,主要有经济发展本身有周期、政府的逆周期调节、企业盈利有周期、股市投资者的心理和情绪的周期变化、社会的风险态度周期、金融系统的信贷周期及不良债权周期等。

从宏观角度分析,周期成因复杂,变量很多,难以把握,所以很多有道理的论述在实践中根本无法运用。我主要从微观角度分析,我们作为投资者如何领先市场去识别周期,利用周期去增加自己的投资收益。我的核心观点是,选择周期长、确定性较高的周期行业指数基金或者股票,在周期低点买入,高点卖出,赚周期波动的钱。

虽然我们无法准确预测宏观经济的周期性,但是周期依然是宏观经济的固有属性,在这种大环境下的所有行业和企业都深受影响,区别只是强弱不同。当然在微观角度看,所谓的经济周期也是由各行各业的小周期叠加形成的,两者互为因果,生生不息。

在市场经济中,商品价格的调节可以使资源配置达到最优状态。当商品供求不平衡时,价格就会从均衡状态发生变动,出现波动,从而调节供给与需求。比如,某商品供不应求,那么该商品就会涨价,导致人们对该商品的需求减少。同时,由于涨价带来了更多的利润,厂家就会生产更多的该商品,或者更多的竞争者加入该商品的生产领域,从而使得供给增加。供给增加,需求减少,两种力量叠加,使得供给重新归于平衡。

但是,市场的调节不是一蹴而就的,而是一个动态的过程,供给和需求也是慢慢形成新的均衡。这种关系是周期的本质,反映的现象就是企业/行业的周期,最直接的表现就是商品的价格变化。

2. 周期的分类

根据一个行业恢复新的平衡状态需要的时间长短,可以把周期分为长周期和短周期;根据这个过程中商品价格变化的剧烈程度,可以把周期分为强周期和弱周期。做周期投资,最好是寻找那些长而强烈的周期。值得注意的是,价格只是表象,我们要关注的是企业盈利的周期。

为了深入研究周期股的内在规律,我们从供给端和需求端两个维度对周期性的行业进行分类。

考查供给端,如果一个行业在供求失衡的时候,产能很快就可以根据需求的变化而变化,那么大概率就是短周期,比如日化品行业等。反之,供给端的调整传递到具体的商品供给量变化需要的时间比较长,那么大概率就是长周期,比如房地产、养猪行业等。长周期一般是强周期,短周期一般是弱周期。当然,我们还要考虑商品的可替代性、产业格局、行业成本属性等。

考查需求端,有的周期性行业需求端是稳定的。比如,在养猪行业周期研究中,消费市场对于猪肉的需求其实是稳定的。有的周期性行业需求端是变化的。比如,在汽车行业研究中,宏观经济的变化影响每个人的收入水平和消费意愿。我们研究周期就要从供求关系着手去分析周期形成的原因,才能对行业周期变化趋势形成较为可信的判断。

不管是供给端、需求端或者两端共同作用下形成周期的驱动力,都是供求失衡引起的。我们通过考查供求关系恢复平衡的时间,就可以判断周期的长短。值得注意的是,同样的研究标的,除了周期属性,还有其他属性(如成长或者衰退)。比如,房地产行业原本是一个强周期、长周期行业,但是在中国近二十年的发展却呈现出了弱周期、短周期、高成长的趋势,我们一定要分析行业发展的主导力量。

3. 行业周期性的分析要点

传统的理解中,周期主要是指事物围绕中心点或者长期趋势而上下波动。但是,我们可以在这个基础上做进一步的延伸,把周期定义为一系列关联事件按照一定的逻辑顺序依次发生并形成闭环。我们从这个角度看猪周期:生猪供小于求→猪价上涨,利润提高→仔猪价格上涨,母猪存栏增加→生猪供给增加→生猪供大于求→猪价下跌,利润降低→仔猪价格下跌,母猪存栏减少→生猪供给减少→生猪供小于求。这样一个完整的生猪养殖周期就出来了。

需要注意的是,在现实世界中,这些事件并不一定按照我们认知的逻辑顺序发生,有的环节可能会快速结束,有的环节可能会持续很长时间,有的环节甚至有可能直接跳过。投资者必须根据具体的环境条件对未来预期做出调整。

历史不会重演过去的细节,历史却会重复相似的过程。我们既要掌握经济周期的一般性规律,也要重视周期发展的特殊性。

对于日常生活必需品,比如食品、饮料、药品,对经济周期的波动并不是很敏感。这些日常必需品,人们每天都需要消耗一定的数量,不管经济是好还是坏,所需消耗的数量基本相同。但是,需求并非绝对固定不变。当经济衰退时,人们会消费降级。比如,人们虽然购买同样多的食品,却会买更便宜的食品;人们会减少去餐馆吃饭的次数,而更多地在家里吃饭。到了经济繁荣的时候,人们会消费升级,去购买更好更贵的食品,选择去餐馆就餐的次数也会增加。

对于非必需消费品,比如健身、旅游、奢侈品等,需求的波动性很大。但是,这种波动性并不是绝对的。当接近极端状态的时候,其敏感性显著减弱。比如,一个人在经济好的时候一个月抽十包烟,经济不好的时候抽三包烟,经济继续恶化,可能会一个月抽两包烟,而不是一个月抽半包烟。

对于价格高的"耐用消费品"需求,比如,个人购买汽车和房子,企业购买卡车和工厂设备等,对经济周期高度敏感。主要有两个原因。其一,这些是耐用消费品,也就是说它们能够被用上很多年,所以经济疲软的时候,这些耐用消费品的更新可以被延迟,旧的照样可以用,等人们有钱以后再买新的。其二,因为这些耐用消费品,买一次要花人们很多钱,所以当经济困难的时候,人们赚的钱也少,就很难买得起它们,需求自然就减少了。但是,当经济繁荣的时候,人们赚的钱变多了,就很容易买得起它们,需求自然就增加了。

综上,在微观上分析一个商品的周期性强弱,主要从消费者需要的程度、商品的价格高低、商品的耐用程度等方面进行分析。

二、预期驱动下的股票定价机制

在经典的股票价格理论中,市场中股票的价格都是合理的,已经反映了已知的全部信息,个人无法长期战胜投资,因为每个人都是市场的一部分,个别人业绩长期超越市场只是概率上的散点。以格雷厄姆为开山祖师的价值投资学派却诞生了多位长期战胜市场的徒子徒孙们,令人叹服,该学派认为价值决定价格,市场的短期交易力量只是带来价格的波动。

价值投资要求投资者极度理性,合理估量股票的价值并且对市场波动免疫,还可以利用市场先生收获市场波动带来的额外收益。但是,在实际的操作中,我们只是普通人,不能获取准确估值所需要的全部信息,特别是股市中有大量的成长股和周期股,我们可以把成长因子和周期因子当作价值的参数,这些因子是极难估量的,其未来的自由现金流大小和时间难以评估。

我把这种股票称为非典型性股票,主要就是成长股和周期股。这里探讨在非充分信息条件下的股票定价机制。当股票价格的自由现金流折现值难以准确判断时,在非理性人组成的投资市场中,股票价格被预期驱动的特征会非常明显。

为了说明这种定价机制的过程,我先用一只普通股票的定价过程作为开始。

假定无风险利率为4%,我们要求股权固有风险补偿后的收益率为8%,对于一只股票其合理的市盈率为12.5,我们取其中一只典型股票,如果每股收益为1元,股票价格为12.5元。

现在预期明年该股票每股收益翻倍,为2元,确定性市场认为100%,在这个预期出来之前,该股票的合理价格为12.5元,但是预期出来以后,我们可以知道明年该股票的合理股价为2×12.5元=25元。那么,股票价格是不是在今年一直保持合理的价格12.5元,等明年业绩出来后跳涨到25元的新合理价格呢?当然不会,股票价格的变化一定是一个连续的过程。

明年股票价格会达到25元的合理价格的强烈预期,使得投资者今年就开始大量买进,导致今年的股票价格不会保持在12.5元,而会形成溢价,**但是这种高于现在合理股价的市场定价机制又是合理的**,因为没有一个资本面对一年100%利润空间的机会会无动于衷。

所以,成长股的股票定价机制不是根据企业当年的业绩进行所谓的"合理估值",而是根据投资者对未来预期下的业绩进行估值,反映在股票价格上面就是成长股的市盈率特别高。确定性越强,投资者给出的溢价越坚决,确定性的预期有几年就根据这几年的最后一年业绩确定一个股票价格,然后按照投资者期望的复合收益率折现到现在,这就是当年的成长股股价。资本会一直买进,直到该股票价格预期的增长空间和投资者预期的年复合收益率相近为止。

确定性越强，业绩预期的时间越长，该股票当年的溢价就会越大。盈亏同源，如果成长股杀估值，也不是杀当年的业绩，而是杀预期期间的估值。当初确定性越强，预期成长时间越长的股票杀起来也越凶残。所以，我们看成长股的股票定价，核心是确定性的强弱、成长性的高低、成长时间的长短，以及市场的认可程度。

我们来计算，假定明年业绩兑现股票价格为 25 元，资本会买到什么时候停止呢？假设投资者预期的复合收益率为 10%，用"今年股票价格 ×（1 + 10%）= 25 元"计算得到今年的股票价格为 22.72 元，这个 22.72 元就是今年的合理股票价格。在这个价格之前，资本会推动股票价格从今年的 12.5 元持续上涨。

我们需要注意的是市盈率杠杆的问题。假定当年企业盈利 1 亿元，那么市值为 12.5 亿元，次年盈利为 2 亿元，市值为 25 亿元。据此，我们可以看到，因为市盈率杠杆的存在，资本的收益远超企业利润的增加，这也是资本搞好企业经营活动的动力所在，也是很多"炒股"的企业在牛市业绩暴增的源泉。

在实际的股票市场，股票的合理价格计算一直是一个动态的过程，受三个因素的影响，即股票市场的合理估值基准线、投资者预期的复合收益率和可预期的企业经营收益变化情况。这样我们就可以理解，为什么市场中很多成长股有很高的市盈率。因为这个估值不是针对当年的业绩计算的。

我们理解了成长股的股价在三重因素影响下的定价机制，**推而广之，所有的股票——成长股、价值股和周期股都是一样的。**在周期股的投资中，企业的业绩出现规律性的变化，且震荡剧烈，基于企业未来业绩的预期对股票价格的形成具有相当大的影响，这一点必须注意到。

我们每个投资者都有有限的理性，应该根据"立足当下，展望未来"的情况决定自己的买卖，从而形成基于业绩预期的股价形成机制。

三、周期股的特征

一年有四季，万物有兴衰。一切经济活动都有周期性，或长或短，循环往复。我们做股票投资就必须深刻研究周期股。

在投资中,我们一般说的周期性行业是和国内或国际经济波动相关性较强的行业。其中,典型的周期性行业包括大宗原材料(如钢铁、煤炭等)、工程机械、船舶等。其特征是商品价格呈周期性波动,商品的市场价格是企业赢利的基础。**在市场经济中,短期内商品价格形成的基础是供求关系,而不是成本,成本只是商品最低价的稳定器。**

在投资理论研究中,我觉得把一个企业的周期性分为行业的周期性和企业的周期性两个层次去分析更为合理。周期性行业的产品一般具有无差别性,品牌相对弱化,企业的竞争主要体现在成本的控制、产能的变化和周期的契合度管理等方面。

在财务指标上,因为成本的相对稳定,产品价格具有周期性的变化,所以企业的营业收入、净利润、资产周转率等均有明显的周期性。但是,我认为核心的指标是毛利率,因为其直接反映了企业的产品在市场中供求关系的变化。

以兖州煤业为例,这是一家典型的周期性行业的企业。

但是,从企业的营业收入(如下图所示)看,企业每年的营业额都在稳定增长,看不出什么周期性。企业经营的周期性有三种原因,即宏观经济的周期性、行业容量的周期性、企业自己经营活动的周期性。我们判断企业是否属于周期性行业的根本,即看企业的经营活动是否受到行业周期的强烈影响。只看企业的营业收入、净利润等数字就可能因为企业本身的发展阶段对冲了行业周期的影响,而对企业的股票是否是周期股的判断产生影响。

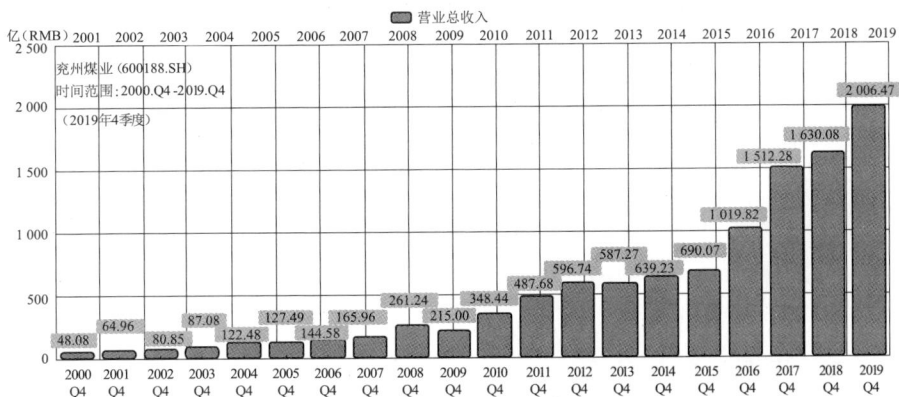

兖州煤业的营业总收入趋势图

从企业的毛利率变化(如下图所示),一眼就能看出尽管企业的经营收入稳定增长,但是企业的经营成果明显受到行业周期的影响,呈现出两个特点:第一个,在较短时间内,其毛利率周期性涨跌,展现了企业经营属于周期性行业;第二个,在较长时间内,其毛利率又显著降低,反映了煤炭行业在我国能源结构中的地位变化。

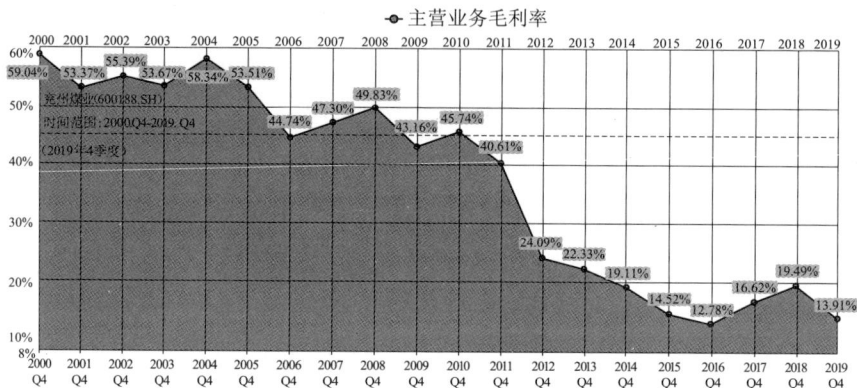

兖州煤业的主营业务毛利率趋势图

有的周期股比较典型,一眼就能看出来,企业的利润发展到一定规模后便被强力拉回,只能随着行业周期的起伏而摇摆,企业利润受到周期支配的迹象非常明显。

值得注意的是,我并没有拿最常见的股价作为判断依据。因为企业的股票经常会增发、回购、分红、送转等,我们以每股财务指标去判断,难免会失真。在允许的情况下,从企业的整体出发来判断其是否属于周期性行业更贴合实际。

我们做投资需要寻找的是,可以在长周期内顺境发展或者在逆境中发展,但是不断创造出更高价值的企业。典型的有,电力行业中的长江电力、化工行业中的万华化学、证券行业中的中信证券、猪产业链中的双汇发展等,这些优秀的企业都依靠自身优秀的经营冲破了行业周期性的束缚,不断向前发展。

四、周期股的投资要点

在周期股的投资中,周期的确定性越大,我们赚钱的确定性越大;周期越长,我们赚周期的钱越容易;周期越强,我们赚到的钱就会越多。**投资周期股的核心就是三点:确定性、长度和强度。这是由供求关系的属性决定的。**所以,为了做好周期股投资,我们必须分析周期性行业中影响市场供求关系变化的因素。

1. 行业角度分析

从行业角度分析,我们投资周期股首先要明白周期是行业的周期而不是某个企业的周期。要在行业低谷买进,在行业高峰卖出。行业发展趋势的变化至关重要,如果选错了时机,没有业绩支撑和市场预期的股票跌起来会非常惨烈。

我们怎么判断一个行业是不是迎来拐点了?

一是对行业进行持续跟踪,掌握行业的动态变化。

二是看行业的企业总体数据。这个行业中大多数的企业都在亏损,甚至有个别企业破产的时候,那么股票价格一定是处在比较低的位置。

三是注意关注相关行业的先行指标。比如,大宗商品复苏前的波罗的海指数一定会增强。类似的还有重卡销量对于基建的先行指示,水泥对于建材行业的指导作用等。我们看相关的参数一定要多角度看,不要根据孤证做判断。

2. 基本面分析

分析基本面也很重要,对周期的分析其实就是对供需量化缺口强度和持续时间的分析。对于短周期的周期股不建议参与,比如糖周期,它的需求端是稳定的,周期主要由供给端引起,一旦某一年的供给不足带来企业的利润增加,那么上游的甘蔗种植和加工生产很快就能跟上,这样的周期股带来的利润空间就很有限。还有的周期股,确定性不高,似是而非,比如2020年上半年的汽车股,数据有很大的反复,我们没法做出清晰的判断,最好也不参与。

周期的变化一定会在最后体现出企业利润的巨大变化,我们做周期股,业绩支持是安全垫,市场预期是兴奋剂,可以没有兴奋剂,但是不能没有安全垫。一定要保护好自己。

3. 具体操作

(1)挑选标的

分析完行业后,如果觉得可以操作,就要挑选出一个具体的股票。一般有三种思路,要不挑选出最安全的股票;要不挑选出弹性大的股票;或者做整个行业的周期,比如证券 ETF。对于没有行业指数基金的行业,我们可以挑几只股票做一个组合,后期根据涨幅判断具体谁是这轮周期的龙头股,慢慢调仓,这样既不会错过周期,个股踩"雷"的可能性也很小。

对于同质化的产品,行业内部的竞争力主要是由成本控制能力决定的。如果周期的形成是由供给端形成,那么成本的作用就更大了。企业的成本控制力一般由以下因素决定。

①强大的内部管理。比如,较低的期间费用。

②企业的自有属性。比如,规模优势行业中的大企业,进行了产业链的协同优化。

③企业的独特禀赋。比如,国企属性带来的低成本融资优势和资源的独占性,海螺水泥的"T 型"战略。

以水泥行业为例,在行业最艰难的时候,海螺水泥的销售毛利率最差也有27.76%,比很多水泥企业经营业绩最好的时候都要高,据此可以确定海螺水泥是水泥行业的"不死鸟"。那么,在水泥行业低谷的时候,买进海螺水泥基本上是没有什么风险的。

对于弹性大的股票,典型代表是中国建材。其在行业底部通过增加产能、兼并等手段逆势扩张,形成短期的毛利率、净利率数据不好看,但是随着行业的好转以及企业内部对产能和市场的消化整合,企业的业绩会大幅逆转。一般来说,此类弹性股都有较多的营业收入,周期好转的时候,净利率改善,营业额就转化为利润了。我们可以重点关注,现阶段净利率较低,但是没有破产危险的,在行业低谷的时候进行了产能扩张的企业。

(2)注意事项

分析完标的后,需要注意,投资周期股对投资者的纪律性有很高的要求。周期股具有暴涨暴跌的特点,投资者在达到目标后应该按计划逐步撤出,不能因为市场情绪的高涨,自己原本的思路就被带偏了,最后导致利润没保住。

我们投资周期股一定要领先市场,注意三个阶段:第一个阶段是市场预期开始改变;第二个阶段是业绩开始兑现;第三个阶段是业绩下市场情绪的高涨。要把情绪和预期分清楚,在情绪高涨的时候静静离开,把泡沫还给市场。在具体操作的时候,既要关注预期也要关注业绩,如果业绩不足以支持股票价格,说明市场已经直接从第一阶段跳到第三阶段了,需要时刻注意周期的断崖风险。

此外,值得注意的是:我们投资周期股一定要注意量化指标的应用,一定要确保拐点出现,哪怕为此牺牲一些利润也可以。此外,我们也要关注周期的长度。比如石油,这个行业的周期调整时间实在太长了,资金放在里面的机会成本很高,没有确定性的拐点把握,不建议操作。

有些投资者觉得在这样严格要求下,可选的操作标的会比较少。其实不用太担心,当一个行业处于高成长期的时候,所有企业的估值都高。但是在这个行业逐步走向成熟的过程当中,长尾的部分反而会被龙头整合,原来很活跃的小企业慢慢就不活跃了,留下了一批龙头企业。再往后就是行业长期处于成熟的阶段,行业龙头企业已经把整个行业份额都整合到顶峰的时候,企业的成长性消失,行业的周期性就体现在企业的周期性上面。而经济社会本身是有周期的,所有的行业都有某种程度的周期性,我们关注古老的、成熟的行业一定可以发现周期股。

最后,总结一下周期股的操作要点。在周期股的投资中,趋势第一,业绩支撑第二,估值第三。判断行业趋势,要采取量化分析的方法确定供求关系的变化,判断周期长度和强度,寻找先行指标,综合确认拐点,确定投资标的,按三阶段投资把握盈利,及时离场。这就是一只周期股完整的投资过程。

第七节　长江电力投资价值解析

在讲完了通过财务报表分析一家周期性行业企业的实际经营活动和竞争优势后,下面以长江电力为案例,完整讲述一家周期性行业企业的投资价值。

水电行业原本是一个平淡无奇的行业,但是长江电力凭借其得天独厚的资源优势,为股东创造了丰厚的回报,是我非常喜欢的一个企业。长江电力究竟有何魅力,如果看待它的投资价值呢?我们以长江电力 2019 年中报为基础做一个分析。

长江电力是 A 股最大的电力上市企业,也是全球最大的水电上市企业,拥有总装机容量 4 549.5 万千瓦,占全国水电装机的 12.92%(截至 2018 年年底),2019 年上半年发电量 853.89 亿千瓦时,占全国水电发电量的 16.62%。企业以大型水电运营为主要业务,运行管理三峡、葛洲坝、溪洛渡、向家坝 4 座巨型水电站,为社会提供优质、稳定、可靠的清洁能源,在发挥梯级电站综合效益、促进节能减排、推动我国经济社会发展等方面发挥了重要作用。企业秉承精益生产管理理念,不断提升流域水文气象预报精度,增强梯级枢纽联合调控能力,持续提高电站安全稳定运行水平,不断巩固企业在全球水电行业中的引领地位。

2018 年年报显示,在其收入结构中,电力和其他分别占 99.82% 和 0.18%;毛利结构中,电力和其他分别占 99.89% 和 0.11%。**企业自上市以来,营收和归母净利润的增长与装机容量增长保持同步,并同时受长江流域来水影响,围绕业绩中枢小幅波动。**2016 年收购川云公司后,企业装机容量同比增长 80%、发电量同比增长 96.3%;营业收入同比增长 101.9%、净利润同比增长 80.4%。2019 年第一季度,在来水情况较好以及增值税返还政策消失的共同作用下,企业营收(203.63 亿元)同增 6.00%,归母净利润(85.72 亿元)同增 0.59%。与此同时,近五年,企业销售毛利率稳定在 60% 左右,销售净利率维持在 42%~47%,净资产收益率(摊薄)在 12.6%~16.5%,盈利能力稳定在较高水平。稳定的盈利能力叠加高比例的分红,使得近年来企业股息率基本稳定在 3.5%~4.5%。

综上所述,研究长江电力的投资价值,主要就是研究其水电业务。

一、水电业务的商业模式

水电站先通过水坝蓄水,积累了势能,然后水从放水口流出,势能转化为动能,动能推动发电站的水轮机运转,动能转化为机械能,水轮机通过发电机把机械能转化为电能,最后通过电网输送到下游。这就是水力发电的物理过程。

1. 水电的优势

在电力结构中,水电的优势主要是经济性、可靠性和清洁性,但成本优势最为明显。2016 年,全国平均上网电价为 0.37 元/千瓦时,其中水电成本低于平均水平仅 0.27 元/千瓦时,而煤电、燃气成本分别为 0.36 元/千瓦时和 0.7元/千瓦时。水电上网电价最低,也从侧面反映出水电具有低成本优势。而其他清洁能源技术仍处于发展阶段,成本居高不下。此外,火电受煤价波幅影响明显,行情略不稳定且呈现出周期性。在历史的周期博弈中,煤价变动幅度较大,火电业绩则呈现出煤价的"逆周期"趋势。相较之下,水电的低成本优势则基本处于稳定状态。所以,应该说,水电的成本低具有结构性优势,同时具有持续性的特点。

至于核电,其前期一次性建造成本高,建成后主要成本是安全防护,综合成本比火电低,普遍认为比水电也低一点,但是我持不同观点。第一,水电的成本结构主要是固定资产折旧,折旧比真实使用寿命短得多;第二,不同的水电站成本差别很大。所以,从财务报表上看到的水电成本其实是虚高的,优质的水电站和水电行业整体成本相差较大,即使和核电站相比也丝毫不逊色。

2. 水电的财务特征

水电是典型的现金牛业务。水电资产的收入成本结构决定了其具有可变成本低、应收账款周转速度快、销售费用少等特点,资产的盈利质量较好,且成本费用中有 40%~50% 的固定资产折旧是没有现金流出效应的。因此,水电资产的经营性现金流净额通常占营业收入的比重很大,是典型的现金牛业务。

从水电站的生命周期来看,可分为四个阶段。即投入建设期、偿贷 + 折旧期、折旧期、净回报期。

第一阶段,投入建设期,即为水电开工到投产的阶段。此阶段,企业需要投入自有资金并大规模举债,建设水坝和购买机器设备,且不产生任何收入。债务规模提高,财务费用增加,利润降低。

第二阶段,偿贷 + 折旧期,即从水电投产到贷款偿还完毕的阶段。此阶段,企业一方面需要用现金去偿还贷款和利息,另一方面需要计提固定资产折旧。我们假设此阶段企业用充沛的现金流入去全力偿贷,那么企业每年的借款规模将减小,资产负债率持续降低,导致财务费用不断减少,从而带来企业整体利润水平的稳步提高。

第三阶段,债务付清后,只剩下折旧。

第四阶段,持续收钱。此阶段,只需要付出少量的检修和人工费用。

3. 水电业务分析的核心要素

水电站的收入端取决于上网电价和上网电量。

$$水电站的营业收入 = 上网电价 \times 上网电量$$

(1)上网电价

目前,计算上网电价主要有成本加成法、落地省市电价倒推法、水电标杆电价法、市场化定价法四种定价方法。其中,葛洲坝水电站适用成本加成法,三峡水电站、溪洛渡和向家坝水电站适用落地省市电价倒推法。

(2)上网电量

$$上网电量 = 发电量 \times (1 - 厂用电率 - 线损率)$$

$$发电量 = 装机量 \times 利用小时数$$

在装机量、厂用电率基本不变的情况下,上网电量主要取决于利用小时数的高低,而利用小时数的高低则取决于来水情况(自然资源波动)、电力消纳(弃水情况)以及节水增发能力(流域梯级联调)三个方面。水电就像一个工厂,发的电量越多,销售的价格越高,企业就赚钱越多。

二、长江电力的成长历程

长江电力由葛洲坝改制而来,其控股股东为三峡集团,成为三峡集团的上市平台。三峡集团在体外建设水电站,开始运营后再注入长江电力。通过不断将资产注入长江电力,三峡集团获取了低成本资金,长江电力建设也取得持续性发展。这种模式和水电站的特点有关,水电行业属于典型的重资产行业商业模式,主要表现为水电站建设期高资本开支和投产后运营期充沛现金流的基本特征。"集团注入"模式使建设期较大的资本开支对企业自由现金流的影响得到最小化,保证了水电站注入后形成的充沛现金流可以立即用来还本付息,企业在不断取得阶段性成长的同时,仍拥有极强的回报股东的能力。

比如,在长江电力 2019 年中报中,关于其经营情况的讨论与分析中指出:

"乌东德、白鹤滩电力生产筹备工作有序推进,深入践行建管结合、无缝交接理念,选派 300 多名技术骨干进驻乌东德、白鹤滩工地,全面参与工程建设相关工作。编制电力生产准备方案,全面策划接机发电工作;通过信息化手段,构建标准化管理体系与生产技术体系。"

这里我们可以看到,长江电力控股股东三峡集团在乌东德和白鹤滩两座巨型水电站投产后,有大的可能把这两座水电站注入长江电力。

长江电力上市以来的水电站的注入进程如下。

三峡水电站:1994 年,开工建设。2003 年 7 月,首批机组并网发电,同年 10 月注入企业。2008 年 10 月左右,26 台机组共计 1 830 万千瓦全部投产,次年 9 月注入企业。2012 年 7 月,三峡水电站地下机组全部投产,同年 9 月注入企业。三峡水电站装机规模为 2 250 万千瓦,这些资产先后分 6 次注入,总交易价格为 1 546.64 亿元。其中,承接债务、发行股份、现金支付三种支付方式占比分别为 33%、13% 和 54%。

溪洛渡、向家坝水电站:由三峡集团子企业川云公司承建,于 2006 年开工建设。2009 年,实现截流,进入主体工程浇筑阶段。2014 年 7 月,两座水电站共计 2 026 万千瓦全部投产。2016 年 3 月,注入企业,总交易价格为 797.35 亿元。其中,发行股份和现金支付方式占比分别为 53% 和 47%。

结合前面讲的水电行业商业模式的特点,我们在分析其经营和财报的时候,一定要注意这种大规模资产注入对其经营持续性的扭曲。

乌东德、白鹤滩两座巨型水电站的预期注入,将驱动新一轮业绩跨越性增长。乌东德水电站装机容量为 1 020 万千瓦,年设计发电量为 389.1 亿千瓦时,于 2011 年开始筹建,2015 年 12 月正式开工,计划 2020 年首批机组发电,2021 年 12 月竣工,建成后通过昆柳龙直流送电广东、广西①;白鹤滩水电站装机容

① 乌东德水电站最新进展:2020 年,乌东德水电站实现了半年内投产 8 台 85 万千瓦巨型水轮发电机组的佳绩,已投产机组运行状态良好。

量为 1 600 万千瓦,年设计发电量为 624.43 亿千瓦时,于 2012 年开始筹建,计划 2021 年首批机组发电,2022 年 12 月全部竣工,计划送电区域为浙江和江苏。根据三峡集团避免同业竞争的承诺,乌白两座巨型水电站预期将在建成后择机注入长江电力,届时企业控股装机容量将大幅增长 57.6%,至 7 169.5 万千瓦。按照乌白年设计发电量、2018 年企业发电量进行测算,乌白注入后,企业发电量有望增长 47.04%,达到 3 168.35 亿千瓦时,实现新一轮的跨越式增长。

三、长江电力的经营分析

在现有的资产约束下,长江电力的经营就是发电和卖电,发更多的电,把电卖出去,卖个好价钱,维修好设备,做好财务管理。

(一)梯级调控

为了发电,就得有水。对水有两个要求:第一,水多;第二,来水稳定。

在长江电力 2019 年中报中,关于来水的风险,管理层的表述为:

"企业目前拥有的 4 座巨型水电站,分布在长江中上游,水电生产运营与水库来水密切相关,长江流域来水的不确定性对企业电力生产及经营业绩均会产生重要影响。企业密切关注气象变化对水情雨情的影响,加强与水文、气象单位的合作,继续完善长江上游流域水库信息共享机制,持续提升水雨情预报分析能力;深入开展流域梯级水库联合调控,统筹防洪、发电、航运、补水等需求,充分发挥梯级枢纽综合效益;加强与防汛主管部门和电网调控机构的沟通协调,建立良好的合作关系。"

这里的主要工作就是梯级调控。

1. 梯级调控的作用

梯级联合调控,可以实现水能的充分利用。流域梯级水电站联合调控,是一种先进高效的管理模式。它要求流域梯级水电站群设置唯一的流域调度机构,对外统一接受有关部门的调度指令,对内负责梯级的防洪、发电、排沙等综合运用的统一调控等。

对梯级水电站联合调控和统一管理,可以在一定程度上熨平来水的不确定性,来水偏丰时将多余水量储存起来供枯水期使用。

一方面,可以缓解来水偏丰所造成的弃水,提高水电的利用率。举例来说,当预报三峡来水大于水电站所有机组过流能力时,可以通过溪洛渡水库提前拦蓄部分水量,待三峡来水减小后,上游水库再逐步释放拦蓄水量,尽量让来水都通过机组过流,从而提高梯级水电站的发电效益。

另一方面,可以优化水资源配置,缓解来水偏枯时的压力,使得水电站发电量不断攀升。在满足防洪要求的前提下,通过联合调控适当将每年的汛后蓄水时间提前,延迟汛前水位消落时间,尽量在非汛期保持较高的平均运行水头。另外,充分利用汛期洪水资源,在保证安全的前提下,把部分洪水留在水库,待洪峰过后,再经水轮发电机组泄至下游,这样不仅增加了发电流量,同时也提高了汛期水库的平均运行水头。

梯级联合调控,可有效提升发电能力。以长江电力的葛洲坝水电站为例,2003 年前发电量最高也不超过 170 亿度。随着三峡水电站的投产,通过葛洲坝水电站和三峡水电站之间的联合调控,葛洲坝水电站的发电量得到趋势性提高。2017 年,葛洲坝水电站的发电量达到 190.52 亿度,比设计发电量 150 亿度多出约 40 亿度,这部分的增长就主要来源于梯级调控效应。

2. 长江电力的调控目标

乌白投产后,梯级调控能力进一步提升。目前,长江电力已部署了“溪洛渡—向家坝—三峡—葛洲坝”四座水电站,具备不完全年调控能力。随着 2020 年后白鹤滩、乌东德水电站的逐步投产,金沙江下游和长江上游流域将能够实现六库联合调度,水能调节能力可达到年调控的水平。

长江电力在 2017 年和 2018 年分别举牌了国投电力和川投能源,其目的主要为以下两个方面。

一方面,从财务投资的角度,长江电力看好雅砻江水电站稳定的现金回报及其未来的发展前景。国投电力和川投能源分别拥有雅砻江水电站 52% 和 48% 的股权,两家上市企业每年都具有稳定的现金分红。截至 2021 年 3 月 28 日,国投电力的股息率为 2.45%,川投能源的股息率为 2.82%。随着雅砻江中游水电站的投产,两家企业的盈利能力都将提升,在股利支付率不变的情况下,股息率可进一步提高,该笔投资可获得丰厚回报。

另一方面,由于雅砻江水电站处于长江电力现有四座水电站的上游位置,长江电力试图通过相互持股的方式来推动更大范围的联合调控,进而掌握长江流域联合调控的主动权,进一步提升长江电力水电站的发电能力。

至此,长江电力从四库联动到即将到来的六库联动,再通过大比例参股国投电力、川投能源,推动了长江中上游的水电联合调控。同时,长江电力围绕长江中上游与跟其发展具有战略协同效应、对流域水资源联合调控具有促进作用的水电资源,通过建立股权纽带关系,建立起利益分享机制,实现了多电站科学优化调控,在长江经济带上打造出优质、高效的清洁能源走廊。

(二)把电卖出去

和生产力发展水平呈逆向分布,我国能源丰富地区远离经济发达地区。我国三分之二以上的可开发水能资源分布在四川、西藏、云南,三分之二以上的煤炭资源分布在山西、陕西和内蒙古。东部地区经济发达,能源消费量大,能源资源却十分匮乏。西部能源基地与东部负荷中心距离在500公里~2 000公里。我国建立长距离、大容量的输电系统成为必然。

随着外送通道能力的提升,水电消纳问题正逐步缓解。相比火电,水电属于清洁能源,符合国家政策方向,从整体考虑,一定会有办法解决市场的有效消纳问题,清洁能源不会白白浪费。

(三)卖个好价钱

从水电的历史定价看,其价格一般比火电低,且存在消纳问题。但是,随着国家"碳中和"环保目标的推出和推进,水电作为绿色能源在未来电力结构中的作用将得到重视,电价市场化也会得到推广,未来长江电力的电价将迎来巨大的提升空间。

(四)把财务搞清楚

水电的开发投资额巨大,往往需要进行大量的债务融资。水电的开发成本越高,长江电力的债务融资规模也越高。2012~2015年,长江电力用自有资金偿还贷款,债务规模持续降低,每年的财务费用的金额和占比也呈现出逐年下降趋势。

长江电力拥有国内AAA级和国际主权级的信用优势,因此融资成本相比同期银行利率低很多,具有显著的融资成本优势。除此之外,长江电力能够主动根据债券市场利率调整发债规模,具有较强的融资成本把控能力。具体来看,在市场利率较低的2009年和2016~2017年,三峡集团把握低利率窗口注入电站资产、帮助长江电力降低资金成本,很好地把控了融资成本。

根据2019年长江电力中报中的债券数据,其成本低得难以置信,负债成本在4%左右,比一般企业的同期贷款利率低了很多。

所以,我个人对长江电力的债务一点都不担心,希望借得越多越好,然后持续高比例分红。

四、理解折旧和长江电力的竞争力

之所以把折旧单独拿出来讲,是因为折旧是我们理解长江电力投资价值的关键。资产的价值是其自由现金流的折现值相加,而不是利润表中的利润。水电站因为其特殊的经营模式,利润表中的净利润大大小于企业真实的自由现金流。

1. 水电经营的特殊性

在长江电力的成本结构中,财务费用占总成本的比重达七成。从成本结构来看,水电站的主要成本包括主营业务成本、税金及附加、销售费用、管理费用和财务费用。其中,主营业务成本可分为固定资产折旧和可变成本,可变成本又可分为水资源费和其他可变成本。在上述成本中,固定资产折旧和财务费用是水电站的主要成本,二者约占总成本的七成。

财务费用这部分是由水电站前期较高的投资、较少的营收决定的。随着水电站投入运营,企业可以用利润偿还有息负债,有息负债规模的降低导致财务费用的降低,历史上长江电力的财务费用在不对外收购资产时呈现稳步降低的趋势,且下降的幅度很快。2018 年三季报中,其财务费用在营业总成本中占比为 22%;2020 年三季报显示,其财务费用在营业总成本中占比已经低至 18.16%。这说明,长江电力在满足正常的生产运营和投资需求的同时,也能够快速地降低财务费用在总成本中的占比,提高盈利能力。

此处主要考虑折旧,在长江电力的成本端中,固定资产折旧占比达 45% 左右,是最重要的成本组成。对长江电力的固定资产折旧的政策进行分析,可以看到建筑物折旧年限在 40 ~ 60 年,残值率 0 ~ 5%,年折旧率为 1.67% ~ 2.5%;机械设备的折旧年限在 5 ~ 32 年,年折旧率为 3.03% ~ 20%(见下表)。

长江电力 2019 年中报中涉及"折旧"的内容

类　　别	折旧方法	折旧年限(年)	残值率(%)	年折旧率(%)
挡水建筑物	平均年限法	40~60	——	1.67~2.50
房屋及建筑物	平均年限法	8~50	0~3	1.94~12.50
机器设备	平均年限法	5~32	0~3	3.03~20.00
运输设备	平均年限法	3~10	0~3	9.70~33.33
电子及其他设备	平均年限法	3~12	0~3	8.08~33.33

注:1.最高经济使用寿命系指资产在全新状态下的预计使用寿命。中国三峡集团投入的葛洲坝水电站各项固定资产估计的尚可使用寿命,按照确定的最高经济使用寿命乘以评估成新率计算。其中,葛洲坝大坝尚可使用寿命系按照专业勘测机构的勘测结果预计为 50 年;企业其他各项新购入固定资产经济使用寿命在最高经济使用寿命内确定。

2.挡水建筑物含葛洲坝大坝、三峡大坝、向家坝大坝、溪洛渡大坝等。

具体分析,长江电力采用年限平均法对所有固定资产计提折旧,根据固定资产类别、预计使用寿命和预计净残值率确定折旧率。三峡大坝、向家坝大坝和溪洛渡大坝的折旧年限均为 45 年,葛洲坝大坝为 60 年,水轮机、发电机的折旧年限均为 18 年。计提的折旧主要用于扩大再生产、设备的更新改造及偿还债务。

2. 扭曲的财务指标

现实情况是固定资产的使用年限远超折旧年限,远期净利润有望因折旧下降而上升。按现行折旧政策,水电站的平均折旧期限约为 27 年,但大坝、厂房等主要资产的实际使用年限有望超过 100 年,在折旧提取完后,主要资产仍处于良好状态。财务折旧期和实际使用年限间的较大差异,导致长江电力在折旧期限内的成本中包含了"过多"的折旧,从而使利润创造能力在每股收益中没有被充分反映。

以葛洲坝为例,如1988年建成的葛洲坝水轮机组,2014年经过专业机构的勘测评估,认定其还可以使用50年之久。也就是说其寿命为2064年,但是折旧在2048年就结束了。而另外三个大坝也存在类似的情况。

这种实际使用寿命和会计折旧年限的差异极大扭曲了损益表,当然,其并不影响股东的真实收益。水电资产前期的盈利能力在表现上被削弱,待固定资产折旧完毕后,长江电力的盈利能力将达到更高台阶。按照目前的收入成本结构,长江电力的净利率有望达到70%,损益表数字会非常好看。

以2018年挡水建筑物折旧32.05亿元、房屋及建筑物折旧24.71亿元进行简单测算,折旧计提完毕之后,长江电力每年净利润将每年分别增加24.04亿元、18.53亿元,分别占到2018年归母净利润(226.11亿元)的10.63%和8.2%。按照收入成本匹配的原则,将综合折旧期限拉长至保守的80年(大坝的理论寿命为80~100年),并确定固定资产折旧年限为80年,年折旧率为1.25%,长江电力改变折旧期限后的净利润差额为81亿元,业绩弹性为39.15%。

2018年年底,长江电力的固定资产原值为3 337亿元、固定资产净值(原值 – 累计折旧)为2 379亿元,当年计提折旧122亿元(占利润总额的80%)。所以,以此为基数,平均折旧年限为27年(3 337亿元÷122亿元/年 = 27年),按照当前折旧速度,还有20年(2 379亿元÷122亿元/年 = 20年)折旧提完。具体来看,固定资产原值中,挡水建筑物(大坝)占43%,折旧年限44年;房屋及建筑物占27%,折旧年限36年;机器设备占30%,折旧年限16年。除大坝外,房屋、机器设备折旧年限相对较短,财务政策非常保守。

据此,理解了折旧,我们就能明白用以损益表为核心的财务指标,如市盈率、净资产收益率、市净率等,来评估长江电力都是非常失真的。

3. 长江电力的竞争力

电力作为一种同质化的产品,其核心竞争力就是成本优势,具体到水电行业,成本大头在水电站的建造上面,这种建造的成本就沉淀在固定资产上面,反映在单位发电量的成本中。

水电站的开发成本,从会计项目分类看,主要包括水坝建设费用、移民费用和设备购置费用。这三项费用构成了水电站固定资产的规模。水电站的固定资产折旧期限差异不大,因此水电站开发成本的大小直接决定了每年的固定资产折旧金额。2012~2015 年固定资产折旧每年金额为 62 亿元左右,2016 年收购川云公司后企业折旧大幅增长,估计将保持在 120 亿元/年。2017 年年报显示固定资产累计折旧为 119 亿元,2018 年年报显示固定资产累计折旧为 121 亿元,2019 年年报显示固定资产累计折旧为 119 亿元。这印证了我的判断。近年来,水电站开发成本逐年上涨。一方面,随着水电的开发,工程向河流上游、高海拔和藏区深入,开发条件愈加困难,未来工程造价成本会逐年上涨。另一方面,受国家政策和物价水平的影响,未来水电开发时的征地以及移民等社会成本会不断提高。

根据水利规划设计总院统计的数据,水电工程单位造价水平呈震荡上升,常规水电“2011~2012 年”概算为 7 315 元/千瓦,至 2015 年已上升为 9 780 元/千瓦,水电站的建设成本大幅提高,水电工程经济性大幅下滑,电站运行的合理上网电价水平提高,加上输电成本后,水电竞争力在负荷地区将大幅降低。

这其实很简单,刚开始开发肯定是在容易建造的地方,这样成本较低。而且对于大坝这种超长期的资产来说,一定要考虑通货膨胀的影响,我们计算成本的时候是按历史成本计量的,但是未来的收益按通胀后的价格计算。在会计指标上面,其收益会比当时建造时计算出来的数值高得多。

由于水电站所处的地理位置不同,其施工难度各不相同,因此水电站的初始装机成本就会有所差异。此外,规模也有差异,水电同水电竞争时,往往装机规模大的水电站拥有更多优势,具体包括天然的资源禀赋特性、上网电价的定价机制、税收政策、电能消纳、资金成本等。

所以,我认为,水电在能源结构中占据优势地位,而长江电力在水电中又占据优势地位。这种资源的独占具有排他性,目前看是“前无古人,后无来者”,长江电力资产的高质量、稀缺性非常明显。

五、长江电力的投资价值

在讲解了长江电力资产的优质性、稀缺性后，下面讲讲它的投资价值。

第一，稳定的股息收入。当前，长江电力的分红承诺为：2016～2020年，按不低于0.65元/股进行现金分红；2021～2025年，按不低于当年实现净利润的70%进行现金分红。2017年、2018年每年分红0.68元/股，对应股息率在3.8%左右。假设按照2021年70%以上分红率计算，70%和75%的分红率对应当前的市价股息率分别为4.13%和4.45%。考虑到长江电力稳健的业绩，股息率预计将长期稳定在3.5%～4.5%，极具吸引力。

第二，被动的股票价格上涨。经济增长是投资回报的重要来源，理论上说，利率水平应与经济增速呈现线性正相关关系。过去十年，虽然经济增速持续下滑，但受到房地产价格持续上涨（房价上涨的资本利得可以覆盖融资成本上升）、基建投资占比较大等因素影响，国内利率走势基本震荡走平。然而，未来随着房价的止涨甚至回落、地方融资监管趋严以及刚兑的逐步打破，国内利率水平有望随经济增速一起缓慢下行。长江电力超强的收益确定性使得其类似于国债，当投资的无风险利率下行的时候，那么其估值中枢也会提高。当前固定利率国债一年期、三年期、五年期、十年期利率分别为2.59%、2.82%、2.96%和3.21%。相比之下，长江电力等水电龙头3.5%～4.5%的股息率更富吸引力，必将引来资金的追捧。

第三，乌东德、白鹤滩两座巨型水电站的预期注入，将驱动新一轮业绩跨越性增长。

第四，未来电价市场化的预期，电价不会一直维持低位运行，水电因为成本较低，有更高的利润空间（不是利润弹性）。

第五，折旧结束后，财务数据会大幅度改善，分红稳定可持续，可获取稳定的现金流。

第六，运营成熟后，长江电力的发电能力因为梯级调控、内部管理等继续提高。

第七，长江电力以水电为核心，涉足大能源格局。在海外领域，进行大量的财务投资,并对技术和管理进行输出。长江电力对秘鲁水电的投资就是其中的典型。

百年大坝矗立不倒,滚滚江水奔腾不息。长江电力将为股东带来持续的收益,在复利的时间长河中创造傲人的价值。

第四章
股票的估值方法

到目前为止，我们了解了价值投资理论的基本内容，讨论了如何分析一个企业的质地，现在应该了解一下如何为企业估值，也就是如何寻找到一只股票交易的"锚点"。投资者只有清楚企业的价值，才不会被市场先生愚弄，才能利用市场先生的癫狂实现资产的买进和卖出。

估值的本质是一种思维方式，而不是计算公式。在股票市场中，估值的方法有很多，相关的指标也有很多。本章中，我将从企业的股权价值出发，讲解关于自由现金流折现法的内容。

自由现金流折现法，也叫绝对估值法，是以现在为标准的时间点，利用资产在未来不同时间点产生的自由现金流，按照一定的折现率折回现在计算出的资产价值的方法。这种估值方法广为流传，并被多位大师推荐，市场上也有很多以"估值"为主题的著作，对于大众熟知的、没有争议的部分我将简单描述，重点提醒大家容易忽视的地方。

第一节　企业估值原理

估值是基本面研究的最后成果,也是我们做分析的落脚点和目的所在。下面,我介绍一下估值的一般性内容。

一、估值的基本概念

讲估值之前,我们必须明确估值中价值的含义。什么是价值呢? 我认为,价值包括两方面内容:资产所能获得的未来收益和为获得此收益必须承担的风险。

收益和风险是一枚硬币的两面,只有同时考虑到这两方面,这个价值才是完整的价值。在投资中,我们说的价值指的是企业的内在经济价值,指的是股东的潜在收益。此处我们不讨论社会价值。

估值的估就是评估、估计的意思,是一个模糊的判断。那么,估值就是在现有信息和其他约束条件下,对资产投资收益和风险的度量。一般来说,与股票价格频繁、较大幅度的变化相比,企业的价值是相对稳定的,也是一种客观的存在,估与不估,估多估少,企业的价值都不增不减。

传统经济学认为,资本是逐利的,按道理整个市场的资产收益率应该是一致的,否则在更高收益的驱动下,资本会从低收益资产流向高收益资产,通过提高高收益资产的价格,降低低收益资产的价格,从而实现资产收益率的动态一致性。很多投资者讨论企业价值,只谈收益,不谈风险,其本质上并不是在谈价值。对价值两面性的理解,也有助于我们认识为什么不同行业企业的市盈率存在巨大的差异。这是因为,利润表中的净利润只反映了企业过去的收益,而不同行业的风险特征和预期收益是不一样的,所以也应该享受不同的市场估值。

我们要从企业经营实践中去理解企业价值的特点。企业的资产,一般由股

134 .

东、少数股东和债权人三者组成,形成所有者权益和负债。企业的资产分为投资资产和经营资产,创造了利润,形成了企业的价值。企业的价值首先补偿给债权人,然后用于企业的持续经营活动,最后剩余部分以自由现金流的形式分配给股东。

我们讲的价值,指的是股东权益的价值。我们在新闻上经常能看到"一元收购",因为企业的价值分配中股东是劣后级,而收购方收购的是资产,很多企业已经资不抵债,所以收购价很低。

我们在计算股东价值的时候,有个简单的逻辑关系,具体如下。

股东价值 = 企业价值 + 非经营性价值 - 债务价值 - 少数股东权益

非经营性价值,指的是非经营性资产价值和补贴、退税、捐款等。我们认为,企业的价值主要是由其经营活动决定的。如果非经营性价值比较稳定,比如体现了国家长期的产业或税收政策,在计算企业价值的时候,则应该把非经营性价值也一起计算上去。

二、估值的计算原则

企业的资产分为经营资产和投资资产,不同的资产特性不同。在估值的时候,必须找到所有可以创造价值的资产,同时兼顾没有创造利润的资产,确保没有遗漏,没有重复。

1. 关于估值遗漏

估值遗漏有以下三种情况。

(1)错误估算少数股东权益

假设某企业每年净利润 50 亿元,按照 10 倍市盈率估值 500 亿元,负债为 0。但在企业财务报表中,查询到少数股东权益为 10 亿元,然后计算得出股东权益为 490 亿元。少数股东也是股东,不能给自己股权算价值的时候按 10 倍市盈率,给别人的股权计算的时候按照成本法计量。正确的估值方法是,按照少数股东权益在总权益中的比例计算少数股东的股权的价值。

(2)成本法下的投资资产

企业的投资资产的现金收益来自投资资产的分红,有的上市企业的投资资产在总资产中占比很高,当投资的子企业在高速发展,没有分红或者分红很低,甚至还需要母企业提供资金支持,从自由现金流的角度去分析投资资产就没什么价值,这显然是不对的。如果用成本计量法去估算投资资产的价值,也有失偏颇。正确的做法是把子企业的经营资产进行估值,然后按比例计算母企业的投资资产的价值。

(3)现金及其他冗余资产

当我们采用自由现金流折现模型估值的时候,没有对企业自由现金流形成贡献的资产就容易被遗漏。比如,一家上市企业经营酒店业务,企业账户有一大笔货币现金,每年企业还能产生大量的经营利润,我们用经营利润去计算企业的价值,只能计算出其经营资产的价值,最后要对整个企业的资产估值,就必须考虑加上其货币资金。

这种不参与现金流形成但是价值非常大的资产,有个专有名词,叫隐蔽资产。比如,美国铁路企业铁路沿线的土地,当初取得的成本非常低,账面价值几乎为零,但是目前就是非常值钱的金蛋。而你从企业的利润表看不出它的价值,资产负债表也看不出来,因为这些土地是按成本法记账的,余额太低了,甚至可以不写。事实上,美国的很多铁路企业的土地就是国会无偿划拨的。价值投资大师林奇最喜欢投资这类企业。

此外,我们要注意资产的可兑付性,有的资产虽然很诱人,但是因为资产性质的特殊性,永远无法实现价值回归。比如,很多家族控股的零售企业,其固定资产价值很高,把固定资产卖了去买理财也比自己辛辛苦苦做生意划算。正是因为其是家族控股企业,企业不太可能出让、转卖这份资产,只能持续经营,这部分资产的价值就很难被市场认可。

2. 关于重复估值

重复估值的现象在投资市场比较常见。此处,还是以经营酒店业务的上市企业为例,在采用了基于利润表净利润进行估值后,再次把酒店的固定资产估值,两项叠加算出酒店的总价值。其实,我们在对酒店进行估值的时候,已经把酒店作为经营资产估了一次,再次拿酒店作为固定资产计算市场公允价值就属于重复估值。

三、估值的方法

常用估值的方法有四种：绝对估值法、相对估值法、账面估值法和行业估值法。

账面估值法，即清算法，常用市净率表示，用于国有资产的划拨、考核等，表达资产的过去价值和现有价值，在二级市场很少用。一般来说，这部分资产的清算，既实现不了，也没多大价值。

行业估值法，是用企业价值的核心要素来判断企业的价值。比如，在高速发展阶段经常处于亏损状态的互联网行业，使用用户数给企业估值；在资源类企业中，企业有开采权，但是没有正式开采就使用矿物的储量给企业估值等。

这部分我们重点讨论绝对估值法和相对估值法。说起估值，很多人会想起一句话："我们宁愿要模糊的正确，也不要精确的错误。"这里有个误区：很多人认为，既然绝对估值法是精确计算的，那么肯定就是精确的错误了，所以我们就应该使用相对估值法，追求模糊的正确。

这句话到底是什么意思呢？通过查阅它的原始出处，最后在巴菲特致股东的信中找到了。巴菲特指出，现金流贴现法是一个模糊的正确，可比法是一个精确的错误。为什么一个精确的数学计算结果是一个模糊的正确呢？

巴菲特在致股东的信中说，"任何资产的价值都等于其未来收益的现值总和"。这句话的关键词有三个：未来，企业的价值只取决于未来的收益，和过去的、现在的都没有关系；收益，投资的目标是获取收益，这是投资的终极目的，而不是信仰、情怀等；折现，资产的估值应该考虑收益背后承担的风险。

绝对估值法的核心指标有三个，即自由现金流的大小、时间和折现率。这些指标都是面对未来的，未来的本质是未知的。为了得到自由现金流的大小和折现率的合理值，我们必须考虑企业所有重要的驱动因素，必须对企业全面了解后才能开始进行分析。但是，对于这些驱动因素，我们没法给出准确的判断，只能给一个区间，这个区间也只是一个判断而不是精准的范围，那么最后的估值也只能是一个区间，一个模糊的参考值，所以说绝对估值法是一个模糊的正确。

自由现金流折现法是技术上最严密的绝对估值方法,综合考虑了收益和风险,并且考虑了所有因素对估值结果的影响,方法透明,方便进一步的分析和讨论。但是,其仍然很难给出一个准确的估值结果。所以说,绝对估值法是理解企业价值的一种思维方法。

如果没有这种思维做基础,相对估值法也就失去了任何参考的价值。相对估值法,就是根据资本市场可比资产的估值来确定目标资产的价值,相对估值法有时候也称为可比法。常用的指标有,以收益为基础的市盈率,市净率,市盈率相对盈利增长率等。相对估值法的运用隐含了一个假设,估值资产和我们选取的可比资产在价值方面存在线性关系,这个假设不成立的话,可比法就失效了。

相对估值法的实际运用过程很简单:寻找可比企业→选择估值指标→确定相关乘数→应用乘数进行计算。使用相对估值法最难的点,在于寻找可比企业。比如,为什么五粮液的估值可以和泸州老窖相比,而不是和工商银行比较呢?

可比的两个企业在估值方面应该具有可比性。一般情况下,两个企业具有以下特点:类似的经营或者行业背景,具有相近的增长率、股权结构、资产结构、企业规模、地域特点和收入来源等。

相对估值法中最常用的指标是市盈率,即股权价格和每股盈利的比值,简单明了。但是,结合企业的经营实际,企业的利润分为经营利润和非经营利润,一次性利润和持续性利润。当采取以利润为基础的估值方法时,不能只看利润的数量,更要关注利润的质量,看企业的利润和自由现金流之间的关系是不是扭曲了,利润的可靠性多大。注意:利润只是企业的价值的中间状态,自由现金流才是企业的价值。

根据会计知识,企业的财务报表经常有失真的情况,一般有三种,即会计差错,这个比较少,尤其是上市企业;企业的利润调整,这个很常见,比如,修改资产的折旧减值,控制存货的数量、费用资本化的比例,改变销售和财务政策等;财务造假,这个在 A 股也能看到。

即使考虑到上述所有情况均为理想情况,相对估值法仍然有较大的局限性。比如,当企业的收益是负数的时候,市盈率无法计算;企业当前的利润不能反映未来的增长前景;有时候无法区分利润的来源结构,究竟是一次性的还是持续性的,是经营性资产带来的还是非经营性资产带来的。这些情况下,不同企业之间市盈率的可比性就大大降低。

相对估值法的其他指标也都存在类似的问题,所以说相对估值法尽管形式简洁,但是并不好用。我们既要选取合适的可比企业,也要选取合适的估值指标,同时这个指标要与企业的自由现金流紧密相关,两者的关系也不能扭曲,否则相对估值法就会失效。

在某种程度上,我们可以认为,相对估值法是绝对估值法的简化,只有始终坚持以资产的自由现金流为估值的核心思想,相对估值法才能生效。相对估值法和绝对估值法在本质上应该是一致的,而不是对立的,企业的价值更不会因为估值方法的选择不同而发生改变。

绝对估值法尽管只是一种"模糊的正确",而且程序烦琐,但是其适用性广泛,是能在逻辑上说得通的评估企业资产价值的方法。所以,在后面我们将着重介绍绝对估值法。

第二节　绝对估值法

绝对估值法的核心指标有三个,即自由现金流的大小、时间和折现率。那么,为什么使用自由现金流而不是净利润呢? 我们通过一个案例来具体说明。

假设有一个经营稳定、余寿 5 年的水电站,财务报表显示企业的固定资产还剩 1 000 万元,每年折旧 200 万元,每年发电量可以售卖 500 万元,而每年的经营费用为 300 万元。

如果我们看利润表,在不考虑税收及其他因素的情况下,企业每年的净利润是多少呢?

净利润 = 收入 - (成本 + 费用) = 500 万元 - (200 万元 + 300 万元) = 0

企业好像没有创造任何的价值。而仅有的固定资产经过 5 年折旧也变为 0

了,水电站寿命刚好到期,企业的资产好像也没什么价值。这个水电站真的一文不值吗?

因为每年的净利润为 0,所以以利润表为基础的价值判断指标都很异常,市盈率无穷大,净资产收益率为 0。

如果我们买下这座水电站会怎么样呢?

第一年,卖电收得现金 500 万元,经营费用支出现金 300 万元,剩下 200 万元现金。折旧计提的 200 万元,并不需要现金支出,因此手里剩下 200 万元。同理,第二年、第三年、第四年和第五年,每年投资者手中都剩下 200 万元,五年后共积累现金 1 000 万元。

显然这座水电站是有价值的,这就是估值的时候以自由现金流为核心而不是以利润表中的净利润为核心的原因。

现在把该案例抽象化为一般的投资模型,即一份资产,每年为投资者带来 200 万元自由现金流,持续 5 年,那么资产的价值应该是多少?

为了回答这个问题,我们引入自由现金流折现模型。

一、债券的自由现金流折现模型

一个资产,每年都有稳定的回报,这和债券很像。为了研究资产的价值,此处我以债券为例,讲解自由现金流折现模型的基本原理。

自由现金流折现模型的核心是,考查一项资产从现在到消亡的时间里,投资者能拿到多少钱,这些钱折合到现在是多少。

假设有一个百分百确定 3 年后还本的债券,年息为 5%,面值为 100 元。如果你想获得 10% 的回报率,这个债券多少钱你会买?

第一年年末,投资者得到 5 元利息。第二年年末,又得到 5 元利息。第三年年末,投资者得到本金和利息 105 元。三年共获得现金 115 元。

以什么价格购买这张债券可以实现 10% 的年化收益率呢?在预期收益率 10% 的目标下,第一年获取的 5 元利息,相当于年初的 5 元 ÷ (1 + 10%) ≈ 4.55 元,即年初投资 4.55 元,收益率为 10%,那么一年后所得为 5 元。

同理,第二年年末的 5 元,就相当于 5 元 ÷ (1 + 10%) ÷ (1 + 10%) ≈ 4.13 元。

原理是将第二年年末的 5 元,相当于第一年年末 4.55 元,然后第一年年末的 4.55 又相当于现在的 4.13 元。第三年年末的 105 元,就相当于 105 元 ÷ (1 + 10%) ÷ (1 + 10%) ÷ (1 + 10%) ≈ 78.89 元。

至此,可以知道,要获得 10% 的收益率,这张债券的价格应该是 4.55 元 + 4.13 元 + 78.89 元 = 87.57 元。如果债券价格高于 87.57 元,投资者的收益率就会降低;反之,提高。这个 10% 就是折现率。

类似的案例在很多理财类书籍中被很多投资大师反复引用,对于理解自由现金流折现模型非常好,但是也有一点瑕疵。

现在我们反过来推一下:第一年年初投资 87.57 元,按照年化收益率 10% 计算,第三年年末应该得到 87.57 元 × (1 + 10%) × (1 + 10%) × (1 + 10%) = 116.56 元。而在该债券案例中,第一年年末得到 5 元,第二年年末得到 5 元,第三年年末得到 105 元,总共为 5 元 + 5 元 + 105 元 = 115 元,明显 115 ≠ 116.56,这是怎么回事?

其实很简单,投资者要求的投资资本年化收益率 10%,指的是最开始的总资金一直按照 10% 的收益率复利增长,但是第一年年末拿到的债券利息并没有参与后面的复利增长过程,类似的,第二年年末拿到的债券利息收益也没有参与后面的复利增长过程,最后就形成了这种差别。

我们再回头算一下,其实"4.55 元 + 4.13 元 + 78.89 元 = 87.57 元"也就是报价,分为以下三部分。

① 4.5 元 × (1 + 10%) ≈ 5 元。

② 4.13 元 × (1 + 10%) × (1 + 10%) ≈ 5 元。

③ 78.89 元 × (1 + 10%) × (1 + 10%) × (1 + 10%) ≈ 105 元。

三部分只有一部分完整参与了三年的复利,增长过程①②③相加也就是 115 元,即投资者在第三年年末实际拿到的全部现金。但是,投资者期待的却是 87.57 元 × 1.1 × 1.1 × 1.1 = 116.56 元。

这说明,当投资者确定自己投资的资产年化复合收益率为 x,如果中途有部分资金退出,比如分红、卖股等,退出的资金没有进一步投资或者投资的收益率小于 x,那么其总资产的实际复合收益率也就小于 x。

据此,我们可以得到哪些结论呢? 具体有以下几点。

第一,以复合收益率要求投资收益时,在用自由现金流折现模型计算价值后,实际交易的价格应该打个折扣,时间越长折扣越大,以对冲因分红等原因退出资产复利增值过程的损失。

第二,投资的本质在于复利,一定要注意收益的再投资。

第三,应该重新审视巴菲特关于企业分红的智慧,关于企业净资产收益率的智慧,要明白投资的本质是生意,生意的本质是投入和产出,要把企业当作一个印钞机,我们的关注点应该落脚在这台印钞机的效率上。

二、股票的自由现金流折现模型

同样作为资产,债券的自由现金流折现模型能否套用在股票上面呢?

对比绝对估值法的三个核心要素,自由现金流的大小、自由现金流的时间和折现率,股票和债券有很大的不同。

(1)股票没有到期的说法,除了企业清算,股权只能转让。

(2)股票的自由现金流没有明确的数字,利润表中的净利润只是一个会计数字。

(3)与债券相比,企业经营具有较大的不确定性,不同的企业确定性不同,需要采取不同的折现率。

(4)时间越长,企业的自由现金流越难确定,企业经营的风险越大。

怎么解决这种差异性带来的难题呢?

第一,企业的股权虽然不能被企业收回,但是可以交易。可以考虑在预期的投资时间后以什么样的价格卖出,这为保证本金安全奠定了基础。

第二,考虑企业的利润是真金白银还是账面数字,含金量多高,通过比较利润和现金流的比例关系,以考查利润的含金量:现在有的利润多少变成了现金,剩下的部分有没有变成坏账的可能性。

第三,风险收益相一致原则。我们在进行股权投资的时候,会要求比较高的收益率来弥补我们承受的风险。

第四,深入研究企业的经营活动,针对自由现金流的实际风险采取合适的折现率。

现在的问题就变成了:股票的预期卖出价格是多少？企业的自由现金流是多少？折现率应该如何选取？

我们可以得到资产估值的一般公式,具体如下。

$$企业价值 = \sum_{t=1}^{t=\infty} \frac{E(CF_t)}{(1+r)^t}$$

注:$E(CF_t)$为第 t 期的预期现金流,r 为适用于现金流的风险调整折现率。

在理想的情况下,时间 N 为无穷大。但是,在实际中,任何资产都是有寿命的。在估值的时候,能够判断企业自由现金流和折现率的时间也是有限的,我们可以对 t 取值 N 作为有效估值时间段,并以"终值"反映该期间之后的全部现金流价值。由此得到企业价值的计算公式,具体如下。

$$企业价值 = \sum_{t=1}^{t=N} \frac{E(CF_t)}{(1+r)^t} + \frac{终值_N}{(1+r)^N}$$

股票的价值是:股票股权背后的资产,在投资期间能够产生的全部收益以现金流形式的折现值总和,投资期间包括持有和处置两个阶段。这里的处置就是计算资产的终值。

在实际计算中,N 的取值根据企业的实际经营特性、投资者可获取的资料都有所不同,有的是 3 年,有的是 5 年,甚至是 10 年。需要说明的是,时间越长,估值的不可靠性越高,也就没什么意义了。

在计算 $E(CF_t)$ 的时候,有时按照一个固定的增长率计算 N 之前的自由现金流,有时分为低增长和高增长阶段,这些区分在具体的估值计算中会形成差异,但是其原理和模型是不变的。

三、计算终值

在终值的计算中,常用的有以下三种办法。

1. 清算

清算是合情合理的方法,但是在现实中很难实现。一个企业真到了清算的地步,投资者也不会有好的结局,而且清算的价格也不好确定。

2. 相对估值法

相对估值法是最常用的。假设当前的十年期国债收益率为 x，股权投资有较高的风险需要收益补偿，若这个合理收益率为 $2x$，那么这个资产的合理市盈率就是 $100/(2x)$，合理市盈率乘以终止年度的利润就是此后现金流的终值。

这种方法简单易行，但是并不符合自由现金流折现模型的实质内涵。比如，有的企业在终止年度以后还能保持稳定的增长，有的企业陷入了衰落。所以，相对估值法的终值计算只能作为一个参考值。

3. 绝对估值法

因为计算终值的时候，默认对这个时间之后的现金流及折现率无法做出估计，所以采取绝对估值法去计算终值就必须建立在假设之上。

假设企业是持续经营的，现金流在终值时间后以恒定速度继续增长，在永续增长模型中，就可以利用一个简单的现值计算公式得到终值，具体如下。

$$终值_n = \frac{第\ n+1\ 年的现金流}{折现率 - 永续增长率}$$

在永续增长模型中，永续增长率的轻微变化都会引起终值的巨变。任何企业的永续增长率高于经济增长率都不现实，所以一般认为，未来的宏观经济增长率就是永续增长率的上限。

当永续增长率为 0 时，就是一个 0 增长模型。

接下来，开始讲解自由现金流的取值。

第三节　自由现金流的计算

为了对资产进行估值，必须计算出资产的未来自由现金流。通常计算企业的当前现金流是容易的，可以用税后净利润，加上折旧、损耗、摊销，以及其他非现金费用。但是，怎么确定企业的资本性支出呢？如果企业的资本性支出不合适，企业的竞争力将会下降。

如果进行了资本性支出，应该支出多少呢？尤其是估值面对的是未来，未来的现金流,未来每年的资本性支出,而未来总是未知的,所以总是得不到一个确切的数字。

如前所述,研究绝对估值法的本质是去研究企业经营收益和风险的各种要素,去考查企业为股东创造可以自由支配现金的能力。我们尽管不能通晓未来,却可以理解未来,那么考虑自由现金流也就更接近于一种思维方式。

一、自由现金流的内涵

自由现金流,就是企业创造的、在满足了再投资需要之后剩余的现金流。这部分现金流是在不影响企业持续发展的前提下,可供分配给企业资本供应者的最大现金额。简单地说,自由现金流,是指企业经营活动产生的现金流扣除资本性支出的差额。

自由现金流可分为整体自由现金流和股权自由现金流。整体自由现金流,是指企业扣除了所有经营支出、投资需要和税收之后的,在清偿债务之前的剩余现金流。股权自由现金流,是指扣除所有开支、税收支付、投资需要以及还本付息支出之后的剩余现金流。整体自由现金流用于计算企业整体价值。包括股权价值和债务价值。股权自由现金流用于计算企业的股权价值,可简单地表述为"利润 + 折旧 − 投资"。

需要注意的是,自由现金流是企业经营活动产生的现金流。对于投资业务,要根据其投资的企业计算其自由现金流,然后根据企业所占股权部分比例计算投资资产的自由现金流。对于很多不产生现金流的资产,比如货币现金、受限制的资产等,需要单独估值。

二、自由现金流的理解

学术界关于自由现金流的学说很多,比较常用的是科普兰教授关于自由现金流的计算方法,即自由现金流等于企业的税后净营业利润(即将企业不包括利息收支的营业利润扣除实付所得税税金之后的数额)加上折旧及摊销等非现金支出,再减去营运资本的追加和物业厂房设备及其他资产方面的投资。它是企业所产生的税后现金流总额,可以提供给企业资本的所有供应者,包括债权人和股东。用数学等式表示如下。

自由现金流 = (税后净营业利润 + 折旧及摊销) - (资本性支出 + 营运资本增加)

1. 营运资本和投资资本

这里比较两个术语：营运资本和投资资本。营运资本，是指流动资产和流动负债的差额。从广义角度，营运资本也称营运资金，是指一个企业为保持正常经营活动而投放在流动资产上的最少资金，具体包括应收账款、存货、其他应收款、应付票据、预收票据、预提费用、其他应付款等占用的资金，可以理解为存货、应收（预付）、应付（预收）三大类。

投资资本，是指所有投资者的资金总和。这些资金都是意图分享企业经营回报的。投资资本与总资本的核心差别在于，投资资本中不包括无息流动负债。

此外，在计提资产减值准备项目（固定资产折旧、待摊费用、预提费用），处置固定资产、无形资产和其他长期资产的损失等项目时，将减少本期的净利润，但实际上与经营活动现金流量无关，所有这些项目可以统称为"非现金减损支出"。在计算企业的现金流时，应该把这部分非现金支出加回。

在具体的逻辑上，企业经营活动现金流减去营运资本支出得到企业自由现金流，再减去负债的还本付息得到股权自由现金流，再留下必要的现金储备给股东分红得到股息自由现金流。在估值的时候，应该选取对应的现金流。

在实际的计算中，除了要关注现金流的数量，还应该关注数字背后的具体意义。有的企业会出现超额分红的情况，不是把资本公积给分了，就是扩大了企业的财务杠杆，这样的现金流是不可持续的，并可能带来企业经营风险的变化。

2. 资本性支出

资本性支出是理解自由现金流的另一个核心点。资本性支出并不是一个具体的会计科目，而是一种观念，可以分为两类：维护性资本支出和增长性资本支出。前者是指使得现有资产能够维持企业当前生产经营水平所需要的资本支出，后者主要用于购买新的资产或扩大现有资产的规模。

这种支出带来的收益会发生在多个会计期间，因此应该资本化，然后再分期按所得到的效益，转入适当的费用科目。

虽然与当期费用相比,资本性支出没有在当年的会计期间就作为费用体现在利润表中,但是这种支出是企业维持盈利能力所必需的。巴菲特把这种支出称为限制性资本支出,指出这种资本开支是必须的,直接影响到股东的收益。

三、自由现金流的价值

自由现金流是企业通过持续经营活动创造出来的属于股东的财富,是投资的本质,并且与以会计报表为基础的企业财务指标有显著不同。

现行的会计准则是权责发生制,收入必须以收到现金来确认,损失可被挂账或以谨慎为由以准备形式产生,从而导致企业在财务处理上具有较大的自由空间。自由现金流则是根据收付实现制确定的,认准的是是否收到或支付现金,一切调节利润的手法都不能改变自由现金流。而且,我们在考虑自由现金流的时候,一般考虑的是其持续的经营利润,对于一次性的、非经常的利润要单独估值,才更能反映企业的长期的真实价值。

自由现金流是以企业的长期稳定经营为前提,将经营活动所产生的现金流用于支付维持现有生产经营能力所需资本支出后,余下的能够自由支配的现金。这种以自由现金流为核心的思维方式,有助于股东正确判断企业的价值,刺激管理层重视资产的配置效率。

此外,自由现金流还有助于我们及时发现企业经营中的问题。当企业的自由现金流异常的时候,说明企业的经营肯定有问题。比如,销售额增加而现金流没跟上,说明企业的应收账款在增加,经营风险随之增加。

但是,自由现金流并不是完美的,需要综合多方面信息。比如,对资本性开支就很难做出清晰的界定。那么,自由现金流也就只能是一个主观的判断而不是精确的数字。企业应该把多少资金用于投资,多少用于形成自由现金流呢?

很多企业的自由现金流是无法判断的。比如,处于成长期的企业,企业经营业务存在很大的不确定性,现金流根本无法确定;有的企业陷入了困境,有可能破产;有的企业忽然遭受了降维打击,原有的发展轨迹发生巨变;有的企业的产能利用率还不充分,或者未来的产能利用率将会降低等。

可见,自由现金流是一个理想的概念,在实际的企业价值评估中并不存在这样的一个数字可以计算，绝大多数企业的自由现金流不要说计算，即使判断也做不到。但是，我们在思考企业的自由现金流是多少的时候，必须去寻找一切相关的财务信息，去思考企业的经营实际。因为对自由现金流的探求，对于理解企业是非常有效的思维方式。

那么，使用自由现金流折现法对企业价值评估的一般流程是什么呢？具体如下。

第一，对经营自由现金流进行折现，计算出企业的经营价值。

第二，计算非营业性资产的价值，比如有价证券、闲置资产、货币现金、不进入合并报表的子企业以及其他投资资产等。营业性资产价值和非营业性资产价值相加，就得到企业价值。

第三，计算所有对企业资产的非权益性财务索求权，比如债权、或有负债等。

第四，从企业价值中减去非权益性财务索求权，可以得到普通股的价值，除以市场流通股票数就得到股票价格。

在了解了自由现金流的内涵后，下面继续研究另一个关键参数——折现率。

第四节　折现率的赋值

折现率是一个有趣的概念，不仅在资产估值中是一个关键参数，其社会意义也非常重要。近年来，世界各国大多处在降息周期中，宏观经济的无风险收益率接近于0，正确认识折现率就越显重要。

一、折现率的计算

在估值中，折现率也叫贴现率，反映了投资者在投资中对于获取未来收益而承担风险的补偿要求。在企业绝对估值的永续增值模型中，折现率的轻微变化就会导致最后估值结果的巨变，投资者必须深刻理解折现率的本质，并且根据实际投资的标的和社会环境赋值。

在自由现金流贴现模型中，常用 CAPM 模型（即资本资产定价模型）来确定贴现率。我们用 Ke 表示贴现率,贴现率的计算过程如下。

$$Ke = R_f + \beta \times (R_m - R_f)$$

该模型中,R_f是无风险利率,通常用当下的十年期国债收益率表示。β是风险系数,用来衡量单一投资的系统性风险,可以通过对股票的历史收益率和市场收益率进行回归分析得出,是一个相当有技术性要求的工作。$(R_m - R_f)$是市场风险溢价,指的是预期市场有价证券组合回报率与无风险利率之间的差额。

这个模型表示折现率由自由现金流折现的风险和资本预期收益率两个因子决定。用文字表达如下。

折现率 = 无风险利率 + 风险溢价

在确定性非常高的投资标的计算中,折现率 ≈ 无风险利率 = 贴现率。

这里的风险溢价是投资者认为该笔投资可能面临的风险,风险溢价既取决于该笔投资本身的属性,也取决于投资者的主观评价。风险溢价是一种主观对客观事物的评价,是一个艺术化的判断。

需要指出的是,我们不必迷信贴现率的公式计算。巴菲特曾经指出,为了投资的成功,你不需要懂得贝塔、有效市场、现代投资组合理论或新兴市场。实际上,你最好根本不知道这些东西。

二、折现率的内涵

企业的未来自由现金流并不是确定的,折现率就是体现未来不确定性的载体,高风险的投资必须有较高的折现率进行折现,从而导致其价值低于风险较低的投资项目的投资价值。但是,在折现率的赋值上并没有一个标准的范式。

估值中使用的自由现金流风险是属于未来的,是一个或有事件。我们既不知道未来风险的细节,也不能具体去理解,只能根据过去的信息进行推测。针对具体的企业,不同的企业之间的经营风险是不同的;同一个企业有不同的资产产生现金流,这些现金流的风险也是不同的。所以,不同的企业有不同的折现率,同一个企业的不同资产也很难采取相同的折现率。

而且,在真实的企业中,其经营业务并非一成不变的。随着企业经营的变化,自由现金流的风险也会发生变化,那么折现率就应该发生变动。

对于具体的企业来说,哪些因素影响到它的折现率呢?企业的财务杠杆、资产结构、周期性、股权结构、治理结构、竞争优势、产品竞争力、护城河、产业链的地位……

事实上,如果想要获取一个精确的数字就必须建立更大、更复杂的模型,这个模型会有新的参数需要去确定数值。因为影响折现率的因素很多且不是线性关系,我们必然会陷入一个模型陷阱。随着参数的增加和颗粒度的细化,模型的不确定性反而上升,最后我们反而不能理解折现率取值背后的实际价值。

我们只需要明白企业贴现率的意义,根据其影响因素,针对不同行业、不同市场地位、不同财务结构的企业需要,采取不同的贴现率来反映其风险特征就可以了。

盈利稳定的股票常常估值较高,因为其折现率较低,折现率在估值公式中处于分母,影响巨大,反之,一家未来有很大不确定性的企业理应有一个比较低的估值,因为它的未来现金流也许永远不会实现。需要强调的是,价值是自由现金流的折现值,而不是市盈率、市净率这些估值指标的数字大小。

据此,可以推论,同样的自由现金流,因为折现率的存在,近期同样数量的现金其价值要大于远期同数量的现金,部分原因还在于时间越长,风险越高,其折现率会越高。同时,在无风险收益率下降的时候,资产的价格会上涨。世界历史上,因为货币放水形成资产价格上涨的案例比比皆是。此外,还可以推论,在对企业估值的时候,并不需要纠结企业是否可以永续存在,因为折现率的存在,远期的现金流折现到现金价值很小,不影响我们对企业价值的判断。比如,折现率取值10%,第50年的100亿元折现到现在也只有0.85亿元了,而第100年的100亿元折现到现在只有0.007 256 571 6亿元,近似于0。

综上所述,折现率和自由现金流一样都没有具体的范式,只能是投资者主观的一个决断。自由现金流折现模型尽管在逻辑上非常严密,但更像一种思维方式,而不是数学计算模型。

这种思维方式必须以企业完整的财务信息和经营实际为基础,才有可能对自由现金流和折现率做出判断,缺少任何一张报表,模型就无法推演。影响估值最终结果的因素很多,比如资本开支的判断、企业增长率的确定等。所以,估值的最后结果是一个估值区间,而不是精确的价值数值,其精确性取决于企业未来各项因素的确定性。因此,自由现金流折现模型可以逼迫投资者去研究影响企业价值的一切因素,从而对企业进行全面系统的审视。

三、资产估值过程演示

至此,资产估值的方法、原理和参数的确定过程已经讲完。下面,我通过一个具体的案例,把自由现金流折现模型的过程演示一遍。

某上市企业共有股份 1 亿股,明年的自由现金流为 10 亿元,已知现金流增长率为 8%,折现率为 10%。10 年后,企业进入稳定增长阶段,永续年金增长率为 5%,求合理股票价格。

第一步,计算未来十年的自由现金流,分别为 10 亿元、10.8 亿元、11.66 亿元、12.60 亿元、13.60 亿元、14.69 亿元、15.87 亿元、17.14 亿元、18.51 亿元、20.00 亿元,这里永续增长模型的初始年金就是 20 亿元。

第二步,对十年自由现金流进行折现,折现率为 $1 + 10\% = 1.1$,现金流折现后分别为 9.09 亿元、8.93 亿元、8.76 亿元、8.61 亿元、8.44 亿元、8.29 亿元、8.14 亿元、8.00 亿元、7.85 亿元、7.71 亿元,求和为 83.82 亿元。

第三步,计算永续年金价值。这里的永续年金价值指的是第 11 年到永久的现金流折现到第 10 年年底的价值。

终值公式如下。

$$终值_n = \frac{第\ n + 1\ 年的现金流}{折现率 - 永续增长率}$$

此处,折现率为 10%,永续增长率为 5%,n 取值 10,得出第 11 年的现金流为 20 亿元 $\times (1 + 5\%) = 21$ 亿元,计算终值为 420 亿元。

永续年金价值模型折现的时间点是第 10 年年底第 11 年年初,所以需要和第 10 年的自由现金流折现一样,用折现因子 $(1 + 10\%)^n$[①]折现后为 161.93 亿元。

第四步,计算所有者权益。即 161.93 亿元 + 83.82 亿元 = 245.75 亿元。

---

① $n = 10$。

第五步,计算合理股票价格。即 245.75 亿元÷1 亿股 = 245.75 元/股。

以上就是自由现金流折现模型的完整演示。当然,对于股票投资者来说,这样的合理股票价格并不是一个好的买点,因为在对自由现金流和折现率取值的时候,一定有我们考虑不到的地方。为了保证投资的安全,可以再根据具体企业的经营风险取一个安全边际。

如果我们把这家企业的安全边际取 70%,那么买入价就是 245.74 元 × 70% ≈ 172.02 元。

在实际投资中,更常见的情况是,投资者面对几千家企业,因为认知有限或者企业的经营特性,很多企业的自由现金流和折现率的不确定性太大,即使只定性赋值,我们也做不到。那么,这类企业的估值就进行不下去,投资者可以将其归为"看不懂",避开即可。

在能看懂的企业里面,把市场当前的股票价格和估值进行比较,便宜就买进,贵就卖出或者持有,这个由自己的交易系统决定。

其实,我们能看懂的企业不多,而看懂的企业出现好的买进价格则需要耐心等待,所以优秀的投资者必然是交易次数很少的。投资能否赚钱和投资者的认知能力关系不大,只要坚持投资自己能看懂的企业,坚持等待合适的价格买进,就会立于不败之地了。

因为企业的经营特性,能够较为准确估算自由现金流和评价折现率的企业很少,所以很多老练的投资者总是可以在一只股票上相遇。这并不是偶然的,我一直讲"优秀的企业总是相似的,不好的企业各有各的缺陷"。认知是人对客观世界的认知,客观现实是基础,所以价值投资者出现扎堆现象实属必然。

通过在投资者心中深深烙下自由现金流和价值的概念,我们投资股票就不必执着于 K 线图或者单独讨论具体的某个估值指标,类似"××企业 30 倍市盈率贵不贵"这样形而上学的问题没有任何意义,我们关注的应该是"企业的价值和现在的价格相比贵不贵"这样的投资本源。

我认为,估值不仅对于价值投资者非常重要,对于投机者也极为重要。如果一个交易者对自己手中筹码的价值一无所知,我很怀疑其能否在市场中生存。拿着黄金的时候报出粪土的价格自然会亏损,拿着粪土的时候报出黄金的价格也无法成交。伟大的交易者总是利用价格和价值的偏离,进行套利,或者主动引导价值回归,然后坚决离场。

在我看来,投资和投机是殊途同归的,区别是投资的重点在于顺势而已,便宜了就买,贵了就卖,并享受价值的成长;而投机则是主动作为,侧重于从价值回归的过程中赚取差价。不管投资还是投机,以价值为中枢,都将胜多负少。

第五节　合理估值的探索

讲到这,可以知道,估值是投资的核心,投资就两件事情:评估资产的价值,利用市场先生的报价进行交易。这个过程的核心就是确定资金的合理估值,本节主要围绕合理估值进行讲解。

一、投资的本质是低买高卖

在巴菲特的投资规则里有这么两条:规则一,绝对不要亏损;规则二,千万别忘记规则一。怎么来理解"不要亏损"呢?

1.股票价格高低的判断

盯着企业的价值和价格的剪刀差,把自己投资的堡垒建立在"我买之后,股票价格持续下跌,甚至企业退市,再也没人从我手中接盘,我还能赚"的基础上,你的投资才算是成熟。

从7元的价格买进价值10元的股权,买进的时候你就已经赚到了,剩下的就是什么时候兑现的问题,可能是下家以10元的价格买走,或者是以15元的价格买走。

确定价值有两个办法,即绝对估值法和相对估值法。绝对估值法已经详细讲过,其实相对估值法换个角度也一样触达投资的精髓。

我们可以认为投资是一个比较的过程,即在相同的价格下,持有增值能力更强的资产。比如,资产甲、乙的交易价格都是100万元,甲、乙每年带来的自由现金流分别是 10 万元、20 万元,那么我们很容易就做出持有资产乙的决策。

换个角度看,现金也是一种股票,资产收益率为 0,每年按照一定的速度损毁价值。再放大了看,债券、贵金属等都是股票。股票是特殊的资产,资产是一般的股票。

但是,市场很可能在未来的时间给甲 150 万元的交易价格,乙只有 50 万元的交易价格,交易价格的变化是我们控制不了的。但是,因为资产乙的增值能力是甲的两倍,加之市场的逐利性,乙的价格迟早会是甲的两倍。

如果乙的价格一直是 50 万元,甲的价格一直是 150 万元,怎么办?别担心,这种资产长期低估的情况下,投资者只会赚得更多。

如果你又有了 150 万元,此时你有两个选择,买入甲,每年盈利 10 万元,买入 3 个乙,每年盈利 60 万元。你会怎么选择?

只要高增值效率的资产价格低,你就持续买进,在时间的复利下,很快会超越低增值速度的资产。即在时间的复利下,这是一个指数函数。此时,要不乙价值回归,你大赚;要不乙一直低估,你更赚。在赚与更赚之间选择,就是价值投资者的命运。

反之,如果当初选择了资产增值能力更低的甲,你的命运就是亏,或者亏得更多。这就是投机者的结局。

总结一下,绝对估值法在投资上的应用,主要是单纯比较一个资产的价值和价格的关系,从而帮助投资者做决策。相对估值法的重心则在于,从时间的横向去比较不同资产在相同价格下的资产增值能力,以及从时间的纵向去比较相同资产不同时间的价格。这一横一纵,才是一个成熟投资者该有的估值之道。

投资者只有把自己的收益首先建立在资产的内生性增长的基础上,然后再去考虑赚价差的钱,才能处于不败之地。

2. 卖点的选择

那么,什么时候才应该去赚价差的钱呢?也就是说,什么时候才应该去高卖?

有三种情况下,投资者应该卖出资产:资产价格远超价值,这是绝对价值的角度;有了更好的投资标的,这是相对价值的角度;资产的内生性增长被破坏,原有的估值基础不再存在。

股票价格在情绪的作用下围绕价值波动,给了我们低(低于内在价值)买高(高于内在价值)卖的流动性,如下图所示。

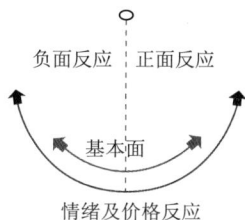

资本市场的钟摆效应

低多少,高多少,我觉得是一个个性化的问题。下面,举个例子来具体说明。

假定现在的无风险收益率为4%,而股市的合理市盈率就是25,此时股市和国债的收益率是一致的。那么,对于贵州茅台这样的企业,其确定性很高,就可以认为其合理市盈率就是25。对于一般性的股权资产,天然存在较高的风险,我们就要求更高的收益率,这里取两倍的无风险收益率,也就是8%,那么股权的合理估值就是12.5。

这里的难点是安全边际的确定,其和资产的风险评估、投资者的风险承受能力和个人的预期收益率都有关系。较高的安全边际意味着投资的安全性越高、潜在收益率更高,但是也意味着更少的交易机会。

资产的交易就是一个不断比价的过程。具体的卖出价也是类似的思考过程。

卖出溢价和资产的风险评估、投资者的风险承受能力以及个人的预期收益率都有关系。较高的卖出溢价意味着投资的潜在收益率更高,但是也意味着更少的交易机会。

比如,合理市盈率是12.5,如果你把卖出价格设置为15元,很可能就实现了自己卖出的愿望,但是设置为25元呢,有可能十年只出现一两次卖出机会。这会导致自己的市值出现坐电梯的情况,不利于低买高卖。

理想的投资是这样:找到一只好股票,买进,持有,估值一直跌,再买进,再持有。真是太幸福了,股票价格的持续下跌不仅让我们赚得更多,而且还大大减少了多次选择从而增加出错概率的可能性。

二、合理定价

我们从最简单的情况出发,推导出一般性的结论去指导我们的投资。

假设一家企业的净资产为 A,市净率为 PB,净资产收益率为 ROE,每年固定分红,则第二年企业分红后的净资产为"A + A × ROE − A × ROE × 分红比例",与企业的初始净资产 A 相比,增值的比例为"ROE − ROE × 分红比例"。此处,分红比例为企业当年的分红与企业当年的利润比值,公式进一步提炼如下。

$$ROE × (1 − 分红比例) = ROE × (1 − 分红率)$$

这是以净资产为"锚点"评估投资增值效率的一般公式。

在这个模型中,期初股东得到的股息是"A × ROE × 分红率",每年股息的增长率和净资产增长率一样,也就是每年增长"ROE × (1 − 分红率)"。

我们继续考查分红再投资的情况,假设第 n 年企业的净资产为 1(企业的净资产为 1 还是 N 不影响结论,我们最后计算得到的是增长率,即一个比率),市净率为 PB,净资产收益率为 ROE,分红率定义为"当年分红 ÷ 当年利润"。

第 $n + 1$ 年分红前企业的净资产为"1 × (1 + ROE)",当年的利润为"1 × ROE"即可分配利润,分红为"1 × ROE × 分红率",分红后净资产为"1 + 1 × ROE × (1 − 分红率)",企业分红的钱以同样的 PB 买入净资产为"1 × ROE × 分红率 ÷ PB(市净率不变)",则企业此时的净资产为"1 + 1 × ROE × (1 − 分红率) + 1 × ROE × 分红率 ÷ PB"。

注意:

(ROE × 分红率) ÷ PB = (当年利润 ÷ 净资产) × (当年分红 ÷ 当年利润) ×

(净资产 ÷ 期初股票价格)

= 当年分红 ÷ 期初股票价格

= 股息率;

企业一年的净资产增加额比例＝ROE×（1－分红率）＋股息率。

这就是企业估值不变，企业每年的分红再投资，其净资产的复合增长率，这也是投资企业的复合收益率。

再次强调：严格意义上的股息率，是指一年分红与期末市值之比。而这里，我把分红率定义为一年分红与期初市值之比。严格来说，分红率＝今年的分红÷去年的净利润，而实际计算是"今年分红÷今年净利润"。在理想的模型中，这是非常微小的差异，不必较真。但是，可以帮助我们得到简洁实用的计算一般公式。

投资收益增长率＝ROE×（1－分红率）＋股息率（分红再投资）

其中，ROE＝净利润÷期初净资产，分红率＝今年分红÷今年净利润，股息率＝今年分红÷期初股票价格。

这就是从净资产的角度看投资收益，当市净率不变的时候，投资者持有的企业净资产复合增长率就是投资者的收益复合增长率。

这个公式很好地解释了内生增长的原理。不同的资产因为内在属性的不同而拥有不同的内生性增长。

现在，设定一个合理的收益率区间，根据这个收益率来寻找 PB 和 ROE 之间的关系。为简化关系，假定企业不分红，每年的利润全部再投资，并且净资产收益率不变。

在确定社会平均资本收益率的时候，可以参考 M_2 和名义 GDP 的增速。如果把折现率取 10%，那么基础的逻辑：合理 PB＝10×ROE。如果 ROE 为 10%，则 PB 合理取值为 1；ROE 为 15%，则 PB 合理取值为 1.5。其含义是 1PB 买一个 ROE 为 10% 的企业，年收益为 10%，刚好达到通胀、M_2、名义 GDP 的水平，1PB 是一个合理估值；1.5PB 买一个 ROE 为 15% 的企业，收益率还是 10%，1.5PB 也是一个合理估值。

对于预期 ROE 为 15% 的企业，1.5PB 是合理估值。这是因为，如果 1PB 收购，那么年收益率是 15%。市场中有种无形的力量，把股票价格拉高至 1.5PB，使得该股票的投资收益率接近 10%。更进一步，我们推理对于高 ROE 的企业，存留的净资产产生超过 10% 的收益，应当给予适当的高估值，即合理 PB 应大于

$10 \times ROE$。

但是,这个模型有个致命的问题,那就是只考虑了一年的时间。如果时间足够长,一个企业的净资产模型具体如下。

期末净资产 = 初期净资产 × $[1 + ROE × (1 - 分红率) + 股息率]^n$

所以,高净资产收益率的企业只要确定性足够强,其往往拥有更高的估值,这是合理的。还可以推理,净资产收益率越高的企业,其分红率越低,资产增值越快。

事实上,如果一份资产在非常长的时间内都确定保持较高的增长,那么给多高的估值都不过分。因为只要投资的时间够长,净资产模型中的指数部分迅速增长,常数的影响力越来越小,所以投资者持有一只股票足够长的时间,其收益率会无限接近于股票的净资产收益率,和买入价的关联将无限变小。

但是,怎么判断超额收益的大小和时间呢?这就涉及竞争力和护城河。这又是一个老生常谈的话题。不管是股票,还是难度较低的基金,判断竞争力和护城河都是挺难的。那么,试图给估值一个"标准值",就类似于去寻找"永动机",这是不可能存在的。

如果有这样的"标准值",那么就存在一个完美的套利公式,投资就可以交给机器去做,因为公式有效,参与者越来越多,直到此公式失效。它的有效则注定导致其失效。

此外,任何企业都是有寿命周期的,很多企业积累的资产越来越大,但是新增的项目收益率比不过以往,那么随着资产的进一步扩大,企业要不高分红降低资产规模,要不接受逐步平庸的收益率水平。

收益率水平下降,则估值下降。我们看到很多企业的净利润逐年增加,但是估值中枢不断下移,就是这个原因。估值中枢是由资产增值效率决定的,而不是由净利润的绝对值大小决定。

估值是一个艺术性的判断,以投资金额 M 投资一家企业,企业的市净率为 PB,净资产收益率为 ROE,n 年后的企业净资产 = $(M/PB) \times (1 + ROE)^n$。在这个计算中,前面是初始常数,代表买入时候的折溢价,后面是一个以净资产收益率和时间为变量的指数函数。

对于一般性资产合理 PB 等于 10 ~ 15 倍的 ROE。但是其不适用于 ROE 大于 17% 的企业。前面的计算考虑了市净率杠杆。在真实企业的估值计算中,当 ROE 大于 17%,复利计算中的指数效应加快,曲线变陡峭,前置常数的平滑效果减弱,企业可以享受比计算值更高的市净率溢价。

总结一下就是:

①优秀的企业是时间的朋友,时间越长,高净资产收益率的企业价值越明显;

②低估值相对高成长企业的优势可以保持一段时间,越低估,前置常数越大,优秀企业的复利效应,即指数函数部分对冲较大前置常数需要的时间越长(冲减自己的溢价);

③企业越优秀,需要的对冲溢价时间越短。

我们回头再看绝对估值法和相对估值法的关系,如果说定性分析是判断企业的质地,在判断股票价格的投资价值的时候,我认为自由现金流折现模型是唯一适用的方法,尽管它有许多不足,它的价值在于提供了一个合理的思维方式和流程,而不是给出一个数学计算结果。相对估值法,在我看来,更像是绝对估值法的一个特殊情形,是一种极简形式。

数据产生信息,信息形成判断,判断产生知识,知识诞生智慧。估值中的"毛估估"一定是建立在严密的逻辑和大量计算后得出来的一种能力。做好资产的估值,在投资中以有算打无算,必将胜多败少。

第六节 估值的误区

在实际投资中,常见的估值误区有两个,本节将重点进行分析。

一、价值重塑

在投资实践中,我发现价值重塑是一个屡屡被人提起,但是经常出现误用的情况。

价值重塑往往由企业的隐蔽资产引发,隐蔽资产指的是与存续业务无关的一种相对闲置的资产,也可以说是一种可以剥离的资产。这种资产因为不参与经营业务的现金流计算而在估值时候容易被遗漏,从而低估了企业的价值。

在 2019 年供给侧改革的概念下,水泥企业异军突起,吸引了投资市场的目光。某知名分析师认为,海螺水泥具备 150 亿吨石灰石储备的优质矿山、20 ~ 30 个港口码头资源、华东中南等地超过 1 000 万平方米厂房土地资源。这些资源将逐步成为稀缺资产,企业价值提升。

由于该分析师在建材行业的地位特殊,很快这种对水泥企业拥有的资源进行"价值重塑"的观点开始被全行业效仿。现在,我们翻看 2019 年关于水泥企业的研究报告,可见其或多或少都提到了资源价值重塑对企业估值的提升。

估值大师达莫达兰的经典著作《估值:难点、解决方案及相关案例》指出,在根据企业的自由现金流折现计算后,还需要考虑四个方面的因素,分别是:现金和易于变现的证券、对外持股、潜在义务和雇员期权。

自由现金流折现模型是根据企业每年创造的自由现金流进行计算的,那么当资产的价值不能体现在现金流的时候,在估值的时候就会把这部分资产遗漏,所以需要重新计算。

在给企业估值的时候,有一条原则就是"不重估,不多估"。而在海螺水泥的估值中,矿山资源带来的收益已经体现在经营现金流中了,如果一方面计算了自由现金流折现价值,另一方面还要对矿产资源进行所谓的价值重塑,加总到企业价值,不就是自我满足,自欺欺人吗?

在估值中遇到价值重塑的问题,还有一点需要考虑,那就是价值能否回归。价值一般是可以回归的,但并不是说一定会回归。如果市场忽然出现一个无人问津的优质资产,狂喜之后要先想一想,为什么价值会被明显、长期低估?我一直强调一点,**价值回归只能在信息足够透明、资金自由流动、充分竞争、全局性的市场才能实现,在信息不对等、资金受限、垄断和局部性的市场中,价值完全有可能长期低估。**

下面,举个例子来具体说明。

某豪华饭店建造成本 1 亿元,每年经营利润 100 万元,饭店在市场的交易价格为 8 000 万元,现在老板愿意把饭店按 5 000 万元的价格出售,但附加条件是不能转行,只能继续经营这家饭店,那么谁还愿意付出 5 000 万元的成本获取每年 100 万元的收益呢?

这样的案例其实很多,企业有很多值钱的资产,一旦出售将获利匪浅。但因为某种原因,企业只能继续经营而无法破产清算。所以,我们看企业的市场估值,市净率很低,价值不能回归,这就是价值投资的坟墓,不可不引以为戒。

二、成长股的"陷阱"

如同拍卖会此起彼伏的叫声可以刺激参会人内心深处的激情从而给出不可思议的报价一样,在股票市场,增长率也像迷幻剂一样让投资者失去理性,付出高昂的代价。

成长股投资者认为,唯有成长才能带来超预期的收益率,才能带来高收益,成长投资的核心落在了成长之上。巴菲特不这么认为,在《巴菲特之道》书中有这样一段话:"股票投资者,好像必须在'价值'和'成长'两种方法中做出选择,巴菲特说他数年前也曾参与这一拔河式的争论。但如今,他认为这两种思想体系之间的辩论是毫无意义的。因为成长型和价值型投资在某一点上是统一的。价值是某一投资未来现金回报的贴现值,而成长速度只是一个用于确定价值的计算参数而已。"

成长的价值取决于成长带来了多少价值的增量,事实上因为未来的不可预测和成长影响因素的复杂性,价值投资者出于谨慎的原则,应该给予成长折价,而非溢价。成长不是股票价格可以无限上涨的理由。

当我们专注于价值的时候就不会被"成长"所误导,企业的成长价值是由企业的增长率和投资资本回报率减去加权平均资本成本后的差额决定的。

当投资资本的回报率低于资本成本之下时,更高的增长却带来更低的估值,因为企业在加速"毁灭价值"。事实上,在资本市场中,短期内(十年以内)大象起舞,强者恒强更是常态。

企业是由股权人和债权人共同出资运转的,两者的出资形成投资资本 IC,企业自身经营活动形成的收益叫息前税后利润,用 NOPLAT 表示。

$$投资资本收益率（ROIC） = NOPLAT ÷ IC$$

投资资本是有成本的，这个成本用 WACC 表示。WACC 是加权平均资本成本，由各方资本的成本和比例加总而来。

在考查企业增长价值的时候，企业仅仅获取利润是不够的，只有当 ROIC 大于 WACC 的时候，增长本身能够创造经济利润，才是有意义的扩张。当然，利润的增长对企业也很重要。企业的价值是由现在创造经济利润的能力（即投资资本收益率和平均成本的剪刀差），以及未来创造经济利润的潜力（即利润的增长），共同决定的。

其他所有的细节——毛利润率、应收款周转率等——都是为企业价值这两个核心要素做注释的，只有在细节可以提高关键价值要素的预测准确度的时候，才有必要对详细项目进行预测，否则，海量的数据会把投资者淹没。我们做研究是为了取得企业的价值帮助做投资决策，而不是获取数据，数据本身的内循环是无限的。只有有价值的研究才值得投入，绝不能为了研究去研究。

牢记价值，保持理性——这是迄今为止本书的核心理念，做到这两点将会让我们在股市中立于不败之地。如果要获取更优秀的成绩，就必须在研究股权的基本规律的基础上，探索"票据"市场，即股市的基本规律。

第五章
股票市场的规律

一颗种子的成长,不仅取决于自身,还和周围的温度、水分、光照等环境因素息息相关。对于投资者,尽管持有的是具体企业的股票,但是投资环境深刻影响着我们的收益、决策和思维方式。理解市场,才能荣辱不惊;理解市场,才能发现好的投资机会;理解市场,才能更好地认识自己以及持有的股票。关于股市,历来众说纷纭,有人认为市场决定收益;有人认为选好股票可以穿越牛熊。这两种说法其实都有失偏颇,这部分我将结合自己的投资经历谈谈我的看法。

第一节　股票价格运动的规律

在股市中,投资者很容易观察到一种现象,股票价格每天每分钟,甚至每一秒都在发生变化,高高低低,起起伏伏,一根 K 线图不知道牵动了多少人的心弦。那么,股票价格为什么会运动呢? 这种运动有什么规律呢?

一、股票价格运动的驱动力

当大盘指数上涨的时候,大多数股票价格都在上扬。但是,我们得不出大盘上涨导致股票价格上涨这个逻辑关系。正确的因果分析是,大多数股票价格上涨形成了大盘指数上涨这个结果。

1. 三种驱动力

一般情况下,我们认为,大盘指数上涨是市场整体乐观,资金积极买进的结果,代表了市场的情绪。

但是,有些优秀的企业可以无视大盘冷暖,走出自己的独立行情,这个很好理解。资产的质量高,基本面很好,业绩持续提升,那么股票价格也就走高,这代表了股票的基本面。

此外,市场中还经常出现同一类特点的股票一起涨一起跌的现象。比如,银行股、白酒股这样的行业性股票,或者"黄金概念""免税概念"这样的概念股,这当然也是一种市场情绪,但是这种情绪有别于整个市场增量资金的进出,而是存量资金的运动,此涨一定带来彼跌。我这里不把它称为情绪面,起个名字:资金面。

通过上面的分析,我们可以看出,股票价格的涨跌背后有三种驱动力(见下表)。

（1）资产质量。这是股票价格的基石，决定了股票价格的下限，在中长期中起作用，对应基本面。

（2）市场整体筹码的供求关系。这是市场的水位，决定了市场的位置，是短期中的宏观力量，对应情绪面。

（3）市场偏好。这是价格的动力，决定了股票价格的上限，是短期中的微观力量，对应资金面。

股票价格运动的驱动力分析

类　别	作　用	重　点	技术流派
资产质量	价格的基石，决定股票价格的下限，在中长期中起作用	基本面	价值派，价值投资
供求关系	市场的水位，决定市场的位置，短期中的宏观力量	情绪面	技术派，趋势投资
市场偏好	价格的动力，决定股票价格的上限，短期中的微观力量	资金面	热点派，事件投资

其实，可以把这三种驱动力归为两类，资产质量自成一类。供求关系和市场偏好可以统称为供求关系。对应情绪面的供求关系一般是说市场整体的供求关系，也就是买卖双方的总体实力水平，水涨船高，买方力量强大的时候即使是资产质量一般的股票也能卖出高价格。对应资金面的市场偏好是市场局部的供求关系，类似跷跷板一样，总量不变的资金在市场流来流去，形成在微观股票层面资产质量不变价格却高低起伏变化的现象。两个层次的供求关系都是一种短期因素。

理解了三种驱动力对股票价格的作用机制，"价值派""技术派""热点派"就不需要争执不休了。因为这三种投资类型都是针对价格三种驱动因素的一种而言，都不全面，都有各自发挥作用的范围。

但是，在实际情况中，股票的价格是同时受这三种驱动力影响的，三种力量形成的均衡价格就是股票的交易价格，也就是我们看到的实时报价。

2. 差异化的投资方式

价值投资主要针对资产的质量，"价格始终要回归价值"从长期看是没错的。因为自由竞争的市场资本始终追求最大的收益率,不同资产的收益率有趋同的动力,所以高收益率资产的价格也会上涨。可是,我们并未考虑到,在现实中市场不可能是信息透明的,不同资产之间不可能是完全竞争的,资金流动是有摩擦成本的,股票的价格运动也是有迟滞性的。所以,价值投资并非万能的。

巴菲特说,股市短期来看是投票机,长期来看是称重机。凯恩斯说,股市就是个选美场。我取个巧,我说股市既是投票机,又是称重机,还是选美场。

三种驱动力对股票价格的影响,并不是一成不变的,所以,导致了"技术派""价值派""热点派"三种投资方式在市场周期的不同时间段内的迥异效果。

比如,牛市来临时,由于市场增量资金不断进场,不断抬高市场的水位,整体供求对股票价格的影响就会远大于资产质量对股票价格的影响。这个时期,"技术派"的投资效果就全面占优。

在牛市末期和熊市初期,大量资金都去持有资产质量较高的股票进行避险,而供求关系因为市场整体活跃度下降,对增量资金的吸引力下降,对股票价格影响的力度就会逐步低于资产质量对股票价格的影响力度。这个时期,"价值派"就开始全面占优。

而在震荡市中,存量资金在市场内博弈,市场中什么热点能刺激投资者的兴奋点,什么就能上涨获利。这个时期,"热点派"就开始大行其是,也就是我们说的"炒作"。

因此,在不同的时间段内,不是哪一种投资理论失效了或者是错的,而是三种驱动力中某一种驱动力成为对市场影响最大的一种力,压制其他两种驱动力的效果。

二、辩证地看待投资

我们在物理学中都学过受力分析,任何状态下物体的运动状态都是施加在它身上的所有作用力的合力的结果,同理,股票价格也是在三种驱动力作用下的外在显示。

1. 打造完善的交易系统

对于股票价格,三种驱动力中任何一个发生变化,股票价格都会开始运动,直到新的均衡位置。我们既要分析矛盾的静态,看三种驱动力中在当下哪个是主导力量;也要抓住矛盾的动态,特别是原有的平衡被打破,股票价格面临新的方向抉择的时候,分析是什么原因造成变化,力量强弱,持续性如何,有没有其他力量进行新的平衡等。这对于我们具体的买卖操作层面很有帮助。

如果有投资者能够完全理解并有效预判三种驱动力对市场的影响,那么其就可以做到"战无不胜"。但是,人的精力和能力毕竟有限,股票市场上信息量巨大,信息在绝对认识层面是不充分的,个人认知做不到绝对客观,没有人能做到对三种驱动力的完全理解。因此,对于大多数投资者来说,优先选择一种驱动力作为自己投资思路的核心,辅以另外两种驱动力进行考虑的话,投资收益就已经非常可观了。

但是,在现实中,大多数投资者往往只重视自己比较熟悉或者擅长的一种驱动力,忽视另外两种驱动力,这样的话就会在另外两种驱动力占据上风并主导市场时进入尴尬期,并且时间一长就容易对自己的投资体系产生怀疑。唯有"知其然并知其所以然",深刻了解市场、了解自己,才能在股海的风浪中岿然不动,长盛不衰。

比如,一个价值投资者对市场的供求关系和市场偏好一无所知,时间一久就会困惑不解,觉得市场先生不可理喻,不能真正把市场当作朋友,当作助手;如果一个趋势投机者对资产质量一无所知,一定会在涨涨跌跌的纷繁现象中迷失自己,股海折戟。

2014 ~ 2015 年,"银粉"和"价值派"遭遇尴尬的主要原因就是只看到了银行股和白马股的资产质量优异,而忽视了市场整体供求和热点变化,因此跑输那段时期的市场涨幅中位数,直到资产质量要素重新主导市场时才真正扬眉吐气。

还有很多投资者逆势操作,和对三种驱动力的理解认识不足也有很大关系。有部分投资者因为白马股业绩有增长而急于加仓,没有考虑到市场整体水位下降和市场热点分流资金的情况,导致加仓的仓位不但没有盈利反而被套。如果个人意志薄弱,在市场考验中被淘汰也是常有的事情。

所以,投资者对三种驱动力的个性化理解和判断,就成为投资者构建交易系统的关键。

2. 股票价格在一定程度上是可以预测的

继续深挖股票价格运动的三种驱动力,还会得到一个有趣的结论:股票价格在一定程度上是可以预测的。

我们把股票价格当作一个在三种力量作用下平衡的物体,在股市中每时每刻都有大量的信息,这些信息会改变其中一种、两种或者三种力的大小和方向,我们讲股票价格无法预测指的是在理想情况下,股票价格在无数信息冲击下,形成无数的微小受力,我们无法判断股票价格所受合力的变化,或者说合力的变化很小以至于我们无法感知。

但是,如果在平衡状态时,出现一个"能量"较大的信息,明显影响到了合力的变化,这时我们是可以判断价格的运动方向的,运动大小幅度则取决于该消息的"能量"。比如,一个制造业企业被评选为"高新企业",在未来五年内享受到税收优惠,那么这就是一个重量级的信息,未来的现金流大小和方向都会有显著的变化,它明显改变了资产质量。

再比如,一个疫苗企业的研发出现了重大突破,一个零售企业拿下免税牌照,一个工业企业拿下苹果公司的大订单等,这些尽管当前没有对现金流形成重大影响,但是对市场情绪有刺激作用,刺激的大小是可以感知的,刺激的方向是确定的。那么,股票价格就大概率会朝着某个确定的方向位移,投资者是可以参与的。

另外,若监管层要把科创板当成国家创新能力建设的一个战略执行,或者鼓励保险资金入市,或者减少印花税的征收等,这些也都会显著影响到市场的供求关系,从而推动股票价格的运动,投资者也是可以参与的。

投资者可以参与多少,既和该信息的"能量"有关系,也和投资者的个性化判断有关系。有的信息尽管很刺激,但是持续性很弱,或者基本面的改变在很久之后才会出现,那么就只适合短期持有,过了时间就赶紧卖出。比如,企业拿下苹果公司的一个大订单。有的消息的持续性很强,可以大幅度改变企业的基本面。比如,企业和苹果公司达成战略合作,成为苹果公司的核心供应商,那么企业的估值逻辑就全部改变了,就可以长期持有。

3. 不同行业的资产估值具有差异性

下面再来看股市的另一个规律。如果用无风险收益率的倒数表示股市的合理估值，十年期国债收益率为3%，那么股市整体的估值中枢就是33.3。考虑到股权的风险显著高于债权，我们遵从格雷厄姆的教诲，采取两倍的无风险收益率作为补偿，得到16.67。按道理这是一个所有股票都应该服从的估值中枢。

但是，在实际交易市场中，即使把强周期股票排除在外，医药、科技、消费、互联网等行业的估值中枢也明显高于股市的一般中枢，而银行、地产、高速公路、航空等行业的估值中枢明显低于股市的一般中枢。这种行业估值的差异性是长期存在的，即使高估值行业的估值在短期内回归估值中枢，或者低于估值中枢，但是总能在很短时间内重新回到估值中枢的上方。

为什么有的行业总是能长期享受"泡沫估值"呢？如果我们把股票的估值数据进行统计分析，按照理性模型，行业估值在估值中枢附近的时间占总时间的比例应该最高，两边呈对称分布。但是，在实际投资中，这些行业在估值中枢上方，或者说高估值区间的时间占总时间的比例非常高。而"不受待见"的行业估值在低估值区域的时间比例则非常高。

这种估值的差异性，一方面可能是因为行业的杠杆系数、自由现金流在净利润中的占比、行业的发展空间等因素影响；一方面可能是因为医药、消费、科技、互联网等行业总能给投资者某种"遐想"，认为自己买的是一只前景光明的股票，从而这些行业的估值长期处于高位。

行业估值长期处于高位的意思是，行业的估值仍然主要由价值决定，行业的估值仍然围绕估值中枢运动，行业的估值在"泡沫"区间所处的时间比例非常大。这告诉我们，在实际投资中，不要轻易做空这类行业，因为市场先生的疯狂可能会持续很久；不要加杠杆做多，因为估值仍然会向下运动；买贵的时候不要轻易割肉，因为估值很可能会重新回来。

在低估值行业中则相反，不要杠杆做多，因为市场先生可能会卖出更低的价格；不要买贵，因为贵了可能付出沉重的时间成本；估值高了一定要卖，因为市场先生很快就会给出低估值的价格。

有趣的是，如果读者们认同这种粗暴的行业分类，那么我们就会形成股票价格的反身性,即使我的论述不是对的,但是只要大家都认同,那么市场就会这样运转。

由此可见,股市的运行既受企业价值的客观规律决定,也受投资者市场的主观规律影响,这种"主观"的市场规律对于投资者也是一种客观规律,需要认真研究,不能轻视。

第二节　股票价格的概率属性

关于股票价格运动的规律,有人说,股票价格是由价值决定的;有人说,股票价格是由供求关系决定的;有人说,市场大多数时间都是有效的,股票价格变化是随机的不假,但是都要受到价值的约束;有人说,市场大多数时间都是无效的,股票价格变化受到价值的约束不假,但是很少出现股票价格和价值相吻合的情形。每种说法好像都有理,但是都不能说服对方。这里,我用"概率二重性"来解释一下股票价格运动的这种特殊性。

一、股票价值和股票价格的运动二维性

同样一件交易品,不同的交易者对它的价值有不同的判断,这和交易者自身的认知、收益率预期和风险承受有关。假定一只股票在市场中交易,初始状态下,有的交易者认为,每股值50元,那么觉得值40元的人就愿意在40元以上卖,觉得值50元的人就愿意在50元以下买,于是交易开始形成,这个很好理解。这说明,即使在股票的客观价值不变的时候,股票价格也不会稳定在某个数值,因为价值本身就是投资者对客观事物的主观判断,是有个体差异性的,这就形成了资产的流动性。

随着交易的进行,假定股票价格朝着一个方向运动,比如朝着50元的方向,一部分聪明的投机者观察到了价格的这种运动趋势,试图从股票价格的变化中牟利,而毫不关心这只股票背后的资产是什么,价值多少。因为股票价格在上升,投机者通过买进实现了浮盈,此时越来越多的投机者开始参与进来,股

票价格持续上涨。

当股票价格升到 50 元以上某个数字的时候，最初最乐观的价值判断者开始认为股票价格不合理，太荒谬，拒绝买入，此时市场上只剩下投机者在持续买入，股票价格开始非理性上涨，最初买进的投机者获利丰厚，开始退出，买入力量削弱，股票价格偏离价值一定程度后，开始停滞。随后，股票价格走势开始出现多种可能性：第一，停滞在最高点不动；第二，开始回落到价值附近，但是在回归一半的位置停滞；第三，在回归到一半的时候，运动方向改变，重新上涨；第四，回归到价值附近，又开始上涨；第五，回归到价值后，继续下跌的趋势，走向另一个极端；第六，停滞一段时间后继续上涨，股票价格从荒谬走向更荒谬，这点经常被很多人忽视。

怎么看待股票价值和股票价格的关系呢？股票价值和股票价格的关系就像地球上的万有引力对地球上物体运动的约束一样，但是方向却相反。价格始终有回归价值的向心力，这种力量随着价格对价值的偏离度而加强。而在股票价格和股票价值相一致的时候，股票价值对股票价格运动的约束力为 0，股票价格运动的随机性最强，轻微的作用力扰动就可以造成股票价格的运动。

了解了股票价值对股票价格的约束性及股票价格的运动特点还不够，在现实世界中，除了股票价格的运动外，股票本身的价值也会运动。这种运动是隐性的，不容易被观察到，而且带有很大的随机性，股票价值的运动有无限种可能，而且还可以是跳跃性的。当股票价格偏离到股票价值一定程度不能继续为所欲为后，它可以停滞在原地，等股票价值运动到两者的距离不足以约束股票价格运动的时候，股票价格就重新获得了运动的自由，这自由取决于两者之间的偏差大小。因为股票价格在距离股票价值越近的地方运动的自由性越大，那么当股票价值的运动难以捉摸的时候，对股票价格运动的短期预测就成为一个不可能事件。

认识到价格运动和价值运动的相对性，就摆脱了形而上学的价值投资观点，投资认知就会得到深化。

二、股票价格的概率二重性

股票价格的概率属性指的是概率二重性，即股票价格的涨跌介于确定性和随机性之间,每时每刻的股票价格变化都同时具备这两种属性,但是哪种属性占主要地位则与选取的观察时间点有关系。一般情况下,股票价格在短时间内主要体现随机性,在长周期内主要体现确定性。

1. 模糊数学介绍

在现实社会中,尤其是人文、社会科学、管理等"软科学"领域,参数和变量甚多,各种因素错综复杂,造成很大的不确定,没有分明的数量界限。比如,比较漂亮、善良、单纯、管理卓越、金融泡沫……这些概念很难用简单的是非或者数字来精确定量,它们是模糊的东西,模糊数学就此开始有了用武之地。模糊数学提供了一种研究不肯定和不确定问题的新思路新方法。

模糊数学由美国控制论专家扎德教授创立。扎德教授最初思考的是,计算机为什么不能像人脑那样具有灵活的、智能的思维,并判断问题。计算机记忆超人,计算神速,然而当其面对模糊状态时却"一筹莫展"。其原因在于传统的数学,例如康托尔集合论不能描述"亦此亦彼"现象。也就是,传统数学追求精确性、唯一性,追求模型的完全科学性。康托尔集合论要求其分类必须遵从形式逻辑的排中律,论域(即所考虑的对象的全体)中的任一元素要么属于集合A,要么不属于集合A,两者必居其一,且仅居其一。这样,康托尔集合只能表现"非此即彼",而对于外延不分明的"模糊概念"则不能反映。这就是计算机不能像人脑思维那样灵活、敏捷地处理模糊信息的重要原因。扎德教授为此提出了"模糊集合论"。这便是模糊数学的起源,它来到世间,既可用于"硬"科学方面,又可用于"软"科学方面。

根据扎德教授的观点,在复杂系统中,存在大量非线性、多变的情况,复杂性和精确性形成了尖锐的矛盾。扎德教授从实践中总结出这样一条互克性原理:"当系统的复杂性日趋增长时,我们对系统特性作出精确和有意义的描述的能力将相应降低,直至达到这样一个阈值,一旦超过它,精确性和有意义性将变成两个几乎互相排斥的特性。"也就是说,复杂性越高,有意义的精确化能力便越低。复杂性意味着因素众多,难以精确掌握,而且人们又很难对全部因素和过程都进行精确的考量,只能抓住其中的主要部分,忽略掉所谓的次要部分。

这种情况和股市很像,当我们想对股票的价值精确估值,想对股票价格运动的规律精确描述的时候,我们得到的结果就和现实相脱节;当我们放弃精确的追求,开始用感性的、模糊的、框架式的观点描述股市的时候,反而得到有效的结论,从而可以指导我们的投资实践活动。

这说明,单纯的数学计算是解决不了股市问题的。所以,优秀的投资者也不惧任何投资量化模型。对于模型来说,为了追求精确的控制,必须输入较多的信息作为条件,但是信息越多,系统的不确定性就越大,从而自相冲突。投资必然是一个艺术性的决策问题,而不是数学计算过程,好的量化模型也必然是有缺陷的,有缺陷才能获取相对的有效。

2. 所有的投资策略都必然有局限性

很多人做股票喜欢把复杂问题单一化,原本多维的大象,被盲人当作一维的感知去处理。有的人迷信"大V",有的人相信财报分析,有的人专注技术,有的人崇拜内幕。这样的结果就是,当股市的关键因素刚好是他们研究的那个方面的时候,研究有效,赚钱;当关键因素发生变化的时候,交易体系失效,赔钱。在投资者看来,当自己的策略有效时是自己英明神武,当市场运行超出自己的理解时是市场非理性,却从没想过自己的策略边界条件是什么,从没想过去思考现实世界和自己主观认知的落差是什么。

即使在投资策略的有效区间,也只能说这个时候你进行交易赚钱的概率很大,而不是一定能赚钱。因为影响股票价格的因素太多,大盘环境不一样、政策力度不一样、市场情绪不一样,股票价格表现都会不一样。市场是混沌的,只能说这个时候,我们采取的模型是高胜算模型,而不能把它变成确定性事件。投资永远是绝对的随机,相对的确定。从这个角度讲,我对索罗斯的杠杆操作是持谨慎态度的,长期的杠杆行为本质上是一种有效的"归零"策略。假设你有100种绝世武学,但是市场为你准备了101个陷阱,总有一个适合埋葬你,只要你长期在市场,就一定会遇到异常事件,在杠杆的作用下其危害不可控,直到把加杠杆的人消灭掉。

股市的本质是不确定的,是随机占主导的。但是,在某种特色情况下,又是确定性占主导。比如,在A股打新股,我们有很大把握该股开盘会一字涨停。随机性占主导,我们必须把风险放在第一位,保持对股市的敬畏;存在确定性,说明股市在某些情况下有规律可循,这是可以认知后加以利用的。投资者面对股票价格的双重属性,必须有针对性地应对。在集中下分散,在分散中集中,包括仓位管理等,这些是无论如何精研个股也不能替代的。如果要在股市中长期生存,必须重视股市自身的风险属性,因为上涨是无限的,下跌却只有100%。

我多次强调,股市没有完美的策略,每种策略都有局限性。价值投资、趋势投资和热点投资都只不过是踩到股票价格运动的一个点而已,能够识别不同的策略适用区间并加以运用则无往而不胜。但是,对于普通人,只掌握一种策略,并坚守适用区间,也能划地为王,一年操作几次,收益也能非常高了。

股票价格涨跌始终是一个概率行为,投资除了考虑概率,还要考虑赔率,最后根据期望值进行决策,并没有一个完美的策略。我深入研究价值投资,但我并不是一个价值投资者,我们做投资要研究客观世界的规律,也要研究市场的规律,因为市场的规律也是客观存在的,很多投资者以为自己做"价值投资"就一定能赚钱,这是一种片面的想法。价值投资理论绝大多数都是正确的,但是如果不知道价值投资的边界,那么本质上也是一种"归零"的策略。

3. 建立混沌思维方式

事实上,不仅股票价格运动是混沌的,现实世界也是这么运转的。比如,我说明天太阳从东边升起来,这个判断的确定性就很强;我再说明天太阳六点十二分二十秒从东边升起来,这个判断的确定性就很小。我把前者称为预判,后者称为预测。我越想取得一个精确的数字,就越面临随机性的反弹。在投资和生活中,我们应该多做预判,少做预测。

前面我们讨论的是客观世界的发展规律,在人类活动中,因为人性的多变,事物发展的随机性更强。有些投资者喜欢分析下一季度的利润表,精确到小数点后三位;有些投资者喜欢预测股票价格;有些投资者喜欢给股票价值一个精确的计算结果……这些数据的可信度其实都很小,但是有些很难证伪。当投资者认识不到世界的随机性,不能从逻辑学上想通,那么必然深陷在思想误区中不能自拔。

明白了混沌思维在股市中的应用,我们就会知道要想做一个长期的投资者,就必须要破除简单的因果观,股市里不存在简单的因果。比如,因为业绩预增,所以股票涨停? 如果业绩预增和股票价格上涨是一个线性的确定关系,那么投资就太简单了。在股票市场的现实中,一事物和它事物之间不是因果关系,而是相关关系,即股票价格的涨跌与某因素高度相关,但不受它决定。相关因素既不是充分条件,也不是必要条件,而是关联条件。如果树立这种思维,炒股就能极大地摆脱机械思维,也不会看到利好就一股脑儿闯进去,看到利空马上吓出。在 A 股市场上,大多投资者都摆脱不了因果思维。我们经常看到媒体上有人写文章,因为什么什么事,所以今天股票必然大涨。相关性思维就是要打破这种简单的非此即彼的二元思维,树立混沌思维。下面,举个例子来具体说明。

格力电器 2018 年三季报净利润同比增长 35.48%,堪称"逆天"。那么,格力电器股票价格怎么走? 你可以说业绩爆棚,大涨;也可以说不可持续,计提跌停;还可以说不达预期,清仓;甚至可以说什么多元化啊,干脆我不喜欢某某,所以卖卖卖。

现实的股票价格受基本面、资金面和情绪面的影响,其背后又有无数的小因素,即行业政策、概念、业绩预期、资本操作等。每个因素都影响到股票价格,同时又影响其他因素,最后纠葛成一个混沌体,股票价格只是一个外在的结果。

总之,股市是混沌的,随机性占主导,但又充满局部的确定性,也就是说股票价格每时每刻都是随机的,但是在某个时间段又是确定的,确定的那个时间点同时也是随机的时间点,随机的时间点一定会产生确定点。这决定了我们既能认知它的部分又不能认知它的整体。我既反对不可知论,又反对完全战胜股市的理论。如果我们抱着精确的思维,可能永远得不到标准答案;如果我们退而求其次,从模糊数学角度,粗线条地、高概率地、宏观地去认识股市,又会发现另外一番光景。

第三节　股市投资面临的挑战

投资很简单,却并不容易。从表面看来,投资是由一个个的交易组成的。

但是,从深层次看,投资却是投资者认知的表现。在股市投资中遇到的风险,主要是由投资者认知的缺陷导致的。

一、投资和投机

投资,是指牺牲或放弃现在可用于消费的价值,以获取未来更大价值的一种经济活动。投机,是指根据对市场的判断,把握机会,利用市场出现的价差进行买卖,从中获得利润的交易行为。投资和投机并没有绝对的界限。

投资侧重持有,投机侧重交易,增值需要不确定的时间实现,交易一般在较短时间内完成。没有投资就没有投机,没有投机就没有投资。投机为投资提供了流动性,投资为投机提供了可能性。

1. 风险和收益的综合考量是关键

有的人认为,投资风险小,投机风险大,这是片面的。投资需要判断所持有资产未来的"增值",众所周知,未来是极难预测的。所以,我认为,投资是一件高难度的事情,风险也是很大的。有的人认为,投资需要研究基本面,投机则不需要,这也是片面的。如果有人连自己拿的是什么都不知道就去判断价格的变化,能够成功的可能性是很小的。

还有的人认为,投资时间长,投机时间短,这也不全对。投资的本质也是一种价格差。未来的价值等于现在的价值加上投资期间价值的增值,未来的价值会产生一个未来的价格,投资者需要比较现在的价格和未来的价格。投机者买进后,需要顺着时间轴线判断一个新的价格。新的价格可以建立在未来的价值之上,也可以建立在未来的市场力量之上。当投机者判断推迟交易可以实现自己的利益最大化的时候,选择持有才是明智的选择。由此可见,用持有时间的长短区别投资和投机是不当的。

以上就是投资和投机形而上学的表象之争。不管投资还是投机,交易者的目的都是盈利,都要面对风险和收益的考量。价值投资学派把投机者原本中性的交易行为定义为可怜的无知形象,他们认为,投资的回报获取主要依赖资产自身产生的现金流,无须依赖新买家的出价;投机,刚好相反,回报获取主要依赖新买家的出价。即以拥有股权为目的的就是投资,以持有交易筹码为目的的就是投机。我不赞成,这样的区分虽然通俗易懂,但是没有谈到根本,还是停留在表层。

很多价值投资者认为,投资和投机的区别不在于投资的标的,而是交易者对于交易风险的识别和控制。这个解释我赞成,但是还不够完整。我认为,投资和投机并不是敌对的,是一个过程的两个阶段,投资是交易的指导思想,投机是交易的实施过程。如果一定要做一个区分,那么,投资关注买卖时间段的交易价差,承担时间段的收益和风险,认为价值决定价格;投机则关注买卖时点的交易价差,承担时间点的收益和风险,认为价值是价格的驱动因素之一。

这是对投资和投机最简单的理解,针对的是单次交易中交易者为着盈利的目的去分析。

2. 建立长期的视角

现实中,我们实际面对的是多次交易形成的系统,有时候还会遇到以亏损为目的的交易。这个时候,如何区分投资和投机呢?

西方有一句古老的谚语,大意是:我做过很多生意,其中很多是亏损的,还好最后我赚了大钱。如果预期自己可以终胜,那么你还会在意一两次的亏损吗? 如果要盈利,必须付出几次小额的亏损,你会不会主动出击寻求亏损呢?

传统的价值投资根据交易的获胜概率投资,强调不败然后求胜,没有意识到这个世界是非线性的。假设有两个多次交易模型,一个盈利的概率是99%,每次盈利获利为本金的1%,亏损时候亏损本金的90%;一个盈利的概率是50%,每次盈利获利为本金的50%,亏损时候亏损本金的1%。你会怎么选择自己的交易系统呢? 在现实的决策中,我们往往是根据期望值而不是概率值决定自己的行为。

很多价值路径依赖者认为,投资可以使得自己盈利,投机导致自己亏损。他们没有意识到投机和投资是密不可分的,也没有认识到亏损的价值。交易高手当看好一个投资品种的时候,经常会少量交易,买多或者卖空,参与其中可以本能地增加自己思考的专注,还有一个好处即亏损经常是有价值的,通过了解什么是不行的,最后找到一个行得通的路子。我们可以认为,前面少量的轻度的故意试错是通向最后大丰收的门票。

现在,我们再从整体上看投资和投机。投资是一种思想,本质是复利;投机是实现复利的手段。是的,在微观层面,两者还要承担自己层级的收益和风险,只要你在市场,这就不可避免。区别是,在整体的角度讲,有些风险是没有收益的,对投资系统有致命性的伤害,对投资者的精力和本金是耗散的;而有些风险伴随着高收益,危害则是很小的,这种风险是收益的开始。

风险和收益不是一一对应的,获得高收益不需要一定承担高风险,只需要承担适当的风险。这还不够,风险和收益的非线性关系使得它们不再是硬币的两面,从整体的角度讲,风险和收益就是同一事物同时存在的两个属性,两者存在相关关系,而没有因果关系。

讨论投资和投机,要先清楚的是基于单次的交易还是整个交易系统。因为风险和收益在两个层级上关系截然不同,但都是投资者和投机者需要同时面对的。我们来到股市的目的是赚钱,风险和收益是必须面对和解决的问题,投资和投机只是一个我们在金融市场盈利过程中的两个组成部分,两者既不一致,也不相对,如果一定做区分,那就是投资是过程,投机是时点。

3. 投资和投机是可以互相转化的

此外,投资和投机的界限不是绝对的,只是侧重点不一样,两者随时可能会转化,并不存在投资者不管市场,投机者不判断价值的情况,投资和投机都是交易的一部分。

当投资者的判断重点发生变化的时候,比如,投资者认为市场价格超过了自己持有的资产价值,于是化身为投机者;投机者意识到自己持有的筹码拥有绝大的价值,那么当交易价格可以盈利的时候也会选择持有,因为他们清楚地知道自己"占便宜了"。在一场完整的金融活动中,交易时点是投机者在交易,持有期间是投资者在持有。

二、投资风险的三重门

不管投资和投机,风险和收益都是永恒的话题,每个股民都要面对。说起风险,一般人总是比较厌恶,其实大可不必。中国有个词语——危机,即危中有机。没有风险就没有收益。我讲这个不是说要盈利就必须冒险,恰恰相反,我的意思是想赚钱就必须控制风险。怎么才能控制风险呢？风险是客观存在的，我们没有办法完全避免。如果在十次交易中，每次我都是在胜负未卜的情况下参与，这就是"赌博"。如果在十次交易中，我知道自己哪几次赚钱可能性较大，我就可以进行选择。也就是说，我认为，在风险可控的条件下去做投资，就可以利用风险去盈利。如果整个市场没有风险，说明资金没有流动，各个资产的收益率是一样的，低收益就是真正的风险，那么这个市场就失去了资源调配的作用，也就失去生命。

怎么可以利用风险而不被风险伤害呢？我们研究股票本身的收益和风险，就是要在确定性和不确定性之间找到一种平衡。

股票价格的涨跌形成浮盈或者浮亏，都是股票本身特性的反映。我们投资股票，就必须研究股票投资的具体风险，去识别、管理和转移风险，甚至进行一定程度的对冲。

前面讲过，推动股票价格运动有三种驱动力：资产质量、市场偏好和供求关系。三种驱动力分别对应资产的基本面、市场存量资金的流动和全市场的增量资金，股票投资的风险相对应的也就有三个。

1. 资产质量的风险

资产质量的风险有三种表现：企业经营质量变坏；股票估值和实际价值偏离较大；在市场工具的作用下，比如金融市场的反身性，股票价格出现非理性下跌。

两个投资者，一个研究某企业十年，一个研究某企业一个小时，对于两者买入和持有某企业股票需要承担的风险是一样的。不会因为前者研究的时间长、程度深，就可以在同样的交易和持有期间，享受更高收益或者承担较低风险。这说明，资产的风险是客观存在的。这也是股市的基本风险，底层风险，没有任何办法回避或者减少。

投资者就要考查股票背后企业的商业模式、治理结构、文化管理，考查财务报表，关注发展前景，衡量股票的价值。投机人就要考查 K 线趋势、筹码分布、政策方针、热点聚集、多空分歧、行情冷暖，判断价格的走势。这些研究将决定当股票价格走势和投资者预期不一致时的应对措施。

2. 投资策略的风险

当市场的存量资金固定的时候，资产的价格就会出现此消彼长的现象。选择一个好的策略，实现和市场的共振就极为重要。所以说，市场资金量是固定的时候，投资策略就极为重要，选择错了就会承受巨大的风险。我把投资中的这种风险称为投资策略的风险。

如果说股票是原料，那么策略就是食谱了。虽然资产质量作为底层结构非常重要，但是不同的投资策略对投资者的收益同样影响巨大。

这个层次，我们把注意力放在了投资的"技巧"上。策略的风险，本质上是由市场资金的交易行为引起的，但是投资者选择何种投资策略非常重要。如果把炒股当作炒菜，研究基本面就是研究食材，研究策略就是研究食谱，研究人性就是研究场景，一道色香味俱全的大餐，缺一不可。

集中投资，就是集中自己熟悉的股票，是为了增大收益的确定性，减少风险的不确定性。分散投资，就是避免"黑天鹅"，增加整体投资组合的收益确定性，减少单个标的可能"爆雷"带来的致命杀伤。

三段买入、仓位控制、对冲、杠杆，都是围绕收益和风险的再平衡。回撤、割肉、反转、趋势，这也是在风险和收益之间的再平衡。

这些都是具体的投资策略，也是本章的核心，我们就是要研究市场本身的规则，采取合适的投资策略。

市场参与者对市场的认识和应对行为的合集组成策略，这个策略对不对，适用于什么情况，有什么缺陷，就形成了股票投资的第二层风险。

3. 市场整体的风险

市场整体的风险，指的是大类资产的配置，股市牛熊的转换，这体现为整个股票市场资金量的增减，是一种资金增量的变化。我有个朋友以前做短线，做了十多年。有一次见面的时候，我跟她讲："你根本不懂市场。"她很生气，质疑我："你知道我做了多久吗？我怎么可能不懂市场？"我说："你研究的都是市场的现象，是随机变化的，每时每刻都捉摸不定，你的研究对于投资没有意义。我们做研究，应该研究市场的规律，研究不变的东西。"

我们研究市场的哪些方面呢？我们通过研究不同投资市场的收益，确定基本的市盈率锚点。我们通过研究世界的投资历史,确定什么样的资产配置是合适的。我们通过研究一个国家的经济发展史,确定什么阶段什么行业是最好的。我们通过研究统计数学,确定怎样的波动范围是正常的。

卢梭有一句名言:"人是生而自由的,却无往不在枷锁之中。"研究市场风险看似多余,我们的一切决策却都在具体的市场环境中诞生,无一不留下深刻的时代烙印。在大盘恐慌性暴跌,市场整体紊乱的时候,什么股票什么策略也不能幸免。

资产风险、投资策略风险和市场风险,就是每个股市参与者都要面对的三种风险。

第四节　渔网理论

索罗斯说过,世界经济史是一部基于假象和谎言的连续剧。要获得财富,做法就是认清其假象,投入其中,然后在假象被公众认识之前退出游戏。

低买高卖是每个投资者的梦想,作为市场投资者如何看待这个问题决定着自己的心态,而心态最终会塑造完全不同的业绩。这一节,我将介绍渔网理论,帮助投资者认清市场的真面目,更重要的是认清自己,从而养成大家气度,有助于投资者在市场嘈杂信息的干扰下独立作出买点的判断。

一、股市为什么会非理性下跌

资本市场有一些固有的规律,比如说,资金是逐利的,而且是追逐最大利润的。如果在众多的资金中,有一个资金不是那么逐利,或者不追求最大利润,那么长期看其体量就会被动缩小,最后被众多资金淘汰消灭。所以,我们看到的资金都是追逐最大利润的。

资金追逐最大利润的本能使得市场上资金的收益率趋于一致,就像真空不能存在于空气中一样,轻微的利差也会被迅速平衡,直到这种利差不足以抵消摩擦成本。

既然所有资金追求最大的收益决定了市场上不存在有利差的资产,那为什么价格不等于价值,而是围绕价值波动呢?

答案是:因为交易,因为流动性。

交易一定是以双方都认为对自己有利的方式达成的,就是两个人都觉得自己占便宜了。交易双方分别持有了对自己而言价值最大的资产形式,股票、现金、债券、外币等。简单地说,交易双方对同一个资产的价值高低形成了不同的判断。为什么呢?因为资产的价值并没有写成标签贴在脸上,客观的价值需要主观的判断。

然后,不同的交易者对同一个资产有不同的风险偏好、收益偏好,资产客观信息不是全透明的,主观认知是不一样的……这些对同一个资产价值的判断差异形成了交易的基础,产生了资本市场的流动性。流动性的产生形成了股票价格的反身性现象。索罗斯在《金融炼金术》中这样解释"反身性":反身性的概念其实很简单——在任何包含有思维参与者的情景中,参与者的思想和现实情况之间存在着一种互相影响的关系。

一方面思考者试图去了解真实的情况,另一方面他们试图获得一个他们想象中的结果。这两种过程起到的作用相反:在求知的过程中,现实是已知量;然而,在参与的过程中,参与者的思想成了已知量。在提出哪些是已知的而哪些是未知的时候,这两种作用会相互干涉。我将这两种作用间的互相干涉称为"反身性"。

我举个例子来解释一下。

假设有一杯水的温度为 T,我想知道这个 T 用摄氏度表示的数字是多少。当我在想知道的过程中,比如,准备温度计、观察这杯水等,水的温度 T 是客观的,不因为我的任何想法改变;当我在用温度计测量的过程中,温度计显示的温度为 T1,这个时候我得到一个用摄氏度计量的温度 T1,这个温度是水和温度计共同的温度,而不再是原先的温度 T。当我拿新的温度计重新测量现在的温度计和这杯水的温度,又会遇到同样的困境。

简单地说,就是因为人在追求未知的过程中,人的参与性改变了事物原有的状态,事物的状态又直接影响人的追求结果,两种作用互相干涉就是反身性。

而市场的本质就是预期意识的集合。我们对于市场的看法会改变市场本身，进而进一步影响我们对于市场的看法。我们永远做不到客观、准确。

价值决定价格，这只能在市场条件下实现，而在市场中的价格和价值又注定在绝大多数时间内是不相等的。

反身性的模式有两种：正反馈和负反馈。正反馈的例子，比如，2020年以医药、消费和科技行业为代表的"赛道股"持续高涨；负反馈的例子，比如，2020年以保险、地产和银行为代表的"三傻股"持续调整，市场形成了极为鲜明的对比。人们的预期和客观的价格变化互相吸引，资产的价格出现单方向的自我强化。除非有强有力的外部力量打破这种自我循环，否则系统只能崩溃。这就解释了价格不仅经常和价值不一致，而且出现极端偏离也是市场的常态。

二、在市场波动中获取稳定收益

理解了股票价格变化的两种主要力量——短期的反身性和长期的价值决定价格后，明白了市场价格存在波动极端化的合理性，也理解了价格回归价值需要时间，以及可能的价格波动后"不回归"原理。

现在，我们思考，怎么确定买点和卖点。买到低点，卖到高点是每个股民梦寐以求的事情，可以说并没有这样在股市中无往不胜的"葵花宝典"。我觉得，要理解买点，必须搞清楚卖点。因为买和卖是两个相对的概念，根据自己的判断抓住交易的区间就是自己的盈利。

设想一下，渔船上的渔民在海上打鱼，一网下去能捞多少鱼呢？取决于两个数据，一个是鱼的数量，一个是鱼的肥瘦程度。

我们做交易也是这样的，一次完整的买卖，盈利取决于买点和卖点之间的差距，而不是简单的买点和卖点的位置。

不同的人对估值有不同的偏好，这是背后风险认知和承受能力的反映。以市净率区间为例，假设你认为某股市净率为1才能买，市净率为2就应该卖出去。恰好该股股票价格历史最低点的时候市净率为1，那么你一定没有回撤的经历。但是,你的盈利未必是最大的,当市净率为 2 的时候卖出,你的盈利刚好是 1 倍。

假设你在市净率为 1.5 的时候开始买,那你错过市净率为 1 到 1.5 的这段盈利区间。但是,市净率最后变成了 3,那么尽管你在 1.5 的市净率购买的成本较高,但是持有到市净率为 3 的时候,你的盈利和该股市净率从 1 变为 2 的盈利是一样的。这是很简单的道理。

绝对盈利除了取决于涨幅,还取决于资产规模。在自己认可的投资区间中的仓位,也是决定投资回报的重要因素。

我们的网里面的鱼有没有可能又多又肥呢? 也就是说,有没有可能一个人的投资区间买卖之间的落差很大,同时投资的比例也较大?

这是不可能的。如果一个人认可的估值范围下限很低,说明他的风险意识很强,认可的估值范围上限怎么会很高呢? 如果一个人认可的估值范围下限很低,认可的估值范围上限很高,那么这个人要不背叛了自己的投资系统,要不就是做趋势投资的。如果是做趋势的,一开始就不太需要设置投资区间,我们在这里讨论价值就没意义。而如果是做价值投资的,但是背叛了价值投资,那么也没有讨论的价值。

买点和卖点之间的落差,其实反映了投资者对投资的认知和风险承受能力,该落差一般是稳定的。如果这张"渔网"的开度区间发生了巨大的变化,那么一定是投资者的投资认知发生了巨变。一个成熟投资者的投资系统也必然是稳定的,不大可能出现交易区间敞口的大变化。

说到底,一个投资者只能在股市中赚取自己认知的利润,买点设置太低了买不满,买点设置太高了成本高。但是,获利取决于"渔网"的有效性。

在投资认知不变的时候,怎么选择买卖点,投资结果都不会发生较大的变化。过多地关注具体的买点和卖点毫无意义,应该关注自己赚的是市场哪部分的钱。

总之,决定自己受益的是,买点和卖点的相对落差以及自己在此区间的投资比例。认知决定一切,对具体交易点的犹豫不决解决不了收益问题。知道这一点,有助于投资者保持良好的心态。

第五节　时间的"魔法"

我们再来重温一下"世界第八大奇迹"——复利。拿出 1 万元投资,收益率按照年化 10% 计算,40 年收益仅仅只有 45.25 万元,60 年收益只有 304 万元,70 年收益变为 789 万元,80 年收益是 2 048 万元,85 年收益是 3 298 万元。可见,对于投资,时间是个绕不开的重大因素,不得不认真对待。

一、塔勒布的牙医

在塔勒布的成名作《随机漫步的傻瓜》中,举了一个投资者的案例来解释噪声和意义间的不同,并且说明了为什么在判断历史事件时,时间尺度很重要。

这里,我也将直接引用此案例,来说明时间对投资风险的"魔法"作用。

假设有个牙医投资者,其投资历史上业绩非常稳定,我们有充分的理由预期他的收益率为 15%,当然收益也是有波动的,年度波动率为 10%。那么,这位投资者在未来一年的收益率是多少? 有多大的可能性?

这个问题可以简化为一个正态分布模型:投资者的投资业绩为随机变量,未来一年的收益期望值为 15%,波动性为 10%,求投资者在投资生涯中某一年的投资业绩及概率。

我们以年为单位,在正态分布的函数中,任何一年预期收益率都大于 0,即当年取得正收益的概率为 93%(见下表),看起来还不错。但是,我们把时间的尺度改变以后会是什么样的呢?

不同时间尺度下赚钱的概率

时间尺度	概率(%)
一年	93
一季	77
一个月	67
一天	54
一个小时	51.3
一分钟	50.17
一秒钟	50.02

注:数据来源于《随机漫步的傻瓜》。

如上表所示,随着时间尺度的缩小,投资者预期收益为正值的概率越来越小,其投资策略和投资智慧能起到的作用微乎其微,业绩的随机性增强。终于在时间尺度为一秒的时候,概率降为50.02%,近乎完全随机了。

所以,打败巴菲特还有一个办法:双方押上全部身家,在极短的时间内预测股票价格的涨跌方向,这个时候总算可以跟投资大师旗鼓相当了。

我们已经分析了同样的投资策略在不同的时间尺度下,其预期收益有不同的变现。现在讨论这种规律对于投资者的意义。

显而易见,时间越短,股票的价格走势随机性越强,智慧和理智发挥的作用越不明显,我们很难根据投资的短期收益判断投资本身。

那么,关注投资的短期走势有什么意义呢?答案是:关注短期走势的投资更容易亏损。

首先明确一下几个条件:人们本能地对刺激做出相应的反应;同样金额的亏损带来的伤痛大于同样金额亏损带来的盈利幸福;人的感觉会存在阈值,其根据刺激的强度不断钝化。

在前文的案例中,如果牙医投资者每分钟检视自己的账户,为盈利高兴,为亏损丧气,那么一天的时间(一天观察8个小时)有241分钟心情愉悦,239分钟灰心,一年分别是60 688分钟愉悦,60 271分钟灰心(此处为统计意义)。考虑到亏损带来的伤痛大于盈利带来的幸福,投资者在一年的时间里面虽然赚钱的概率高达93%,但是体验感极差,说活在"地狱"中并不过分。

一位投资大师讲过:"每时每刻盯着股票价格涨跌的投资者都是神经病。"这句话是有道理的,正常人的情绪具有稳定性,不可能如此高频率转换。如果牙医投资者每个月查看一下业绩,由于有67%的月份赚钱,那么他一年只灰心4次,高兴的次数是8次,体验大大改善。

我们在日常生活中看到的时政新闻、财经新闻等,对于投资来说绝大部分都是噪声,这就是随机性在时间尺度的特质:变量在短时间内的表现没有意义。

投资收益是投资组合的变异性和收益率的组合,时间尺度越短,变异性越强;时间尺度越长,投资的收益属性越强。在生活中,我们所接触到的大量信息,其长期有效性都有待商榷。

频繁的信息刺激,使得我们要不神经错乱,要不对信息的敏感度降低,被信息吞噬,失去自我,或者因为以短期变异的投资业绩为参考,我们本身长期有效的投资策略不断根据刺激做出微小调整,最后策略的有效性大打折扣。越努力,越失败。

二、投资者对随机性的应对

目前,信息呈现爆炸式发展,这个说法一点都不夸张。很多人由此得上焦虑症,总是害怕被时代抛弃,不断奔跑,试图去战胜市场,这不仅容易跑错方向,也不能带来更高的投资收益。

如果说创业需要敏锐的市场嗅觉,投资则刚好相反,投资是一件在万千变化中寻找不变的事情。段永平说:"敢为天下后,后中争先。"这句话虽然讲的是企业经营理念,但是同样适用于投资。

某知名投资者讲过,"高、小、新"阶段,百舸争流,群雄混战,不必急着投资,不妨等"战国七雄"产生以后再挑赢家,而且要买最强的诸侯,因为一定是秦国而不是韩国最后一统天下的。等行业格局清晰后,再买龙头,往往风险收益比更佳。腾讯、百度几年前就已经在行业内具有很稳固的龙头地位了,但是之后股票价格又翻了几番。

投资的奥妙在于复利,复利必然要求比较长的时间段。在这个条件下,投资标的变化呈现出的规律,可以被识别和掌握,从而形成确定性。

在现实商业环境中,每时每刻都会有领先者,一个你追我赶的竞争环境对全社会是有好处的,竞争会迫使企业不断提高产品质量和服务水平。但是,这对投资者可不是好事情,这代表我们必须对自己选择的企业每时每刻都要保持警惕,不敢松懈,而且最后可能获利甚微。

把注意力放在短期指标上,将会使企业和投资者付出严重的代价。而在投资中,聆听消息,思考价值,反馈实践,强化逻辑,坚持稳定的投资策略,根据投资环境的变化去更换标的,对于纷杂的市场信息去识别,适当地远离市场,才是一个投资者长久生存在证券市场的必须技能和智慧。

第六节　坚持投资的本质

　　股票市场中的信息浩如烟海，每个投资者的个性千差万别，身处这样一个混沌世界，一切都充满了随机性。面对无限的世界，我们的认知都是有限的。怎么在有限的信息条件下，去做一个连续的决策，实现个人财富的增值呢？

　　我认为，股海不迷路的要诀就是，坚持投资的本质——低买高卖。任何价值都有一个价格与之对应。研究资产质量、供求关系和市场偏好的本质是去寻找股票价格变化的内在驱动力，研究风险和收益，研究确定性和随机性，也就是从单个决策和系统控制两个层面去寻找如何实现最优化决策。

　　如果说真实的市场是一头大象，那么每个人都是盲人，每个人对世界的认知都是带着偏见的，这是唯一正确的方式，因为除了偏见，我们一无所知。黑格尔说："所谓常识，往往不过是时代的偏见。要超越这个时代的偏见，唯一的办法就是阅读。没读过几百本经典，不足以独立思考。"我认为，除了阅读，更重要的是思考和实践，努力去研究市场的更多真实面貌，采取不对称的投资策略，获取超越市场平均收益的回报。

　　这一节，我将继续讲我关于投资市场本身规律的思考。

一、投资是一门艺术

　　价值投资是一种有效的投资策略，对个人赚钱概率的提升非常有用。但是，价值投资本身并不能改变市场风险。对于价值投资这个群体，仍然存在二八定律。也就是说，价值投资永远不会蔚然成风，做价值投资的人仍然注定大多数人是要亏损的，尤其是考虑机会成本后。

　　但是，价值投资因为交易频率低从而摩擦成本低，从拉长时间看，这个群体整体的胜率确实比其他学派要高。

　　把价值投资和市场交易结合起来的关键点就是估值。价格投机需要估值，价值投资也需要估值。投机的估值，侧重于卖，考虑的问题是多少钱可以脱手；

投资的估值,侧重于买,考虑的问题是多少钱买下来划算。价格投机主要通过卖得更高获利,买取决于能卖多少;价值投资主要通过买得更便宜获利,卖取决于有没有更值得买的。不管是投资还是投机,估值都是核心。

艺术来源于感性和理性的结合,而估值就是一门艺术,是一门实践性的科学。对于估值,感性方面就是经验和视野,是一个判断的问题;理性是推理和计算,是一个判定的问题。

因为投资的核心问题是一个艺术问题,所以并不存在长期大幅度战胜市场的量化投资策略。如果量化规则太宽,则对市场比较迟钝,很难获取超额收益;反之,该策略大多数时间都无法发挥作用,因为其有效区间很小,也很难获取超额收益。从这个角度看,我对所谓的量化投资的长期有效性持怀疑态度。

二、未来总是未知的

过去是由过去的各种要素决定的,现在是由现在的各种要素决定的,未来是由未来的各种要素决定的。要想知道未来的某种情况,理论上就必须知道与该情况相关的未来的各种要素的情况,然后以此类推。

即使可以构建出良好的模型,寻找到该事件发生、发展的主要驱动因素,但是该因素和其他非主要因素也是不断相互影响的,无法通过量化模型给出具体的数据。

所以,未来总是未知的。

但是,未来的事件并非凭空出世,而是与当前的事件有很大的关系。了解当前世界的充足信息并掌握其发展规律,就可以在很大程度上预判未来。比如,春天种下一棵苹果树,我们大概率可以推测以后能长出苹果,而长出梨的可能性几乎为零,我们就可以据此做好未来的计划。

再比如,天气预报明天下雨,我们出门的时候就可以带着伞,尽管天气预报只是一种概率预报,但是带着伞显然利大于弊,哲语"与其预测风雨,不如打造诺亚方舟"也是这个意思。

在股市中,我们经常遇到高估值的股票或者存在重大缺陷的企业,我们不知道该股票的价格是否继续上涨或者什么时候才开始下跌,但是我们远离这些股票就可以在自己的投资生涯中避开相应的风险。

邱国鹭说："经济预测只需料事如神，股市预测还得料人如神。"预测股票价格变化的本质就是预测其他人的想法。牛顿说："我可以计算出天体运行的轨迹，却无法预测人性的疯狂。"对于市场先生只能利用，不能猜测。

在预测这件事情上，巴菲特认为："关注宏观经济形势或者聆听其他人有关宏观经济或市场走向的预测，都是在浪费时间。实际上，这样做还会很危险。因为它可能会模糊你的双眼，反而看不清正在发生的事情。"事实上，这种观点在成功的投资者群体中受到广泛认可。

三、加仓点的选择

在投资中，很多投资者都有一个疑惑："我是否应该在这个价位加仓？同样的钱，我应该买新股还是加仓？"这个问题其实很简单，对于普通投资者而言，交易的摩擦成本很低，可以认为一块钱总是等于一块钱。

解决是否加仓，纵向是要看，当前股票价格和价值的剪刀差如何；横向是要看，当前投资者的可供选择投资机会中，这是不是最好的选择。

在这个过程中，投资者需要克服两种人性的思维误区。

其一，投资的本质就是比价，比较现金、股票和其他股票，谁的投资机会最好。投资者要客观分析当前股票的价值，然后和股票价格进行比较，不能有"屁股决定脑袋"的想法。估值的时候，一定要客观理性。我们得出的结论基石，是事实材料，而不是主观臆断。很多人因为自己持有这只股票，所以只能看到企业好的一面，对于风险视而不见。那么，对于是否应该加仓也就得不到有益的结论。

其二，则为沉没成本效应，在心理学上，它是指已经投入的金钱、时间或资源，会影响之后所做的决定。具体来说，就是因为我们对某件事已经投资了大量金钱，或花费了很多时间和心力，所以面对需要增加投入或放弃时，我们就会将已经投入的成本作为决策的基础，从而做出不理智的反应。

在股市上，经常有人说，这只股票已经跌了这么多，比我当初买进的时候便宜多了，我得赶紧加仓，降低持仓成本。这就是典型的沉没成本效应，其潜意识是把原来买进的价格，或者历史价格，当作合理的、可参考的"锚点"了。其实，一只股票是否便宜，任何时候都主要取决于价值和价格的剪刀差，而与股票价格的历史涨跌无关。

加仓如此，调仓如果不考虑整个交易组合的平衡，也是完全一样的。对于普通投资者，因为摩擦成本很低，每次的买卖都应该是一次全新的选择，不受历史成本任何干扰。

当投资者考虑是否交易的时候，10万元的市值和10万元的现金是完全相同的。忘记历史成本，思维清零，问自己，这个价格我会买进吗？如果会，那就加仓；如果不会，那就不加仓。

思考是否卖出也是一样的道理。比如，一只股票买入价为5元，股票价格涨到10元时，你思考现在这个价格会不会买。会买，那就持有或者加仓；不会，就卖出。当股票价格变为2元，你思考现在这个价格会不会买。会买，就加仓或者持有；不会买，就卖出。

我们所有的决策都是在面对现有的所有可选项，以未来的收益和风险为思考点，做出的一个又一个在自己看来最好的经济选择。

当然，在考虑卖出的时候，情况要复杂一些。比如，某只股票估值为每股10元，那么不同的投资者有不同的交易策略。如果是我，股票价格在8元和12元之间就是我的持有区间。只有当股票价格为8元及以下时，我才买进；12元及以上时，我会卖出。这是因为，估值本身就是一个弹性的区间，并不是精确的估值。

总之，关于任何股票、具体的交易点的讨论，都必须考虑投资者的目标收益、投资时长、风险承受，从交易系统的角度去考虑，才有实际操作的价值。

四、交易决策的驱动因素

"不谋万世者，不足谋一时；不谋全局者，不足谋一域"出自陈澹然的《寤言二·迁都建藩议》，意思是：不从长远利益的角度来策划，是不能够筹划好一时的事的；不从全局的角度考虑问题，是无法谋划好局部之事的。也就是说，看问题必须眼光长远，不能为长远利益考虑的，必然不能够作出短期的计划；看问题也必须全面,不能从全局出发想问题,那么在小的方面也不会有所成就。

前面,我从宏观的角度分析了股票价格运动的规律。但是,具体到微观角度,到具体的投资者,很多人就要犯迷糊,甚至有人认为,"市场在和自己作对""自己的操作被市场监控了"……苦思冥想,不得其解。这里,我从单个投资者的角度,讲一下是哪些因素促成了一次交易决策。这有助于我们更好地认识市场,认识自己。

自由交易一定是以双方合意的价格完成的,即双方都认为自己在这笔交易中获利了。在股票市场中,我们经常思考:这笔交易中,谁才是那个(可能)吃亏的人。其实不然,在绝大多数交易中,双方都是获益者。下面,我具体分析一下。

1. 盈利预期

每个投资者都是以盈利为目的进入市场的,但是不同的投资者有不同的盈利预期。

有的稳健投资者,要求收益比较低,比如年化收益率8%就可以,达到资产的保值目的。典型的代表有社保资金,通过分散持有,一般不会大比例持有单只股票。

有的投资者,要求收益比较高,比如年化收益率25%,他们会深度研究股票的基本面、资金面和信息面,从而押重注。

有些个人投资者,甚至希望收益一年翻七八倍,天天追求打板,只有这样的刺激才能吸引他们。

投资收益预期的差异性,导致股票市场中不同的交易行为。比如,社保基金会选择长江电力。但是,一般情况下,索罗斯的量子资金不会选择这样的"乌龟股"。

2. 投资时长

投资者拿来做投资的资金是有时间属性的。比如,巴菲特的保险浮存金,投资的时间长,可承受比较长的周期内波动,关注股票的长期价值。而有些投资者的资金是借来的,是加了杠杆的,时间就成了一个重要的投资限制。此外,还有的基金会面临到期的压力,有的基金经理需要年终考核,投资的时长就成了投资的一个重要因素。

在股市中，经常出现的"基金抱团"现象就是一个典型代表。业绩越差，基金越是抱团；越临近业绩考核时间点，越抱团。因为，基金没有绝对收益的话就没有业绩提成，没有相对收益的话就不能吸引新资金，抱团可以保证自己不输于同行的平均业绩。所以，我们看到很多股票明显高估，但是基金还在买进，这并不是基金经理看不出来，而是"有苦难言"。

3. 价值判断

一千个读者一千个哈姆雷特，同样的股票在不同的投资者眼里价值是不一样的。比如，我喜欢王菲、喜欢王力宏，然后他们又代言过伊利牛奶，那我就觉得伊利牛奶比蒙牛好喝。相似的估值条件下，我更愿意购买伊利牛奶的股票。

类似的影响因素还有很多，投资者自己的认知、阅历、感情，更重要的是投资者对股票信息的获取方面等，这些因素形成的差异性，会使得不同的投资者在一只股票的交易上面分道扬镳。

4. 资金成本

不同的投资者有不同的投资资金成本，成本有绝对成本和相对成本两个方面。投资者借来的资金和杠杆资金成本较高，自然不愿意交易和持有预期收益率较低的股票。我们更要注意的是资金的相对成本，这种相对成本就是每个投资者的机会成本。投资的目的是获取经济收益，投资者会把资金配置在自己选择范围内预期收益最高的股票上面。不同的投资者有不同的选择范围，这也会形成交易分歧。

5. 风险承受

不同投资主体的风险承受能力是不一样的。自有资金、长期资金、低成本资金的风险承受能力比较强；杠杆资金、短期资金和高成本资金的风险承受能力就比较弱一些。在极端行情中，很多投资者会面临被动交易，就是典型的因为风险承受差异形成的极端化交易。

在股市出现极端行情的时候，比如股市已经低估，很多量化基金还在不断卖出，一方面是其要面对赎回的压力，一方面是由基金的设计规则决定的。这种规则和股市极端行情的共振就形成了"反身性",从而刺激更极端的行情出现。

比如,在 2020 年上半年,科技、消费和医药三个行业不断上涨,很多股票几个月内出现翻倍的行情,基金企业以此为契机,发行了大量的相关行业指数基金。按规定,新募集资金必须购买这三个行业的股票,因此只会继续推高股票价格。这种击鼓传花的游戏必须有强大的外力干预或者本身失控才会结束,而代价必将由基民承担。

6. 策略差异

不同的交易者有不同的策略,在持仓、偏好和实际交易中形成显著差异。比如,在大盘暴跌中,部分价值投资者会逆流接刀,而趋势交易者会果断卖空加速下跌形成非理性交易。有的人在做成长投资,有的人在做集中投资,有的人在做分散投资,有的人在做热点交易,有的人甚至在做 ST 股。

在乐视网、长生生物等股票上面曾经出现连续涨停的大量交易,很多人都不理解。在你看来是风险极高的投机博弈,在别人看来是近乎无风险套利。我以前接触过 ST 策略,其实挺简单的,就是根据当时 A 股的特殊环境,猜 ST 股票不会退市。比如,拿 1 000 万元,分散买十家 ST,假设七家没有退市,进行了卖壳或者重组,投资者也会大赚特赚。这些投资者有全套的交易策略支撑,而有的交易者只看单次交易,自然无法理解别人的交易行为。当然,随着股市监管的完善以及注册制的逐步实现,所谓的"壳价值"也在慢慢消失,炒作 ST 股票也就成为历史了。

综合上述六个因素,具体的交易中总是有人愿意买,有人愿意卖,交易才得以实现。作为投资者,我们看到别人的买卖,不必过于纠结为什么,应该把主要精力集中在自己的交易系统和交易标的上。

曾经年少轻狂,喜欢指点江山,拿来一只股票,滔滔不绝,仿佛世界在自己的掌握中。现在,别人再来问我对一只股票的意见,我会哑口无言,不知从何说起。所以,我更愿意讨论一些基本面和思辨性问题。对于具体的交易,很难给出对错是非的判断。我们交易股票,从来都是选择最合适的,而不是最正确的。

第六章
我的投资实践

　　不知不觉，本书已经接近尾声。在前面，我从价值投资的基本理论入手，为大家介绍了当前股市最流行的投资理论，并从商业模式、行业分析、企业分析、产品分析和财务报表分析五个角度，讲解了一个普通投资者如何建立能力圈的方法。围绕投资者最关心的股票估值和如何看待股票市场规律这两个问题，我分两章做了理论和方法的剖析，既有传统投资理论的精华，也有很多我个人视角的认知。在最后一章中，我将把前面所有的理论结合自己的投资实践，为大家展现我的所思所想。部分内容和前述有所重复，部分内容是我个人的思考成果。目的是，真实地告诉大家，在投资中的一些常见重要问题上我是怎么思考的，以期抛砖引玉，共同交流。

第一节　我的价值投资

我的投资实践还是要从价值投资理论说起,因为价值是决定股票价格的根本性力量,是股市参与者收益的根本来源。每个投资者想要在股市中长期生存、盈利,都必须深入理解该理论。

一、肉在锅里

在解决了股票的估值后,在单只股票层面,投资者面对的主要问题就是如何面对市场,尤其是买进后股票价格持续下跌的情绪控制。

这个问题,我认为"真知行不难"。深入挖掘投资的底层逻辑,有助于我们认识到股票价格下跌对投资收益的真实影响,从而面对账面亏损还可以保持内心的平静。

按照合理股价买进后,股价下跌,其实是一个"肉在锅里"的问题。

1. 该赚的钱一分都不会少

假设一只股票每股盈利 10 元,合理市盈率为 12.5,未来三年每股盈利复合增速为 20%,每年不分红,则三年后假定市盈率还是 12.5,我们不赚一分市场波动的钱,股价仅仅由价值增加推动。那么,三年后的收益率如下。

$$(1.2 \times 1.2 \times 1.2 - 1) \div 100 \times 100\% = 72.8\%$$

如果这三年中每股盈利复合增速为 20%,但是股价每年下跌 10%,会是什么情况呢?

第一年年末,每股盈利 12 元,市盈率 9.375,股价 112.5 元。第二年年末,每股盈利 14.4 元,市盈率为 7.031 25,股价 101.25 元。第三年年末,每股盈利 17.28 元,市盈率为 5.273,股价 91.125 元。

可以发现,随着每股盈利的增加,而股价下跌,那么市盈率就会不断下降。既然合理市盈率为12.5,那么股价在较长时间内一定会回到这个估值。假定第三年年末第四年年初回到合理市盈率12.5,股价则为12.5×17.28元=216元。那么,三年后的收益率如下。

$$(216 元 - 125 元) \div 125 元 \times 100\% = 72.8\%$$

你看,是不是该赚的钱一分不少?而且,股价下跌,我们可以以更低的价格买进,不管是分红买进还是新增资金,我们实际上往往赚得更多。

所以,面对股价下跌最核心的问题就是:你认为股价还能不能回到合理估值。有时候,市场偏离合理估值的时间如此之长,幅度如此之大,以至于价值投资的方法变成了一种信仰。

2. 一般性的投资模型

下面,我继续从理论方面讲解股票价格下跌对投资者收益影响的问题。

价值有两种,一种是商品的交易价值,比如黄金、石油、字画等,本身不产生现金流,盈利必须依赖于交易双方的货币交易;一种是金融类资产的投资价值,此类资产可以产生现金流,比如股票、基金、存款等。从复利的角度看,后者的主要收益来自自由现金流的产出。

金融类资产的价格是由价值决定的。从纵向看,其是寿命期间自由现金流的折现;从横向看,资金总是在不同投资收益率的资产品种之间流动,使得不同资产的投资收益率趋同。所以,高收益率的资产有更高的价格。下面,举个例子来具体说明。

在不考虑债券到期还本付息和分红再投资的情况下,如果甲债券面值100元,利率是5%;乙债券面值100元,利率是10%。那么,在交易市场上,乙的价格一定是甲的两倍。这样,同等资金量的收益率才是一样的。

假设甲的价格是100元,那么一年收益是5元;同等面值的乙的价格就是200元,一年收益是10元。年化收益率都是5%,这是由资本的逐利性决定的。

注意:高收益率的资产一定会有较高的价格,但是,这种较高的价格降低了投资收益率。如果高收益率的资产具有较低的交易价格,那么投资者等量的资金,就会有更高的投资收益。

所以,面对同样一份资产的价格的持续下跌,投资者只需要分红再买进,或者用新增资金买进就行。

这样购买的资产在短期内有可能持续亏损,因为资产的内生性增长带来的收益无法抵消资产价格下跌带来的账面亏损。但是,只要时间拉长,投资者持续持有高收益率的资产,那么在时间的复利下,投资收益率很快会暴增。特别是,股价暴跌越厉害,同等资金获取的资产数量就越多,在时间的复利下其基数就越大,效果越明显。这里用一个数学模型来说明。

$$持有的资产数量 = 资金量 \div 单个资产价格$$

$$未来第 n 年总资产 = (资金量 \div 单个资产价格) \times (1 + 资产的增值速度)^n \times$$
$$第 n 年的资产价格$$

注:此处不考虑分红,考虑分红结论不变。

因为资产的逐利性,所以第 n 年的资产价格一定是由这份资产的增值速度(用净资产收益率表示)与无风险收益率的比较决定的。我们不知道这个 n 的具体数字,但是价值一定会在某个时刻回归。价值回归后,投资者的收益率就是资产本身的增值速度。

如果不回归,也没关系,此时上述公式变形为:

$$未来第 n 年的总资产 = 资金量 \times (1 + 资产的增值速度)^n \times (第 n 年的资产$$
$$价格 \div 最初的资产价格)。$$

因为资产价格持续下跌,所以,(第 n 年的资产价格 $\div$ 最初的资产价格)< 1。n 比较小的时候,总资产可能会小于最初的资金量,即$(1 + 资产的增值速度)^n \times (第 n 年的资产价格 \div 最初的资产价格) < 1$。也就是说,在投资时间较短的时候,资产的内生性增值不能抵消资产价格的下跌。

但是,随着 n 的增加,指数函数部分趋向于无穷大,投资者会大赚特赚,资产价格的下跌反而无足轻重。

这个时候,可能就有人要抬杠了。如果第 n 年的资产价格无限趋近于 0,还能保证赚钱吗?

3. 实际应用

上述问题,我们通过一个案例来说明。

假设一个企业的交易价格是 200 万元，每年利润 40 万元，利润全部分掉。我用 100 万元买下一半股权后，企业的交易价格持续下跌，三年后整个企业的市值只有 1 万元。

一个每年盈利 40 万元的企业，市值 1 万元。因为我最开始用 100 万元买下一半的股权，现在市值 0.5 万元。所以，从账面看，我竟然亏损了 99.5 万元。

加上三年分红 60 万元，我还亏损 39.5 万元。

此时，企业另一半股权市值 0.5 万元，每年利润 20 万元。这个时候，我会怎么做，大家应该都明白。

账面价格的变化并不是真的亏损了，决定是否亏损的是持有的资产的增值效率。再往深处说，决定股权价格的是该股权能够带给投资者的自由现金流回报，即股息。

如果三年后的无风险收益率是 4%，而这份资产的收益率是 40 万元 ÷ 1 万元 × 100% = 4 000%，能够买到一份每年收益率为 4 000% 的资产，投资者是不是应该欣喜若狂？

但是，请放心，这种好事一定不会轮到你头上，一定会有资金过来，抢夺这份优质的资产。这些增量资金的进入会提高该资产的价格，直到该资产的投资收益率也是 4% 为止。

现在可以知道，以合理价格买进资产后，投资者的收益率不会因为价格下跌而降低，反而会因为价格持续下跌而产生了获取超额收益的可能性。

一切的关键就成了价值的回归问题：资产的价格真的会价值回归吗？

二、资产价格的价值回归

相信不相信价值回归既是学术问题，也是信念问题。在此，我做进一步的分析。

首先，可以说，市场是一个"疯子"，市场先生不是一个人，而是由一群"乌合之众"组成，他们的行为是无法预测的。比如，2020 年年初，在石油交易市场中，石油的成交价出现了负数，你买一桶石油，卖家还要给你钱，就是这么荒诞。但是，只要时间足够长，这种诡异的市场报价就是一种必然会出现的现象。

钱是赚不完的,却亏得完。很多投资者试图去猜测市场的想法,去探索市场为什么这样,然后在其下一次报价中提前利用,这是不可能的。市场的作用在于提供流动性,在贵和便宜的两个极端点为投资者提供流动性。除此之外,没有其他价值。

芒格曾经有一句告诫名言:"永远不要和一头猪摔跤,你们两个都会被泥弄脏,而猪却会乐在其中。"市场就是那头猪,你试图和一头猪摔跤,猪会把你变成四肢动物,然后用它擅长的方式打败你,即使你摔跤真的比猪厉害,那么你成功十次失败一次,你也会输。而在漫长的投资生涯中,一定会出现一头能打败你的猪。

短期看,股票的价格是由交易双方每次成交的价格形成的,无数的短期价格形成了价格的连续曲线,每一个价格都是当时交易双方力量强弱对冲的结果,都体现了特殊时间点的市场的全部现实。但是,每一个股票价格同时也是长期市场的组成的一个点,无数短期无效的股票价格形成在长期视角看,一定会出现有效的股票价格,这个价格是由价值决定的,而不是短期的市场交易。

这个有效的股票价格一定是在无数无效的股票价格中产生的。所以,我们做投资就是要忽略无数无效的股票价格,而盯住有限的有效股票价格。

无效股票价格有以下三个特点。

第一,数量非常多。如果说价值决定价格,那么这种有效的价格在全部价格中的比例可能都不到1%。很多人认为,金融市场的产品定价机制多数时间是有效的,只有短暂的失灵。我不这么认为。我的看法是,市场应该是长期失效的,只有短暂的有效,长期的无效形成了市场的流动性,从而决定了有效价格一定会出现。

第二,无效价格的运动是随机的,价值决定价格是客观规律,但是每一个具体的资产价格都是随机的。

第三,长期看,价值决定价格,是价格运动的约束力。无效价格看似自由,实际上每时每刻都受到价值的制约。

我们来看一个案例。

假设一只股票的内在价值为100元,股票价格在理论上可以是任何数字,而且在实际市场中每一个时间点的价格都是随机出现的。不考虑市场机制约束性的话，今天是 10 元，明天是 180 元，都有可能。这种随机性，在具体的时间点体现为绝对的随机性。但是，在统计上，却是相对的随机性。比如，这只股票的价格可能出现在 120 元，也可能出现在 1 200 元。下一秒，股票价格出现在 120 元肯定比出现在 1 200 元的可能性要大。但是，我们不能排除下一秒时，股票价格真的可能出现 1 200 元。

我在前面讲过，在越接近价值的地方，价格运动受到的约束力就越小，同时运动的随机性越大。股票价格和价值越吻合，股票价格的运动自由度越大，随机性越强，股票价格和价值完全一致的可能性越小。事实上，股票价格真的和价值一致是一种罕有的情况，准确的说法是股票价格围绕价值运动。当股票价格和价值剪刀差较大的时候，股票价格运动受到价值约束的"向价值力"越大，尽管其未来的走势仍然是随机性的，但是运动的相对自由度大大减小。

关于股票市场，只需要记住：我们做投资，以价值为基石，不需要预测具体的股票价格运动，我们也没有这种能力。股票市场只为投资者提供了交易的场所，当我们不想赚取股票价差的时候，这种流动性反而扩大了我们的收益率；当我们想要单纯获取股票价差的时候，自己就变成了市场的猎物。

三、投资者的"陷阱"

至此，我讲了两个问题。第一，价值一定会回归，这是由资本的逐利性决定的。第二，资产价格的上涨会降低现有等量资金的投资收益率。如果资产价格下跌，果断继续买进就好。这就是我说的看到股价下跌很兴奋，看到股价上涨就懊丧的原因。

面对市场考验的核心问题——你信不信价值会回归？千万不要轻易回答："信！"这里面是有"陷阱"的。

价值真的能决定股票价格吗？前面的表述，全部建立在理想的交易模型中。比如，交易双方的数量都足够多，市场信息透明，交易是自由的，交易的障碍很低。但是，在现实的市场中，这样完美的交易市场并不存在。股票价格和价值相一致，是一种统计上必然会出现的情况，在庞大的价格数据库中仅仅是极少的一部分。

事实上,不仅是股票价格和价值相一致是很少的情况,现实中价值经常不能决定价格。比如,在一个垄断性的市场中,商品的价格就不是由价值决定的,因为卖方具有一定程度的自由定价权。再比如,在价格管制的市场中,商品的价格也不是由价值决定的。

在这样的非理想市场中,不仅价值决定不了价格,而且常用的一些投资理论,比如,"毛利率反映了企业产品的竞争力""三费占比反映了企业的管理水平"也不适用了。我们看以前的部分医药企业,毛利率都很高。但是,其存在大量的三费支出,净利率反而不高。此时,就不能说毛利率反映了企业产品的竞争力。因为产品的销售端本身就没什么竞争力,阻碍企业盈利的障碍都体现在销售费用里面了。

再看一些公用事业企业的财务报表,销售费用和财务费用很低。但是,这不能反映出企业的管理能力,即使管理费用也很低,照样不能说明任何问题。

研究企业必须立足于具体的、鲜活的企业个体,而不能套用生硬的理论。

我们会发现,去菜市场同样的商品售价不一样,为什么呢?因为信息不流畅、不透明。我们还会发现,同样的商品在不同的地段价格也不一样,为什么呢?因为流通有成本,为了便宜的价格而去远点的地方,阻碍成本太高,从而使得这种价值和商品价格不匹配的现象长期存在。极端一点的,在艺术品市场,交易非常少,一件艺术品的价格是由愿意出最高价的人决定的,而不是由该商品在市场中的价值决定的。所以,在现实的交易市场中,价值经常无法决定价格,人们才会经常讲"推动价值回归""市值管理"等。

股票市场也是一样的,交易双方的数量不够多,比如,卖方主要是大股东,买方是无数的个人投资者;信息不透明,比如,大股东知道的信息比市场知道得多、早;交易市场有限制,比如,大股东的买和卖都需要公告;交易有摩擦成本,典型的就是印花税,对于大资金方来说,买进和退出也会造成交易价格的变化。

总结一下,价值决定价格一定是在交易双方数量较多,自由交易,投资信息透明,交易摩擦成本很低,大范围、多频次的自由竞争性市场中产生的。如果不具备这些条件,那就需要慎重考虑影响价格的其他因素,否则很可能陷入价值投资的"陷阱"。

四、投资者的知易行难

未来总是充满了迷雾,能够穿透迷雾的智者终究是少数。市场先生站在集市最引人瞩目的地方,用最大的声音呐喊,意志不坚定的投资者受其魅惑,走入"陷阱",成为市场的牺牲品。

投资者误入歧途主要有四个原因。

第一个,独立思考的缺失。认识世界,认识自己是一种珍贵的品质。在股票市场中,每个投资者都是市场的一部分,获取客观的信息和知识容易,但是提高自己的精神状态很难。短期的、表面的、复杂的信息,很容易让投资者怀疑自己,跟随大流。在后面,我会详细讲述这方面的内容。

第二个,市场的表现总是由多空双方力量强大的一方决定的,具有很强的惯性。俗话说,三人成虎。短期看市场总是最有力量的,任何试图控制市场、和市场做对的人都会一败涂地。投资者在连续的挫败后,倾向于向市场投降,即追涨杀跌。

第三个,黑暗球场效应。一个人练习投篮,可以根据每次的结果进行修正,一段时间后,成绩就会有很大的提高。但是,在投资中,你的行为无法很快得到反馈,你不知道自己现在的成绩是哪个行为造成的。一个结果可能由多个原因共同形成;也有可能只是概率在起主导作用,和你的主观行为没关系;也可能是正确的行为得到错误的结果,错误的结果得到积极的反应;一个行为的结果可能一天后出现,也可能一年后出现。这一切使得投资者无法根据及时的反馈去修正自己的动作。

在股票市场中,每年总是有人通过一通莫名其妙的逻辑和操作获取逆天的业绩,随之而来的是不明真相的粉丝和自己对经验的总结,这种总结及再运用带来的一定是某个时点的毁灭。有人说,牛市就是新手克老师傅的市场。一点都不假,可惜狂欢终究会过去,最后留下一地"鸡毛"。

第四个,认知具体的标的很难。比如,股票价格围绕价值波动,那么一只股票的价值是多少呢?**不同的人对于同一只股票的价值有可能有完全不同**

的判断，这种判断一定是主观性的，主观性的判断和客观的投资就有矛盾。

一个从不喝酒的人就很难理解白酒为什么会有这么大的市场需求，白酒为什么可以卖那么贵，从而错失白酒十年牛市。类似的案例在中药、房地产等股票中也特别明显。

解决了主观和客观的矛盾，使得两者尽量的协调只是第一步。**我们获取的客观信息总是残缺不全的。**即使有了足够的信息，汇总分析能力也不同。我们最大的智慧，或许就是承认自己的无知。我们对客观的认知总是不全面的，这种实践的天然缺陷使得投资者无法和"完美的理论"知行合一。在投资中，我们对于人性的弱点和市场的缺陷应该时刻保持警惕。

第二节　分散和集中

关于价值投资有两个非常重要的概念，一个是安全边际，一个是能力圈。在此基础上，安全边际的提出者格雷厄姆认为，市场风险是客观存在的，投资者应该通过分散持仓来降低整体的投资风险；而巴菲特在继承了安全边际的基础上，认为投资者应该建立自己的能力圈，通过在"击球区"内出手，集中持股获取超额收益。那么，我们到底应该分散投资还是集中持有呢？

这个问题其实还可以进一步深化。做投资，风险和收益是永恒的考虑，价值投资的落脚点是价值，以"价值决定价格"这个基本原理去思考，来使得自己处于风险很小的位置。那么，收益主要是来自低估之后的价值回归，还是来自价值成长推动的股票价格运动呢？前者认为，普通的投资者没有办法深度认知企业的未来价值；后者认为，投资者通过跟踪研究企业可以建立自己的能力圈，通过和企业"一起成长"稳定盈利。回本溯源，回到原点，投资者应该从投资的本质开始思考。

一、分散投资的本质

常见的观点为，投资市场的风险是不可避免的，风险本身就是投资市场的一部分,极端的表现形式就是"黑天鹅"。"黑天鹅"一定会来,但我们不知道什么时候会来。我们唯一需要考虑的是,"黑天鹅"来临的时候,是不是可以承担以及如何应对。

从这个角度讲,分散投资者认为,集中持有就一定伴随着风险,即使这种风险没有暴露。站在现在看,我们不是神,我们不能了解企业的一切;站在未来看,影响企业发展的因素千千万万,企业的发展本质是未知的,未来的世界本身也是随机的世界,而非确定的。

管理学家柯林斯从当年的世界 500 强企业中精选了 18 家企业作为研究样本,写出了影响巨大的《基业长青》,之后这些企业有的深陷泥潭,有的光芒不在,有的被"对照企业"甩在身后,导致柯林斯又写了第二本书《基业长青 2——基业为何不能长青》,分析了一些企业落败的原因。从这个角度看,企业的成功是偶然的,要靠运气;而失败是正常的,是常态。这样的话,我们对企业的研究又有多少个是靠谱的呢?

电视机的普及造就了连锁眼镜店,这更多是时代赋予的产业发展趋势。智能手机的普及造就了腾讯这样的社交网络平台,也造就爱尔眼科这样的连锁医院。伟大的企业更多是时代的产物,我们大众是被席卷前进的,能够引领潮流的是极少数幸运儿,即使个别人短期内有能力做出正确的判断,但投资是一辈子的事情,很难保证每次都可以正确选择。

投资者在股票市场中处于弱者地位,不知道的信息很多。这种情况下,最好通过市场驱动和概率原则去盈利。怎么做呢?从股票市场角度讲,市场的发展是未知的,但是市场的周期波动是已知的,经济本身发展的周期波动叠加投资者心理认知的波动,导致行业在冷热之间循环,价格在高低之间震荡。投资者在行业冷点、价格低点进入就有较大的胜率,盈利不是依靠能够战胜市场的高能力,而是依靠股票市场的周期性震荡。概率方面,虽然企业个体的发展前景是未知的,但是在一系列较大胜率的企业里面,投资者做一个分散的组合,就能使得个体的不确定性转化为投资组合整体的确定性。下面,举个例子来具体说明。

假设我们有 100 万元,做一个 20 只股票的组合,每只股票投资 5 万元,一年后股票价格有涨有跌,可能优势企业的股票从 5 万元变成了 10 万元,劣势企业的股票从 5 万元变成了 1 万元。这样,优势的企业自己就跑了出来,占据了较大的仓位,这就是市场驱动下的择股和赋权。投资者尽管也可以通过择股建立一个整体胜率极大的组合,但是盈利则主要靠市场的筛选。

低估、分散、不深入研究,始终把自己放在风险很小的地方,让市场帮助自己盈利,这种"顺势而为"的重点不是去挑战市场,不要去对抗大海,只需要打造诺亚方舟,按照自己的交易策略去做,赚取多少是市场决定的。这就是分散投资的核心思想。

二、集中投资的本质

巴菲特是集中投资的代表,要了解巴菲特采取集中策略的内在逻辑就必须从其交易系统的大背景下思考。

随着人口的增长和社会的发展,人类的需求越来越多,从而推动着 GDP 的持续增长。纵观人类发展史,特别是近现代史,可以清楚地做出判断,除了个别极端的短暂时期由于某些政治、经济等的极端情况导致人类文明和经济的倒退,其他时间里人类社会所创造的产品和服务是持续增长的。其背后的原因,是人口增长、土地等资产的自然产出、人类交换和分工的深化、知识的积累等因素。

企业是追求利润的经济主体,没有利润就没有企业长期存在的理由。同时,由于企业这种经济组织比个人、家庭或政府有更低的交易费用支出——通过深化分工、专业化协作,以及对利润的激励和对损失的惩罚机制等手段达到,因此,在现代经济中,企业的整体盈利能力是高于个人和中间组织的。

虽然上市企业并非全部都是优秀企业,但由于其整体治理结构、盈利能力等多种门槛的筛选,加上便利的融资渠道及股市交易带来的广告效应,总体来说,上市企业的盈利能力高于全社会所有企业的平均水平。

这种整体的较高收益率是宽基指数投资的基础,也是分散投资的最根本理论支撑。

从格雷厄姆到巴菲特,价值投资的一个重大进展是其对价值的关注点从股权的清算价值和当前交易价格,延伸到了未来的自由现金流折现和当前交易价格的比较。

此时,巴菲特的投资收益来源从价值回归变成持有股权期间获取的企业内生性增长,那么其交易标的就从一系列的低估值股票组合变成了较少的优质企业组合。一个投资者要洞悉企业未来五年后、十年后、甚至二十年后的发展是极为不易的,符合要求的企业必然很少,那么持有的股票就不会很多。换个角度,当投资者发现了符合自己全部要求的企业后,必然是重仓买进,而每个人可支配的资金都是有限的,这也决定了巴菲特的持仓股票数量不会太多。

集中与分散都是服务于投资者的交易系统的,并不是有意为之,是逻辑的结果,而不是逻辑开始的规则。离开投资者的交易系统去谈分散和投资,毫无意义。

集中投资和能力圈相辅相成,能力圈原则的核心不在于投资者懂多少企业,而在于如果无法确定自己能够理解该企业,就坚决不去投资,哪怕为此将大量的潜在投资机会均排除在外。

看懂企业容易吗?很难。所以,巴菲特一直强调自己喜欢简单的、变量少的企业。他说:

"投资者应当了解,你的投资成绩与奥运跳水比赛的计分方式并不相同,高难度并不能得到加分……我们偏爱那些变化不大的企业与产业。我们寻找的是那些在未来 10 年或 20 年内能够保持竞争优势的企业。快速变化的产业环境或许可以提供赚大钱的机会,但却无法提供我们想要的确定性……我们宁愿要确定的好结果,也不要'有可能'的伟大结果。

我们试着坚守在自认为了解的生意上,这表示它们必须简单易懂且具有稳定的特质。如果生意比较复杂且经常变来变去,就很难有足够的智慧去预测其的未来现金流。

我不喜欢很容易的生意,生意很容易,会招来竞争对手。我喜欢有'护城河'的生意。我希望拥有一座价值连城的城堡,守护城堡的公爵德才兼备。我希望这座城堡周围有宽广的护城河。"

这就回到了本书前面解决的问题,投资者能看懂一家企业并且这家企业刚好能够实现用自由现金流折现法估值的数量是很少的。对于任何一个投资者,建立自己的能力圈非一日之功，称得上伟大的企业很少，能不能投资也要看市场先生的心情，所以巴氏流派被迫进行了"集中持股"。

三、股票投资的轮动原理

我们重新来审视巴菲特和格雷厄姆的投资实践，以进一步推进我们的研究。

格雷厄姆始终强调的分散原则，是格雷厄姆写给普通投资者的。他认为，普通投资者不具备分析企业资产负债及未来发展状况的能力，所以应该通过大量分散来规避买错的风险。但是，在他的内心，却默认自己不是普通投资者，是能力和知识远远超过普通投资者的高阶投资者。自己有能力看见成长，自己有能力偏集中（包括巴菲特也是如此）。只是这话说出来不好听，所以一直没有直接说。

格雷厄姆本身的性格也是"悲天悯人"的，立志于寻找让普通人都可以在证券市场成功投资的一般性方法。所以，格雷厄姆建议投资者分散持有股票，甚至去买基金，因为他认为普通投资者的能力是不足以对抗投资市场风险的。

巴菲特怎么看待集中投资的风险呢？

"我们采取的这种策略，否定了有关通过分散投资才能降低风险的教条。许多学者因此会说，这种投资策略，其风险比投资大众采用的分散投资策略要高出很多。这一点，我们不敢苟同。我们相信，集中投资的做法更能大幅降低风险，只要投资者在行动前能够加强自身对于企业的认知以及对于企业商业特质的信任程度。在叙述这一观点时，我们将风险定义（源于字典里的定义）为资产损伤的可能性。

如果你是一个有一定选股能力的投资者，熟悉产业运行并能够自行找出5~10家股价合理并享有长期竞争优势的企业，传统的分散投资对你来说就没有什么意义，那样做反而会容易伤害到你的投资并由此增加你的风险。我实在不明白，一个投资者为何要把钱放在排名第20好的股票上，而不是把钱集中投资在排名更为靠前、自己更加熟悉、风险更小且获利潜力更大的股票上。"

这再次印证了分散和集中是根据自己的交易系统决定的，本身并没有对错,核心是对市场风险的考量。

我们还需要解决一个问题,在股市投资中,你是坚持未来不可知,坚定弱者体系,依靠估值回归,通过分散持有,以投资组合整体的概率确定性获利;还是坚定强者认知,依靠精选个股,通过集中持有,以持有享受复利的形式获利。这个问题值得我们思考。下面,举个例子来具体说明。

假定市场有 A、B、C、D 4 只股票,潜在收益率都一样,风险都一样,这时候持有 A 或者持有 ABCD 的一个组合,收益和风险是没有区别的。我会选择持有组合的形式,因为集中本身就意味着风险,收益是相对的,风险是绝对的。

只有在两种情况下,我会持有 A。第一种情况,A 的确定性显著高于 ABCD 的组合,为了对冲我集中持有带来的组合层面绝对风险,必须在个股层面有更高的确定性;第二种情况,在相同的风险预期下,A 有更高的收益率,来对冲这种风险。

对于普通投资者来讲,我建议持有 5 到 10 只股票,貌似分散,实际上已经达到了巴菲特一直说的集中持有标准。当然,根据巴菲特的强者体系,具体持股数量是由能力圈决定的,而没有一个数量的指标。如果你的能力圈是 100 只股票,那么持有 100 只股票也是集中。

在实践中,我在个股选择上采取强者体系,精挑细选;在投资的底层标的上,控制绝对风险;在具体的组合上,仍然采取弱者体系,适当分散,实现"从低估到低估"。下面,举个例子来具体说明。

假设现在有 8 只股票,我认为潜在的投资风险和收益都一样,于是每只仓位都为 12.5%。在持有的过程中,有 4 只股票翻倍了,于是我就把 4 只股票卖掉,全部加在了剩下的 4 只股票上。因为,我认为,在 8 只股票当中,翻倍的 4 只股票的风险不变,但是潜在收益率减少了一半。在持有和调仓的过程中,始终以风险和收益的综合考量为思考的根本出发点。

在实际操作过程中,假设市场已经出现明显的证据证明翻倍的 4 只股票就是真的白马王子,而股价不动的 4 只是被证伪了,这个时候我会选择把 4 只没涨的股票卖掉,加仓到翻倍的 4 只股票上。此时,依然是以风险和收益的综合考量为思考的根本出发点。

股票的质地才是投资的底层风险,集中与分散的延伸风险属于交易策略的一部分。当股票的底层风险可控的时候,策略风险就要让步,股票的风险在长期的时间尺度下是由价值和价格的剪刀差决定的。

以风险为核心,以风险和收益形成的预期收益为牵引,从低估到低估,底层股票选择强者体系,投资组合层面选择弱者体系,始终把自己放在市场最安全的地方,让企业的安全边际为自己的收益保底,让市场的波动决定自己收益的上限,在股市的震荡起伏中实现财富的稳定增长。

这就是我关于投资中集中和分散的全部观点。

第三节　仓位管理的秘密

集中和分散解决了投资者在投资市场中存量资金的个股分配问题,但是投资者应该用总资金的多少比例来投资呢? 相信很多投资者都有过类似的困惑,这个问题就是仓位管理问题。

一个完整的交易系统需要解决五个问题:买什么,什么时候买,买多少,什么时候卖,卖多少。买什么是择股的问题,什么时候买和什么时候卖是交易的问题,买多少和卖多少则是比较纯粹的仓位管理问题了。可见,仓位管理是一个非常重要的问题。

一、仓位管理的背景

仓位管理,也叫现金管理,其本质是对投资过程中风险的管理。

投资者在投资中面临的风险主要有三个:资产质量的风险、投资策略的风险和市场整体的风险。资产质量的风险蕴含于具体的股票中,是天然的自带属性,是不可避免的。投资策略的风险具有阶段性,不可预测,但是通过长期坚持就可以得到有效化解。市场整体的风险,主要是指牛熊转换的风险,这也是不可转移的。

这三种风险的特性,决定了我们的投资是一场概率的游戏,唯一确定的就是它的不确定性。

二、仓位管理的价值

市场总是风雨变幻的,投资者不能不做好应对。市场尽管短期涨跌是随机的,但是当前市场的冷暖却是可以感知的。这个时候,仓位管理就成了投资者必须面对的话题。可以说,仓位管理是投资者体系成熟的必经之路。那么,仓位管理有什么价值呢?

1. 保持良好的持股心态

股市震荡是常态,贪婪和恐惧随之出现。对于普通投资者,如果是满仓持有,则心态很容易失衡,亏损之后焦虑,赚一点小钱就想兑现,这种患得患失的心态对于投资非常不利。但是,通过仓位管理,合理分配股票和现金的比例,在股市中变被动为主动,保持从容不迫,游刃有余,投资就更有耐性了。

2. 有利于在大牛市中"逃顶"

仓位管理的基本逻辑是高估值时低仓位,低估值时高仓位。所以,良好的仓位管理者在牛市的顶部,仓位一定不会太高的。我们并不追求卖到顶点,而是力求卖到高估值区域,"顶"很难确定,但高估值区域则一目了然,卖出就容易多了。虽然从短期看降低了牛市里的回报,但拉长周期来看,则是增加了整体的回报。

3. 有助于抄底熊市

一般的投资者,一是平时的现金流有限,不可能做到熊市里的大量买入;二是如果是满仓持有,净值波动就会比较大。而仓位管理完美地解决了资金问题,一个良好的资金管理者在熊市里一定有大量"子弹"可以从容打出。

4. 资金使用效率更高

投资者可以根据自己的交易策略,在不同的市场中,执行相应的仓位管理策略,提高资金的利用效率。

比如,在震荡市中,我的常用策略是,70%的总资金放在稳健的长跑型股票;20%的总资金放在企业业绩弹性大、成长空间好的小市值股票;最后10%的总资金机动配置,做到了整体操作灵活性和原则性的平衡统一。

5. 保守的资金管理策略

在股市中,每天都有无数的信息冲击投资者的大脑,市值涨跌不定,波动的数字很容易诱导投资者偏离既定的投资策略。通过仓位管理的纪律约束,有助于投资者战胜贪婪和恐惧,这是投资中保障资金安全的有效机制。

需要指出的是,仓位管理必须锚定价值,对具体股票和市场整体的低估、合理估值、高估三种情形都必须有清晰的认知。没有估值这个"锚",所有的策略都是空中楼阁,不堪一击。

我慎重强调,资产质量的风险由股票本身决定,仓位管理既是投资策略的一部分,也是市场风险的应对方法。俗话说,牛不言顶,熊不猜底。索罗斯的反身性告诉我们,投资市场出现极端事件尽管概率比较小,但是拉长时间看是一个必然事件。所以,投资者永远都要留有余地,永远不要相信这是最高或者最低,永远不要相信没有机会了,在股市中潮起潮落乃是自然常态。做好仓位控制,投资者在股海中才能活得更好,活得更久。

三、仓位管理的内容

仓位管理并不是独立的投资分支,而是紧紧依附于投资者的投资策略和市场风险应对体系之下的。所以,每个投资者的具体判断、操作都不一样,没有明确的、可照做的规则,但是有一些共同点是通用的。

1. 分散持仓,多次买进更安全

如果对股票的价值判断没有相当的自信,那么切记不要一次买进,而是分成好几次买入。同时,不要押上所有的资金,我们不是巴菲特,没有源源不断的资金。如果满仓被套就只能干瞪眼了,如果发现自己买错了,纠错的成本就会非常高。

当分批买入的时候,涨了,已经买入的部分赚钱了;跌了,又能以更低的价格买入了。涨固可喜,跌亦欣然。拥有一个愉悦的心情,不被情绪波动干扰就能保持理性的思考。

2. 为极端事件做好准备

在投资市场中，小概率事件有可能发生，甚至连续发生；高概率事件有可能很长时间不发生。泡沫和低估持续的时间总是比投资者预期的时间还要长。

所以，对待杠杆一定要谨慎，多一倍仓位，就多了一倍的贪婪，多了一倍的恐惧，多了一倍的风险，更是增加了一倍的操作难度。过重的仓位也会不自觉地影响我们的思维，对于一个满仓的投资者来说，转向的情绪难度太大，最后一条路走到黑。

保持一定的现金在手里，也就永远有选择的机会。巴菲特说过，"不希望命运掌握在他人手中，而是掌握在自己的手中，大量的现金可以让人睡得踏实"。

3. 仓位是动态变化的

随着股票市场行情的变化，盈亏概率也会发生变化，投资者也要适时进行加仓或减仓。

仓位管理最重大的意义，就是它提供了一套风险和收益相匹配的博弈思想和工具。它告诉我们：当行情不好的时候，不要买太多；当没把握的时候，不要买太多；当看不懂的时候，也不要买太多。同时，它也号召我们：当大机会来临的时候，不要轻易放过，要多买；当看准的时候，不要前怕狼后怕虎，要勇敢扑上去。

仓位管理是门艺术，是一套风险控制的手段。从仓位管理的角度来看，投资对错并不重要，关键是做对了能赚多少，做错了会亏多少。

最后要说明的是，作为一种应对策略风险和市场风险的理念，仓位管理和所谓的加仓降低成本、卖出止损等操作技巧有着本质的不同。仓位管理始终面对的是整个投资过程，整个市场的风险；而具体操作每次都是应对短期的、局部的目标，我们每一次的加仓都是资金在众多投资机会中的全新选择。

"满仓干"不是真勇敢，"轻仓持有"也不是大智慧。有能力掌控仓位的投资者，才是内心真正强大的投资者。

第四节 投资之道

格雷厄姆说过，就理性投资而言，精神态度比技巧更重要。同样一招，在初学者手中平淡无奇，在宗师手里往往化腐朽为神奇，有惊天动地的威力，区别就在于心法。华尔街没有新鲜事，投资也没什么秘密可言，区别就是投资的人。我一直相信，投资不是一场竞技游戏，而是投资者的人生修炼。本节，我将从庄子的《逍遥游》出发，讲讲我对投资者"无剑无我"心态的认识。

各行各业有一个相同点，那就是想做到顶尖，绝不是工具或者信息的领先，而是一个人精神状态的精进。李小龙在《截拳道之道》中也表达过同样的观点："教晓他人技艺容易，可是教导他人态度困难"。

一、长期资本的教训

在股市中，一直存在黑暗球场效应，这使得我们无法得到行为的及时反馈而去修正自己的行为模式。

很多人在这样的黑暗中迷失了自己，茫然失措，也就出现了所谓的看新闻炒股、听"大V"炒股、看K线炒股，有效就增强了自己的信心，无效就反思自己是不是领会错了，在错误中原地踏步，数十年不得寸进，甚至越勤劳越亏损，左边被市场打脸，再把右边伸过去，这种路径依赖害人匪浅。可以说，炒股会上瘾，一个人看K线图习惯了，你不让他看他就很难受。

这种迷失并不是知识的匮乏或者工具的不足，而是一个人缺少自我反省的能力，同时自己的精神过于虚弱，不得不去依靠外物。在投资中，很多人跟踪很多外物，比如机构的买进、北上资金的交易、管理层的持股变化等，这些多少都有点偏离了投资的本源。

我们来看一下，巴菲特是怎么评价长期资本的。

长期资本的人都是好人，我尊重他们。当我在所罗门焦头烂额的时候，他们帮过我。他们根本不是坏人。但是，他们为了赚更多的钱，为了赚自己不需要的钱,把自己手里的钱,把自己需要的钱都搭进去了。这不是傻是什么?绝对是傻,不管智商多高,都是傻。

为了得到对自己不重要的东西,甘愿拿对自己重要的东西去冒险,哪能这么干?我不管成功的概率是100比1,还是1 000比1,我都不做这样的事。

假设你递给我一把枪,里面有1 000个弹仓、100万个弹仓,其中只有一个弹仓里有一颗子弹,你说:"把枪对准你的太阳穴,扣一下扳机,你要多少钱?"我不干。你给我多少钱,我都不干。

要是我赢了,我不需要那些钱;要是我输了,结果不用说了。这样的事,我一点都不想做,但是在金融领域,人们经常做这样的事,都不经过大脑……我真理解不了,怎么有人会像这16个人一样,智商很高、人品也好,却做这样的事,一定是疯了。他们吃到了苦果,因为他们太依赖外物了。

很多人都认为,长期资本犯错是因为蠢,是拿自己需要的东西去拼自己不需要的东西。但我认为,核心是因为他们太依赖外物了,依赖外物的成功也将因为外物而失败。市场经常阶段性地奖励,乃至重奖明显错误的行为,由此导致了市场参与者的心理和行为扭曲。一个心理扭曲的投资者的招式必然是变形的,难道这些失败的"大拿"缺少专业知识、缺少财务估值的技能吗?

二、形式主义的命运

过于依赖外物很容易形成形式主义的思维习惯,思考没有深度,出现行为上的机械应答。比如,知道"一个苹果＋一个苹果＝两个苹果",却不能归纳出"1＋1＝2",也演绎不出"一个梨＋一个梨＝两个梨"。这就是思维的穿透力薄弱,是一个人思考力不足的体现。

现在我们做一个游戏,把右手的食指放在鼻子跟前,是不是觉得看不清?现在放远一点,好点了吗?换个角度,就能看见不一样的世界。因为依赖外物,形成的思维流于形式,最后造成思维的僵化,没有灵活性,看不清世界的本质,结局就是失败。

如果不能从投资的本源出发而跟踪一个飘忽不定的指标,那么随着指标的变化,必然形成追涨杀跌和频繁交易两个结果。因为依靠外物的本来目的就是去寻找价格涨跌的"秘方"。

曾经有一个指数叫作申万活跃股指数（如下图所示），是以周换手率最高的100只活跃股为成分股的股价走势图。指数起于1999年12月31日，起始点位1000点。自2017年1月20日收盘后，该指数停更。停更的原因，是指数快跌没了，只剩下10.11点。

申万活跃股指数走势图

这张指数走势图的含义是说，假设有一名投资者，自1999年12月31日起投入100万元，每周买入最活跃的100只股票，在0佣金和0税费的假设前提下，到2017年1月20日，还剩1万元。如果考虑佣金和税费的话，估计在五六年前已经阵亡。频繁交易，是一条投资的不归路，起早贪黑的投资者越勤劳越贫穷，不能不说是一个悲剧。

三、投资者的自我修炼

证券分析之父格雷厄姆说："投资艺术有一个特点不为大众所知，门外汉只需要不大的努力与能力，就可以取得过得去（即使并不很可观）的投资成绩；但是，如果要在这个入门级的水平上更进一步，则需要更多的实际锻炼与智慧积累。"我觉得投资需要的专业知识是很容易学完的,但是精神层次的修炼则持续终身。

投资最难得的是克服自己的功利心,总想做点什么让事情变得更好,最后的结果就是事情搞砸了。一旦一个人过于依赖外物就会有弱点,但是外物只是工具,并不是投资本身。机构、北上资金和管理层等都是外物,是为投资服务的,而不应该是投资本身。

武侠小说中剑客的剑术从低到高有几个阶段,手掌神剑、重剑无锋、手中有剑心中无剑、万物皆为剑、手中无剑心中亦无剑、人剑合一。按照庄子的论述还有一层境界,那就是世界本来就无剑,也没有自己(的主观偏见),心中无敌自然无可匹敌。对比投资,投资者只需要认识客观的规律,循序而行即可,而不需要去关注什么北向资金、社保基金等交易敌手或者成交量等参数。

研究企业赚不赚钱?看净资产收益率和利润的含金量。未来还能赚钱吗?看新增投资的收益率和含金量。赚钱的效率持续吗?这就需要考查企业的"护城河"。这三个问题看懂了,就懂了投资,剩下的就是等待一个合适的价格。我觉得财务知识是很简单的,因为客观的东西很容易就学完了,但是怎么应用才是真正的考验。

《逍遥游》是我非常推崇的一篇古文,解释了一个投资者精神层次的自我修炼,文中指出:"覆杯水于坳堂之上,则芥为之舟,置杯焉则胶,水浅而舟大也。"意思是,如果聚集的水不深,那么它就没有负载一艘大船的力量了。在堂前低洼的地方倒上一杯水,一棵小草就能被当作一艘船,放一个杯子在上面就会被粘住,这是水浅而船却大的缘故。一个投资者只有强大的精神力量,深度的思考能力,准确的事物认知,才能在股市中的大风大浪中做一个常胜将军。

关于认知和财富的关系,股市中有一段话广为流传:你所赚的每一分钱,都是你对这个世界认知的变现;你所亏的每一分钱,都是因为对这个世界认知有缺陷。你永远赚不到超出你认知范围之外的钱,除非你靠运气,但是靠运气赚到的钱,最后往往又会靠实力亏掉。这是一种必然。这个社会最大的公平就在于:当一个人的财富大于自己认知的时候,这个社会有 100 方法收割你,直到让你的认知和财富相匹配为止。

投资不过是一个概率游戏。概率似乎能够说明一切问题,却永远不能征服人类的感官。人类天然对概率具有思维盲区,极度依赖直觉感受。比如,我们说一只股票三个月后有 50% 的概率可能赚 100%,50% 的概率可能亏损 1%。实际上三个月后,我们不是沉浸在喜获翻番的巨大喜悦中乐不可支,就是沉溺在三个月竹篮打水一场空的郁闷中不能自拔。我们的身体和心情上,根本不会出现一半是赚翻一倍的喜悦,一半是小亏 1% 的悲伤。但是,投资本身是一个理性的连续决策过程,而不是投资者的喜怒哀乐。投资者根据的是投资各种可能性的收益预期,而不是某种投资结果出现的可能性大小,也不是某种投资结果带来的损益。

正因如此,在可能出现多种情绪交织的情况下,投资者往往本能地忽略这个事物发展的多种可能以及不同情况出现概率不同的复杂性(其实并不复杂,只是存在思维盲区),不是简单地选择最坏的情况,就是简单地选择最好的情况。这种过度的简化,总是在极度乐观和悲观之间徘徊往复,阻碍了投资者做出最优决策。

投资者要提高自己的精神层次,需要解决两个问题:一个是主观和客观的关系;一个是人和人之间的关系。分别是自己和客观世界的相处,自己和其他人的相处。《逍遥游》这样说:"且举世而誉之而不加劝,举世而非之而不加沮,定乎内外之分,辩乎荣辱之境,斯已矣。"意思是,世上所有的人都称赞他(宋荣子),他并不因此就特别奋勉;世上所有的人都诽谤他,他也并不因此就感到沮丧。他认定了对自己和对外物的分寸,分辨清楚荣辱的界限,就觉得不过如此罢了。

"内外之分"是自己和客观世界的关系,你是使用财富还是为财富驱使,投资者应当懂得投资体现能力,消费实现价值。人活一世,如果作为金钱的奴隶,用尽一生也不过是做了财富的搬运工,从别人那里搬运到自己身边,最后难免凄凉。更可悲的是,在这个过程中,会丧失自我,丧失对客观世界理性的分析和判断。不管是人生还是投资,都是很可悲的。

"荣辱之辨"是自己和其他人的关系,你提出一个观点,别人支持你,你会觉得自己更有力量吗?别人反对你,你会觉得自己失败吗?可惜对就是对,错就是错,并不因为群体的情绪而改变。荣辱之变,内外之分的核心就是认知自己,以我为主,万物为我所用,去寻找规律,而不是被自己的情绪和偏见而驱使,匆匆忙忙不知所谓。

《逍遥游》最后提出了个人修为的终极状态:"若夫乘天地之正,而御六气之辩,以游无穷者,彼且恶乎待哉? 故曰:至人无己,神人无功,圣人无名。"意思是,倘若顺应天地万物的本性,驾驭着六气的变化,遨游于无穷的境地,他还要凭借什么呢? 所以,修养最高的人能任顺自然、忘掉自己,修养达到神化不测境界的人无意于求功,有道德学问的圣人无意于求名。

这种终极状态是可望而不可即的,为什么这么说呢? 因为偏见无处不在。因为我们每个人都是活生生、有血有肉的人,有自己的喜怒哀乐,我们的判断和行为总是在特定的历史环境条件下,这是判断的基础和价值所在,这种特定的、细微的环境总是与全面的、宏大的宇宙有偏差。所以,每个人对世界的认知都是带着偏见的,但是这也是唯一正确的方式。我们终其一生都无法摆脱偏见,但是在我们认识到自己是愚蠢的时候,我们就不再愚蠢了。学会与偏见相处,甚至利用偏见,驾驭偏见,是一个人、一个投资者的毕生功课。

正统的观点认为,《逍遥游》全篇一再阐述无所依凭的主张,追求精神世界的绝对自由。在庄子的眼里,客观现实中的一事一物,包括人类本身都是对立而又相互依存的,这就没有绝对的自由,要想无所依凭就得无己。因而,他希望一切顺乎自然,超脱于现实,否定人在社会生活中的一切作用,把人类的生活与万物的生存混为一体;提倡不滞于物,追求无条件的精神自由。

历史上一直认为,老庄哲学推崇遁世,没有儒家的入世积极。我对此持反对态度。庄子祖上系出楚国公族,后因吴起变法,楚国发生内乱,先人避夷宗之罪迁至宋国蒙地。庄子生平只做过地方漆园吏,因崇尚自由而不应同宗楚威王之聘。在特定的历史条件下,庄子身处多事之秋,郁郁不得志,又不愿意和主流的贵族社会"同流合污",所以才遁世。这是他认清了自己的追求和现实的落差太大,注定无法实现后,退而与自己不相容的主流社会划清界限,过自己喜欢的生活,追求自己作为一个人的自我修养。

故此,《逍遥游》并不是否定人的作用,因为其不是讲人和社会的关系,而是讲人的自我修养。用儒家入世的观点,强行从人和社会的关系"明赞实贬"庄子的人生智慧,实在是有失偏颇。

"内外之辨""荣辱之分""乘天地之正,而御六气之辩,以游无穷",这三个人生的层次,在我看来非常高明,对于投资者做好投资的心性磨炼也很有指导意义。

第五节 "黑天鹅"与投资

到此为止,本书已经接近尾声,我为大家展示了自己对股票投资的思考,相信有一些观点对大家很有价值。但有,一些观点你则有自己的看法,这很正常。在无限的世界中,我们的认知总是有限的。我也不敢说我的投资认知就是正确的,但是只要坚持理性、客观,就掌握了战胜市场的武器。

我一直相信,投资大师的修炼应该是技能训练、心态修炼和哲学认知的三层金字塔结构。其中,哲学认知是根本性的,统领着投资者的思维模式。思维模式则在一定程度上决定投资者怎么认识自己,认识世界,怎么发挥主观能动性,最后决定了投资者是什么样的人,有着怎样的投资业绩。

所以,在本书的最后环节,我想给大家讲讲自己在投资中的哲学指导思想,核心是以塔勒布三部曲《随机漫步的傻瓜》《黑天鹅》和《反脆弱》为代表的"黑天鹅"理论,以及一般的哲学理论。前者让我认识到股票投资就是以风险和收益综合衡量下的预期收益为导向的,在非充分信息条件下的连续最优决策,由此形成了我的交易基础;后者让我认识到宇宙万物运行的一般性规律,由此形成了我的认知基础,我将在最后一节中具体论述。

需要指出的是,我们天然对世界充满了偏见,我们在偏见中出生、生活和死亡。偏见是我们认识世界的唯一方式,除了偏见,我们一无所有。我们应该时刻警惕,保持虚怀若谷,兼容并蓄,才能走得更远。

一、我们比自己想的要弱得多

对于每个人,都认为自己是理性的,具有独立思考、明辨事理的能力,绝大多数人都相信自己是优秀的。而事实上，我们的理性思维能力比自己想的弱得多。

1. 思考是一种稀有能力

人类作为高等生物，具有强大的思维能力，但是大脑的设计并非为了思考，而是为了生存和繁衍，生活环境是什么样，身体就进化为什么样。在漫长的进化史中，我们更擅长适应，而不是思考。

我们面对投资的时候，思维是什么样的呢？心理学家丹尼尔·卡尼曼在介绍决策体系时，提出两个思维系统：系统1——快思考，感性认识；系统2——慢思考，理性认识。

系统1是轻松的、自动的、快速的、直观的、情绪化的、本能的，甚至我们不知道自己正在使用它。它就是所谓的"直觉"，在接触到信息之后，借助经验制造决策捷径，人们称之为"启发学"。我们讲的头脑风暴就属于此类。

系统2是费力的、有条理的、缓慢的、有逻辑的、连续的、渐进的、有规律的。我们占有了全面而丰富的感性认识材料，然后运用科学的思维方法，通过分析、综合、归纳、演绎、抽象、概括、判断和推理等一系列思维活动，将感性认识材料去伪存真、去粗取精、由表及里、由此及彼地进行加工制作、选择、建构，形成概念、判断、推理的理论系统，从而完成感性认识上升到理性认识的过程。

感性认识很快，但是经常出错，不能应对复杂的问题。理性认识能挖掘事物之间的逻辑，但是速度慢。我们常常认为自己的决策是理智的，是通过层层推理而来的，可事实上这些所谓"理智推理"的驱动力却来自个人的情感或是直觉。

更多的时候，我们以为自己在使用系统2，而实际上却在使用系统1。为什么？因为我们的很多反应是不经过思考和反省的，而系统1的一个显著特点就是我们对它的使用是无意识的。

年轻人经常说的"我喜欢"就是典型的感性价值判断，它可以带来生物性的内心满足。我们的直觉天生会有情感和意识上的倾向，所以常常不能真实反映事实。常言道：信心更多地来源于无知，而非知识。

尽管我们都有大脑这种生理结构，但是思考是一种稀有能力，需要后天持续的锻炼,并不会与生俱来,或者说我们知道的比我们以为自己知道的少得多。

一方面不知道自己的思维有先天性缺陷;一方面自认为自己很强大。当这两者并存的时候,往往造成灾难性的后果。

2. 世界很复杂

按照时间序列,世界分为过去、现在和未来,或者已经发生的事情和没有发生的事情。所有没有发生的事情能否发生都是一种概率,存在不确定性,而事情一旦发生则是确定的,不能改变的;每一件可能发生的事情,发生的概率都不同,有的高,有的低;每一件可能发生的事情,造成的结果也都不一样,有的大,有的小。这就是"黑天鹅"理论的全部,即世界总是以随机的方式展开,而各随机事件的结果是不对称的随机性。

为什么世界是复杂的呢?在三维世界中,一切事物均存在于时间和空间的坐标轴上。复杂性指的是一个系统的组成因素具有以下关系:时间依赖性,即一个事物随着时间而发生变化;水平依赖性,即不同事物之间互相影响;对顶依赖性,即一个事物的历史影响另一个事物的现状;循环因果性,即事物之间互为因果;非线性关联,即事物之间的影响是不对称的,非定量的,变化的;相互依赖性,即事物之间因相互依赖而存在。

除了客观世界各个事物之间存在这六种难以穿透的关系外,在人类对客观事物的认知角度,还有四大困难。

第一,我们不是全知全能的,我们只能看到确定性的世界,而这是全部信息的一小部分。这种局限性导致两种情况:沉默的证据,很多事情发生的原因我们根本找不到;因果关系无法确定,比如,印度洋蝴蝶翅膀的煽动引起海啸,但是是哪只蝴蝶呢?

第二,因果关系的唯一性。时间是单向流动的,我们观察到的世界永远是确定的,除极少数理想情况外,绝大多数都是不可逆的,一次性的,这对我们寻找事物之间的逻辑序列形成了不可逾越的挑战。比如,一块冰在阳光下融化为一摊水,假设我们把同样的一块冰放在相同的位置,融化而成的水迹不太可能和上一次一样。

第三,果因关系的多样性。一个因必然有一个果,但是一个果却可能有多个因。一块冰融化为一摊水,但是不同形状、大小的冰块却可能形成同样的一摊水,我们无法确定水迹和冰块的逻辑关系。

第四,在人类自身事务中,因果关系还存在概念定义的问题。一起事件会引起股市暴跌,但是暴跌本身存在定义问题,暴跌是跌 5% 还是跌 10%?不同的定义,在寻找因果关系的时候,会得到不同的数据和结论。因此,即使我们能够分辨原因和结果,但是仍然得不到可靠的逻辑关系。

3. 理性认识能力很弱

因果关系的复杂、世界的复杂,使得我们对未来的预测以及对过去的逻辑分析都受到强大打击。与此同时,我们生物性的大脑构建在理性认识方面的能力很弱。

乔治·A·米勒在他的论文《奇妙的数字 7±2》中提出一个理论:"奇妙的数字 7"。米勒认为,大脑的短期记忆无法一次容纳约 7 个以上的记忆项目。有的人可能一次能记住 9 个项目,而有的人则只能记住 5 个。大脑比较容易记住的是 3 个项目,当然最容易记住的是 1 个项目。

这里说一个生活中的案例。

老王准备出门买一包红双喜烟,问老婆需要带什么东西。老婆说,一斤大地牌草鸡蛋,两斤西红柿,一包盐。老王说,好的。就准备出门了。到了门口,女儿忽然说要一杯星巴克咖啡和一个鸡蛋饼。老王一边答应,一边嘀咕,一包烟,一斤鸡蛋……到小区门口的时候,老王收到一条短信,领导通知周日下午加班,处理某某事务。等老王走到超市买完烟,结完账的时候,已经记不清老婆和女儿到底要买啥了,只能抽着烟回家了。

我们在生活中经常遇到自己或者别人犯一些很低级的错误,事后非常惊讶,你(我)怎么能犯这种错误?随后开始在思想根子上找原因,反思教训,总结经验,比如工作不认真、安全意识麻痹等。其实这些所谓的自我检讨意义不大,我们肯定会犯错的。

世界非常复杂,我们的思维能力并不是与生俱来的,经过训练后的理性思维能力仍然很薄弱,这三点决定了我们远比自己想的要弱得多。为了正确揭示客观世界的规律,唯物辩证法要求我们用全面而非片面,运动而非静止,联系而非独立的思维方式去发现规律,总结规律,运用规律。

二、常见的思维偏差

偏差指的是我们的主观认知和客观现实的差异。偏差是一种系统性错误,只能减小,不能消除,它会导致我们对事物做出不相符的评价。这部分,我主要讲一下几个常见的思维偏差。

大脑在同一线程下能处理的项目数量是 5~9 个,这就意味着,当大脑发现需要处理的项目超过 4 个或 5 个时,就会开始将其归类到不同的逻辑范畴中,以便于记忆。

大脑的这种结构类似于电脑中硬盘和内存的区别。硬盘是电脑主要存储设备,容量很大,但是不能直接被 CPU 处理;内存是计算机的工作场所,硬盘上的信息永远是暂时不用的,要用吗? 请装入内存。CPU 与硬盘不发生直接的数据交换,CPU 只是通过控制信号指挥硬盘工作,硬盘上的信息只有在装入内存后才能被处理。

硬盘就是我们的记忆,内存就是我们处理一件事情时可以调用的资源,独立的项目符合"奇妙的数字 7"原理,CPU 就是我们的大脑。

为了在有限的大脑性能和复杂的现实之间寻求平衡,我们必须对现实信息进行简化,这主要包括三个方面:寻找规律、建立模型和应用规律。而人类只有非常有限的理性。有限的思考能力和无限的现实信息量之间必然产生大量的偏差。这些偏差可以分为三种类型。

1. 逻辑偏差

逻辑偏差被塔勒布称为叙述谬误,指的是在客观事物之间建立联系的本能,在观察到一个事实后,我们为其寻找原因或者寻找与其他事物之间的逻辑关系,我们努力使事物看起来很有道理。

但是,这种对事实的解释和事实往往有偏差,尽管我们记住了事实,我们的理解却很可能是错的。比如,我当年在学习英语单词"goodnight"的时候,为了让它"正常",为其备注发音"古德奈特",这样是不是很合理,很好记忆了? 但是,显然与事实有很大出入。

我们用错误的解释糊弄自己,这种认知偏差就是逻辑偏差。这种解释一般呈现故事的形式,因为形象、生动、具体,而经常被大脑用来替代事实。我们有时候说,形式比内容重要,或者说很多文章是"标题党",我们说"以貌取人""地域歧视"等,都是逻辑偏差的具体表现。

逻辑偏差是一种强大的本能力量,我们看到、听到、摸到、嗅到一件事物,大脑都会马上本能地进行判断和分析,寻找其规律和联系,我们只能感觉到自己感觉到的事物某一方面,并进行强化。比如,一个女孩迎面走来,有的人会注意其头发,有的人会注意其鼻子等,不同的人注意点不同。在凭记忆描述的时候,也会对一个人有不同的刻画,这样的刻画显然不能反映真实的现实。

我们来看一个具体的案例。

如果告诉一个投资者,你买的产品每20年就有一年存在亏损的可能,他可能认为这个产品很稳健。但是,你告诉他们,这种产品每年都有5%的亏损可能,那么他很可能就会认为风险太大而拒绝投资。其实这两者是一回事。

我们总是容易对故事做出判断,而对理性、冰凉的数字无动于衷。萧伯纳曾经说过,一个真正受过教育的人的标志,就是他能深深被统计数字打动。理解数字背后的事实,是对一个人洞察力的真正考验。

关于逻辑偏差,还有个有趣的案例。

著名的哈佛大学心理学家斯金纳做了一个鸽子投食的试验,笼中有个开关,鸽子每次用喙去操作,都会有个电动装置把食物送进笼子里。他采取随机的方式送食物给非常饥饿的鸽子。随后,他观察到,鸽子出现不可思议的行为。它们根据各自对投食规律的独立理解,发展出极其复杂、规律般的行为。有一只鸽子会对着笼中特定的一角有规律地摇头,另一只鸽子会以逆时钟方向转头。鸽子认为这样的行为可以让自己获取食物。

人类是不是另一种形式的鸽子呢?我们总是本能地在事物之间建立因果关系或其他逻辑关系。而这经常和事实不符,我们却深信不疑。前面讲过因果关系是唯一的,但是果因关系是多样的。一个事实背后可能有无数种合理的解释,我们无法确定哪一个才是事实。同样的,由于果因关系的多样性,我们用归纳法得到自以为是的规律,然后去推理,必然是要出错的。

而在多变量分析中,即一个果是由多个因同时造成,这种逻辑关系几乎不可能被我们精确掌握。比如,股票价格的上涨,直接原因是资金的交易,但是背后有无数种因素同时影响着股票价格、产品销量、管理层变动、行政法规、市场利率等,怎么确定是哪个因素影响,影响多大,可靠性如何呢?在投资中,我们看到很多人总是为股价的涨跌寻找原因,殊不知,即使看起来其理由十分充分,也毫无意义。这些都是噪声,如果一个投资者不懂得如何避开,必将被信息洪流所淹没。

有趣的是,我认为"黑天鹅"理论本身也是一种逻辑偏差。塔勒布用"黑天鹅"事件特指极其罕见,但一旦发生影响极其巨大、完全颠覆长期历史经验而事前却根本无法预测的重大事件。

从横向角度看,"黑天鹅"是同一时间、同一条件下所有可能发生事件中较小概率事件的发生。从纵向角度看,"黑天鹅"是量变引起质变的那个奇点。两者一结合,"黑天鹅"事件就发生了。如果没有重大后果,即引起质变,则不会引起我们的注意;如果不是小概率事件,我们则应该做好了应对。从这个角度讲,并不是"黑天鹅"事件改变了世界,而是根据作者的定义,改变了世界的事件是"黑天鹅"。

这个我们可以用"矛盾的一般性和特殊性",以及"量变引起质变"这两个观点解释。世界上原本没有黑天鹅,自从有了许多的白天鹅,便有了黑天鹅。如果单纯去强调黑天鹅很重要,白天鹅无足轻重,恐怕刚好是跳出白天鹅陷阱,又掉进去了黑天鹅陷阱。

2. 模型偏差

在寻找规律的时候,容易出现逻辑偏差。在使用规律建立模型的时候,还会产生模型偏差,这种偏差被塔勒布称作游戏谬误,本质是由柏拉图化形成的。柏拉图化,指的是把现实世界形式化、标准化、模块化导致的认知偏差。因为我们只有把现实简化了,让其具备逻辑性,降低其随机性,我们可怜的大脑才有能力处理信息而不"死机"。

现实是丰富而具体的,模型是骨感而单薄的。模型是对现实的抽象,但是只揭示了一部分信息;现实却是全部信息。柏拉图边界是柏拉图模型与现实世界的边界,你知道的理论知识和你以为自己知道的现实知识远远不是一回事。当我们用模型完全替代现实的时候,差错就一定会发生。这种差错就是模型偏差。

我们可以使用模型去研究现实,但是绝不能用模型去替代现实。这是因为,我们认识的真理总是局部的,而不可能是全部,更因为世界是不断运动发展的,我们必须具体问题具体分析,跟随事物的发展变化采取合适的行动。

模型偏差是非常有趣的一种偏差,我们可以称之为思维僵化。简而言之,柏拉图化是自上而下的、程式化的、封闭思维的、自我服务的、商品化的;非柏拉图化是自下而上的、开放思维的、怀疑的、经验的。

错把模型当作现实,跨越边界的时候就是错误诞生的时候。模型越精确,规则越清晰,这种模型和现实的边界也就越明显,大量的"意外"事件就诞生在这种模型边界。说模型偏差是"黑天鹅"的制造工厂可一点都不假。

这里讲一下美国长期资本管理公司(简称 LTCM)的案例。

LTCM 的掌门人梅里韦瑟,被誉为能"点石成金"的华尔街债务套利之父。他聚集了华尔街的一批证券交易精英:1997 年诺贝尔经济学奖得主默顿和斯科尔斯(他们因期权定价公式荣获桂冠);美国前财政部副部长及联储副主席莫里斯;前所罗门兄弟债券交易部主管罗森菲尔德。

LTCM 将金融市场的历史资料、相关理论学术报告及研究资料和市场信息有机结合在一起,通过计算机进行大量数据的处理,形成了一套较为完整的电脑数学自动投资系统模型,进行投资套利活动。

值得注意的是,其模型的运作基础是正宗的"价值投资",以"不同市场证券间不合理价差回归自然性"为基础,制定了"通过电脑精密计算,发现不正常市场价格差,资金杠杆放大,入市图利"的策略。此策略并不关心某一股票或债券的价格是升还是降,而是"赌"在相关股票或债券的价格向"常态"收敛上。

1998 年,金融危机降临亚洲金融市场,其模型认为发展中国家债券和美国政府债券之间利率相差过大,LTCM 预测的结果是:发展中国家债券利率将逐渐恢复稳定,二者之间差距会缩小。8 月份,市场出现"黑天鹅",由于国际石油价格下滑,俄罗斯国内经济不断恶化,俄政府宣布卢布贬值,停止国债交易,投资者纷纷从发展中国家市场退出,转而持有美国、德国等风险小、质量高的债券品种。

由此,原本设计模型是用来赚取不同市场资产价格收敛的利润,但是在异常情况下资产价格走向了发散,LTCM 本身是高杠杆经营,做反了方向,这对 LTCM 造成致命打击,于 2000 年破产清算。

从这个案例,我们能得到什么教训呢？你有你的计划,而世界另有计划。真实的世界是复杂的、随机的,并不按照模型运转,模型做得越精准,其边界与现实的冲突就越激烈,出现"意外"事件的概率就越大,而绝不是模型计算出来的"实验室概率"。真实世界的风险事件是不可计算的,模型偏差给了我们严重超越事实的盲目自信。我们认为自己可以计算一切,并加杠杆投资,那么一败涂地就是一个必然的结果了。

3. 应用偏差

如果说逻辑偏差是经验主义,模型偏差就是形式主义,那么应用偏差就是教条主义。应用偏差,是指我们将自己从已观察事物中归纳推理得来的逻辑,用于推测未观察到的事物的过程中产生的偏差。塔勒布将其称为证实谬误或者归纳谬误。

应用偏差发生在理论部分,比如,连续观察 100 万只白天鹅的颜色后,宣称"所有的天鹅都是白色的";也发生在理论指导实践部分,比如,连续观察 100 万只白天鹅的颜色后,推测下一只出现在自己面前的天鹅也是白色的。

应用偏差很容易理解,我们得到的观察事实总是无数事实中的一小部分,我们从有限实践中归纳得到的真理总是有限的真理,因为未来的未知是绝对未知的,更因为世界是变化发展的,我们把以往得到的有限真理推及未知事物的时候就会有偏差。

以上讨论的都是从已知事物中得到的真理是有限的。还有一种有趣的偏差,我把它称为预设应用偏差。塔勒布把它称为无知经验主义,即我们预先已经有了既定的观点,然后去以往观察到的事物中寻找支持自己的证据。

在现代社会中,有很多的人,借助现代化的检索工具,可以肯定任何观点都会找到支持它的观点和证据。当观点在我们脑海中先入为主,我们固守己见的时候,总有一些让自己自我安慰的所谓事实支持。

在投资中,如果不懂得逻辑偏差和应用偏差,我们拥有的资料越多,淹没在里面的可能性越高。因为总是可以找到支持自己观点的证据,并不断强化,而只有证伪思想才能让我们从这种正反馈中解脱。

这里我毫不客气地指出,很多所谓的金融机构以及媒体人员就是采取这样不光彩的手段去误导投资者,其逻辑严谨、事实清晰,但是纯属瞎扯。想要不被欺骗,你就得有点怀疑主义。比如,想一想有没有反面案例,如果有,哪怕只有一个,我们也应该对其观点保持警惕。

一系列证明某"规律"正确的事实未必就有效,只要有一个反例,就可以推翻其结论,这就是证实和证伪的不对称性。反对比支持更强大,在生活中,人们也总是从自己不赞同的人那里学到最多东西。

我们可以不知道什么是对的,只要知道什么是错的,一样可以了解事实,这种关于"证伪"的方法,或者说"反过来想"的思维方式为我们在非充分信息条件下采取行动提供了有力的支持。同理,在股票投资中,我们可以通过考虑规避风险获取收益,而不是通过追求收益获取收益。这是我和其他人在投资中显著的思维差异。

立足于"我不知道"去做投资,这种投资体系有个名词叫"弱者体系"。很多逆向投资也具备类似思维:我不知道股价因为什么上涨,但我知道所有的利空都已经在股价上体现,跌无可跌,只能上涨。索罗斯在进行金融投资时,会不断寻找证明他最初看法错误的事例。因为你知道什么并不重要,决定你命运的是你不知道的。

在纸上画一个圆,其面积代表我们掌握的规律,圆的面积是有限的,而圆以外的领域是未知的,规律的实用性核心在于确定边界。如果从证伪角度,我们只需要尝试圆周长的错误即可;而从证实的角度,我们则需要验证圆的整个面积,并且非圆周点的验证确定无益于规律的边界确定。

再强调一次,你知道自己不知道,比你以为自己知道更有价值。这种证伪思维方式的有效性,在于归纳法的逻辑缺陷。

那么,我们在面对未知事物的时候,应该怎么确定自己的行为法则呢? 卡尔·波普尔引入了假设和验证的方法,具体是这样的:提出一个(大胆的)理论,并开始寻找证明猜想错误的事例,然后加以修正。我们不再努力去证明它的有效性,而是确定这个理论(模型)在哪里会失效。

三、关于思维偏差的推论

我们知道了思维偏差的三种基本类型,必须说明,在现实生活中三种偏差是同时存在的,在具体案例中只是程度有所差异。从这里出发,有一些很有趣的推论,具体如下。

1. 领域依赖

看一个问题:1 + 1 = ? 很简单吧,就是 2 呀。那么,1 个苹果 + 1 个苹果 = ? 个苹果。这个问题比表面看起来要深奥得多。

我们在生活中遇到很多人,学习成绩很好,但是实际工作能力很弱,为什么会出现这种情况呢? 因为我们的大脑习惯于思考具体的、形象的事物,对于抽象的、干涩的事物则缺乏判断能力。

这种无法自动把知识从一种场景转化到另一种场景,或者从理论转化为实际的情况,是我们思维的一个固有缺陷,我把这种情况叫领域依赖。我们总是擅长掌握具体背景下的信息,但是很难推广为一般性的知识。注意,不能跨领域的认识我都称为信息,是一种智商行为,而知识是一种智慧表现。领域依赖在一定程度上解释了人们不能知行合一,或者说不能学以致用的原因。

我在网上经常看到一些关于应该如何在投资和生活间分配时间的讨论。如果拆除思维的栅栏,我们所有的时间都在投资,也都在生活,不要让思维的"领域"限制自己的自由。

投资大师芒格提出的多元思维模型也很有趣。在芒格看来,世间万物都是一个相互作用的整体,人类所有的知识都是对这一整体研究的部分尝试,只有把这些知识结合起来,并贯穿在一个思想框架中,才能对正确的知识和决策起到帮助作用。所以,他提倡学习所有重要学科(包括数学、物理学、生物学、工程学、心理学、经济学等)的重要理论,熟练运用来自不同学科的思维模式来解决问题。

简单地说,就是吸收多学科的知识,从每个学科总结出特定的思维模式,融会贯通,依靠综合思维模型框架进行思考和决策。很多人在研究芒格的时候,把过多的精力放在了如何学习不同学科的模型方面,但是忽视了在多元化模型学习的基础上,更重要的是格栅理论:真正的、永远的成功属于那些首先努力建立思维模式格栅,然后学会以善于联系、多学科并用的方式思考的人们。进行综合思维是一种"超常力量",不仅仅是 $1+1=2$,它产生的是临界物质爆炸式的巨大能量。

如果不具备这种融会贯通的能力,学习越多,能力越差,过多的信息对思维反而形成了负担。在投资领域,赢家从来都是善于思考、应用知识的智者,而不是掌握大量信息的"书橱"。

2. 路径依赖

芒格提出多元化思维的重要目的是对抗"铁锤人思维"。"铁锤人思维"这个名称来自一句谚语:"在只有铁锤的人看来,每个问题都非常像一颗钉子"。芒格认为,"铁锤人思维"能够把人变成可怜的无知者,而治疗它的唯一良方是打破思维的栅栏,灵活运用多种思维工具。

路径依赖是和"铁锤人思维"相似的一种思维陷阱,我们的思想具有惯性,一旦形成一个观点,就会不由自主寻找更多的证据支持自己的观点。路径依赖,是指人们一旦选择,由于规模经济、学习效应、协调效应、适应性预期以及既得利益约束等因素的存在,会导致该机制沿着既定的方向不断自我强化。也就是说,惯性的力量会使这一选择不断自我强化,并让你轻易走不出去。

路径依赖在思想上侧重强调思维定式,在经济上侧重某种自我强化的商业模式。塔勒布在《随机漫步的傻瓜》中讲了一个有趣的案例。

研究人员经常以打字键盘上 QWERTY 的字母排列顺序为例,说明经济中输赢的诡异动态过程,并举证最后的结果往往不是最好的。打字机上字母的排列方式,正是不适任者胜出的实例。打字键盘上字母的排列,并没有采取最理想的顺序。目前的排列顺序会减慢打字的速度,而不是让我们打起字来更为容易,原因是当初的机械式打字机色带容易卡死,为了避免这种情形,所以有这样的字母排列顺序出现。后来文字处理走向计算机化,有人曾经设计几种键盘,以便加快打字速度,却终归徒劳无功。打字者已经习惯使用 QWERTY 的键盘打字,很难改变。强迫发展过程理性化,反而成了多余、不必要、不可能办到的事情。

塔勒布指出,圣塔菲研究所的经济学家布赖恩·阿瑟埋首研究非线性现象后表示,经济优越性取决于概率事件加上正面回馈,而不是看技术优越性。也就是说,在某个特定领域中,定义深奥难懂的某种专长,并无法让人取得经济优越性。

不管是思想还是实践,路径依赖都是一种强大的力量。路径依赖很容易引发应用偏差,应该引起重视。只有破除路径依赖,做到实事求是,与时俱进,我们的认知才能和实践相一致,才不会被过去的条条框框所束缚。善于认错,善于根据形势变化修正自己的行为,我们才能做得更好。对于索罗斯和巴菲特这样的人,每天都是全新的开始。

3. 锚定心理

讲完路径依赖,再讲讲锚定心理。因为我们喜欢并善于思考形象而具体的事物,在思考的时候总是先在大脑中形成参考点,然后与之比较做出判断。我们天然拒绝抽象的思维。

锚定心理可以用于商业定价。比如,一只计划 10 万元出售的手镯,可能标价为 50 万元。然后,进行促销,价格为 12 万元,消费者不自觉把现价 12 万元和50 万元的标价比较,就会认为"哇,好便宜",进而购买。如果遇到麻烦的砍价者,从 12 万元进一步降价到 10 万元,也是不错的选择。

这种锚定心理在投资中也有很多体现。比如,我们总是喜欢相对估值法,排斥绝对估值法,我们总是把一个行业不同企业的估值放在一起比较,我们还把同一家企业股票的历史价格进行比较,我们会形成"成本"心理,我们喜欢抄底,我们喜欢买的比别人便宜等。这些锚定心理说到底都是一种认知偏差。

4. 幸存者偏差

幸存者偏差是一种常见的逻辑偏差,指的是只能看到经过某种筛选而产生的结果,而没有意识到筛选的过程,因此忽略了被筛选掉的关键信息。日常表达为"沉默的数据""死人不会说话"等。在证实的思维下,幸存者偏差会造成认知的极大扭曲。

在日常生活中,最明显的例子就是"我亲戚吃这个药好了"或者"我就是用这个方法"等。表面上看,幸存者偏差是一种经验主义,其本质是因为有效事实缺失造成的片面判断。

"二战"期间,为了加强对战机的防护,英美军方调查了作战后幸存飞机上弹痕的分布,决定哪里弹痕多就加强哪里。然而,统计学家亚伯拉罕·瓦尔德力排众议,指出更应该注意弹痕少的部位,因为这些部位受到重创的战机,很难有机会返航,而这部分数据被忽略了。事实证明,瓦尔德是正确的。

这种幸存者偏差对投资影响很大。假定有 10 000 人一起玩猜硬币的游戏,每次抛出硬币正面的概率都是 50%,猜对奖励 5 000 元,猜错扣除 10 000 元,这是一个单次期望收益为负 2 500 元的游戏。

第一回合结束,有 5 000 人都盈利,第二回合有 2 500 人盈利,第三回合有1 250 人盈利,第四回合有 625 人盈利,第五回合有约 312 人盈利。这些人是猜硬币的常胜将军,是有真本事的人,他们出名了,开始出书,演说,并募集基金。

因为失败的人被淘汰,我们只能看到幸运儿,他们绝不会说自己是拼运气赚到大钱,而是会总结出书等,事实就摆在这里,你有什么理由不相信这是个可以赚大钱的游戏?你有什么理由不相信这些幸运儿是有真本事的大人物呢?

如果只盯着结果看,我们将一无所知,单纯的数字在会计上是相等的,但是承担的风险完全不同,我们必须考虑结果产生背后的风险暴露以及幸运儿背后的输家。从这个角度讲,数学不应该是一个计算工具,而是一种思考方式。

我们看到即使一个注定价值毁灭的优势,只要参与人数够多,也会有少数人获得良好的投资记录,为什么呢?因为市场出现了赚钱的可能性,即50%,只要概率存在,样本数量足够的情况下就有人能赚钱。在特定的游戏规则下,幸运儿的数量和样本的数量大小有关系,和每个投资者的能力无关。

幸运儿赚到了大钱,这是铁一般的事实,但是没有任何价值,我们必须了解游戏规则是什么,投资者的策略是什么,投资经过的时间是多长,投资者的样本数量多少。如果一个样本是10,经过长达100次的投资检验,那我对其中的5名常胜将军未来继续赚钱的信心就很大;如果样本是10 000,经过100次的投资筛选,最后只剩下5名常胜将军,这样高的阵亡率下我不会相信其中的任何一个。因为遍历性(下文会具体讲解),我相信他们很快会被消灭。

四、"黑天鹅"理论的应用

在讲完思维偏差后,下面,进一步讲一讲"黑天鹅"的一些有趣分支理论。

1. 关于噪声

在逻辑偏差部分,我讲到了市场噪声的问题,那么如何避免受到其危害呢?我们可以从时间和空间两方面着手。

首先,我们看时间,在《随机漫步的傻瓜》中,塔勒布用牙医的案例在数学上说明了噪声的时间属性。这个案例在本书前面曾经使用过,用以说明时间对投资风险的"魔法"作用。这里继续使用该案例说明市场噪声的特性。

简单地说,有个擅长投资的牙医,投资超额收益率为15%,年度误差率为10%。这表示100个样本路径中,可望有约68个落在15%超额报酬率加减10%的范围内,也就是5%到25%间(以技术性术语来说:钟形正态分布有68%的观察值落在−1和+1的标准差内)。这也表示有95个样本路径会落在−5%到35%之间。

这个业绩经数学换算之后,任何一年赚钱的概率为93%;但是从比较窄的时间尺度来看,任何一秒赚到钱的概率只有50.02%;在非常窄的时间尺度内,赚赔概率几乎相抵,具体见下表。

不同时间尺度下赚钱的概率

时间尺度	概率(%)
一年	93
一季	77
一个月	67
一天	54
一个小时	51.3
一分钟	50.17
一秒钟	50.02

注:数据来源于《随机漫步的傻瓜》。

如果这位牙医在赚钱的时候开心,亏钱的时候痛苦,他每分钟检视投资组合的表现,一天观察8个小时,每天他会有241分钟心情愉快,239分钟不愉快,一年分别是60 688分钟愉快和60 271分钟不愉快。如果再考虑不愉快的程度大于愉快的程度,那么这位牙医以很高的频率检视投资组合的表现,反而给自己制造了很大的情绪赤字。

假设每个月看一次业绩表现,由于有67%的月份赚钱,所以他一年只心痛4次,快乐的次数则有8次。如果每年只看投资组合的表现一次,那么在余生20年的时间内,他将体验到19次惊喜,只有一次不愉快。同一位牙医,使用相同的策略,却有不同的结果。

由此,可以得出一些结论:在很短的时间尺度内,我们观察到的是投资组合的变异性,而不是报酬率。这种变异性就是市场噪声的一种。同样的方法可以用来解释为什么时间尺度短的新闻充斥噪声,时间尺度长的历史中噪声则多已剔除。

最后,这可以解释为什么太密切注意随机性的人反倒会被烧伤,他们由于体验到一连串的痛苦,情绪上筋疲力尽。不管人们怎么说,他们体验到的痛苦,没有办法被感受到的愉悦抵消。经济学家估计,有些行为负面影响的强度是正面影响强度的2.5倍。

为了避免自己被随机性淹没,而且少受情绪上的折磨,远离市场,远离信息,把更多的时间用于思考,以及经过时间过滤后的信息,如此才能保持清醒。我建议,投资者尽量少关注每日新闻,可以看看商业周刊;尽量少关注企业月度经营数据,可以看看中报和年报。对于投资,过多的信息不仅会干扰我们的判断,让我们的业绩变差,还会影响我们的健康,让我们失去生活的快乐。

2. 关于预测

在逻辑偏差、模型偏差和应用偏差中已经知道,我们不仅不擅长发现事物之间的规律,在预测未来方面更是一塌糊涂。但是,关于预测,我还想再讲一下。

预测未来是非常困难而且不靠谱的事情,不管是股价还是业绩,总是有意外事件发生,而且积累性的误差很难消除,时间越长或者越短,预测的准确性就越低。我们总是从自己知道的信息去推导,但是我们知道的总是很少的一部分,真正决定预测结果的是我们不知道的事情,因为我们知道的事情已经包含在了我们的预测中。

在投资市场,很多人喜欢预测,预测股价,预测业绩。在我看来,99.9%都是不靠谱的。更残忍的是,我不知道如何把0.1%的可靠预测挖掘出来。

在预测未来的过程中,模型建立得越来越精确,这就必然导致错误率迅速上升。系统的容错率越低,发生"黑天鹅"的可能性就越大。当"黑天鹅"发生的时候,系统就会随之崩溃。关于未来,我们只能确定有限的信息,能够讨论系统的某些特点,可以严谨地进行思考和描述,但是无法计算。

如果有人在你面前预测未来,尤其是很精准的预测,你可以转身就走。现代社会的信息洪流已经足以让我们窒息,我们必须做出选择。

关于预测,塔勒布在《黑天鹅》中有一段精彩的描述:

"如果我能预测你在特定情况下的所有行为,那么你就不像你所想的那样自由。你只是对环境刺激作出反应的机器,你是命运的奴隶。假想中的自由意志能够被简化为一个描述分子间相互影响结果的方程。就像研究时钟的运行:一个充分了解初始状态以及因果关系链的天才,能够运用他的知识预测你的未来行为。是不是很可怕?然而,如果你相信自由意志,你就不可能真正相信社会科学和宏观经济的预测。"

放弃无意义的预测而专注当下,对于自己未来的发展、孩子的教育等令人心焦的问题都将大有好处。

3. 关于遍历性

所谓遍历性,通俗地说,就是在样本数量足够的情况下,一个事情只要有发生的可能就一定会发生。一个人有一身本事,但是很贫困,最后一定会富裕;而一个纨绔子弟即使继承了财富,他的处境最后也会和他的能力相匹配。

关于遍历性,还可以有新的应用。如前所述,未来在一个时间点有多种发展的可能性,每种结果发生的概率不同,不同时间的结果不同,这就是不确定性和非对称性。对于投资,我们考虑一种情况:我参加一个游戏,只有 1% 的获胜机会,能赚 100 000 元,失败将亏损 100 元,那么对于单次预期收益为 901 元。

盈亏概率并不是全部,它必须和结果的大小一起判断,尽管这个游戏我获胜的概率极低,但是报酬很高,所以参加是一个明智的选择。这就是赔小钱,赚大钱的道理。因为遍历性,我可以预期我参加 100 次之后,我的盈利为 90 100 元。

当然,这个游戏仍然存在三个可能的"陷阱":不同事件发生的明确概率只有在实验室条件下才有,我们要小心模型偏差;我必须有玩 100 次的资本,如果在 99 次的时候花光了资金,即使我知道下一次有大奖也无济于事,活着才是最重要的;做好玩 100 次仍然不获胜的准备,100 次在概率上其样本基数并不够大。

在投资市场,思考是一件很困难的事情,因为做正确的事情不一定会得到好的结果,同样做错误的事情有时候却收获颇大。只有在较长时间后,才能有一个清晰的结果,但是还不够,因为还是很难判断这个结果到底是过去哪个因素形成的。

很多人根据自己的经历决定相信什么,有人相信价值投资,有人相信热点,有人相信 K 线图。当他用这种方法赚了钱,就会坚定自己的信念。他们从没想过,以前的成功可能只是巧合而已,或者更糟的是,我们习惯于在自己掌握的现有事实中用归纳法总结自己认为正确的规律,所以总是可以得到自己想要的结果。

世界原本有多种发展的可能性,我们看到的只是一种,如果不懂得风险暴露,那么在未来大概率会撞得灰头土脸。而我们的投资总是面对未来的,这可以理解为什么很多红极一时的投资者最后销声匿迹了。

4. 关于预测偏差

知道事物发展的起点和终点并不是全部,过程同样重要。比如,一条河流平均深 0.5 米,那么一个身高 1.7 米的成年人可以涉水过去吗?平均水深 0.5 米,可能河流某一处的水深达 2 米,统计学上的平均对于实际问题并不具备指导意义。

同样的,一只股票的价格现在为 10 元,三年后的价格很可能为 100 元,这代表你可以加杠杆吗?三年内的价格还有可能跌到 1 元。起点和终点并不是直线关系,有可能是曲线,甚至跳跃性的,一切关系都有可能。

对于投资,作为一个系统,其安全性是由最恶劣的情况决定的,这也算是投资领域的木桶理论吧。记住,杠杆本身就是风险。

五、我们可以做得更好

世界很大,无奇不有。如果不能证明某真理是错的,那么只能暂且认为某真理是对的。如果能证明某真理是错的,某真理也有可能是对的,因为我们掌握的总是相对的真理。绝对真理有无穷的可能性,那么世界也就有无穷的可能性,世界在一片混沌中呈现勃勃生机。

在无限的宇宙面前,人类很渺小。但是,当我们知道自己的局限性并采取适当措施的时候,我们的境遇就会大大改善。我们也不必为自己永远的认知偏差内疚,因为我们是人,而不是全知全能、冰凉凉的神。

1. 停止预测,做好应对

在投资中,我们知道自己一定会遇到风险,但是不知道什么时候遇到风险。我们可以提前做好准备,打造抵御风险的诺亚方舟就可以了。

在生活和投资中,我们一定要做好"B 计划",应对不利情况。因为不利情况一定会出现,有备才能无患。对于企业和投资者,尽量降低杠杆,减少金融性负债,尽管提高负债率会带来更高的收益率,但是活着更重要。不是吗?

长期资本的崩溃,一方面是由于其高度柏拉图化诞生"黑天鹅";一方面是由于企业财务结构很脆弱,无法承受负面事件。

巴菲特极度厌恶风险,他的负债率很低,巴菲特曾说:"多年来,一些非常聪明的投资者经过痛苦的经历已经懂得：多长一串让人动心的数额乘上一个零，结果只能是零。我永远不想亲身体验这个等式的影响力有多大，我也永远不想因为将其惩罚加之于他人而承担罪责。"

如果一个企业或者个人使用了其能想到的所有办法去提前收益率，那么这就意味着企业的经营生态系统非常脆弱，稍有风吹草动，企业的盈利能力就会受到重大影响。

2. 保持开放性的心态

"兼听则明，旁听则暗。"投资者保持一个开放性的心态，多听取不同的意见，用批判性的思维去应对生活和投资，可以避免大多数的"陷阱"。当我们身边充满了正面意见的时候，就应该警惕。事实上，我们从反面意见中能收获更多。

传统的教育教学生证实性的问题，核心是你知道什么。现在我们知道了"世界是无限并且随机的"，那么就应该接受自己和别人的"不知道"，不用强求对所有的事情都去寻找原因，都去做出判断，把思维转向"我知道我不知道"，我们会过得更好。

失败不等同于耻辱和尴尬，通过小的损失把风险暴露而不是积聚，我们会获得大的收益和长期的稳定性。

3. 勇敢面对

我永远不可能知道未知，因为从定义上讲，它是未知的。我们不需要知道时间发生的可能性，但是可以猜测它会怎样影响自己，并且基于这一点做出自己的决策。

意外事件并不仅仅带来危害，也会带来收益。在我们可能遭遇负面"黑天鹅"的时候，应该极度保守，并做好最大程度的应对。但是，有可能受到正面"黑天鹅"事件的影响时，就应该大胆拥抱，这时失败只有很小的影响。即使是负面"黑天鹅"，也是可以利用的。老子说过："祸兮福之所倚，福兮祸之所伏。"大的破坏之后，一定会迎来大的繁荣。

在股票市场上，不时发生的"黑天鹅"事件对投资者造成重大损失。但是，这个时候恰恰也是风险最低的时候，巴菲特就是狠狠抓住这些事件，才赚到大钱。

这个世界很复杂,我们的理性思维能力很弱,我们对世界的观察总是充满了偏见。在投资市场,两个人即使采取相反的策略,因为市场的波动性,两者都能在特定的时间段收益惊人。但是,我们不能得到任何有价值的结论。当我们放弃"知道",而从"不知道"着手去改进自己的投资决策时,我们的境况会比原先好得多。

第六节　培养自己的投资思维

投资不是一场竞技游戏,而是一个人的人生修炼。投资的财富有多少,取决于投资者的认知水平。所以,我认为,在股市中做一个常胜将军的核心是,具备经得住考验的投资思维,始终保持理性。

哪些思维方式是对投资有持久帮助的呢? 这里,我把自己投资十余年的一些心得体会做一个经验性的总结。

1. 认识到事物之间总是联系的

我们分析企业,一定要建立在具体的环境下,比如宏观经济背景、行业竞争格局、历史时代文化、具体监管政策等,不能把企业当作一个绝对独立的个体去研究。

2. 认识到事物总是处于变化中,而不是静止不动的

我们研究企业的过去和现在,尤其是要把变化的点把握住,不能认为投资的标的是一成不变的,否则就要吃大亏。

3. 认识到实践的力量

投资要避免闭门造车,要多调研,多考察,多谈话,多感受企业的产品,实践出真知。在实践的基础上,我们才有可能获取对企业的深度认知。

需要注意的是,我们对企业的认知并不是一蹴而就的,而是一个持续深入的过程,是螺旋式的递进过程。尤其是,市场是变化的,企业是动态发展的,我们认识企业也是一个连续的跟踪过程。我们对企业的认识也是一个有表面认识,有深度认识,有误区,发现误区,更正认知,推进认知的过程。

这至少能给我们三点启示:不要因为陌生而拒绝接触一家企业,我们的认知都是从零开始的;不要因为自己有较多的认知而认为够了,投资是一个持续的过程,投资的认知也是一样的;投资一定是建立在对标的真实的感知上面的,而不是冰冷的统计数字。

4. 保持一份开放的心态

在投资中搜集资料和考虑问题的时候,我们要坚持全面的观点,放弃片面的思维,尤其是关注与自己不同的观点,自己看多的时候一定要把别人看空的观点想清楚。这能够避免我们不自觉陷入闭门造车闹笑话而不自知。

在投资分析的时候,我们首先要做的就是要收集尽可能多的资料。比如,一家企业的发展历史、财务情况、管理层、股权结构、上下游、客户结构、产品结构、法律法规等,并做到客观倾听市场所有参与者的声音,忠实记录。

5. 认识到理性的力量

在搜集信息的基础上,要利用逻辑思维和科学工具对素材进行整理加工。比如,利用财务技巧进行会计数据的分析,利用波特五力分析模型进行竞争力分析,利用调研的方法进行实地考察等。我们对收集的大量资料进行分类、整理、去伪存真,最后通过有效的、结构化的信息建立模型,进行未来发展的合理推测。

这是我们分析经济产业、分析企业标的的一般性过程,其逻辑是普遍适用的,具体的投资工具和模型建立则根据标的的特殊性而呈现差异性。

6. 认识到具体研究的价值

我们在投资中要注重理性思考,注重归纳总结,通过建立模型去寻找同一类企业的核心驱动力。这种对于一般性规律的积累就形成了投资者的投资智慧。

但是,在具体的投资中,我们买对的总是一个一个鲜活的、真实的标的。我们更要注意这种具体标的的特殊性,寻找决定企业现状和未来发展的核心力量。通过这种力量去展望未来,一个好的投资者在某种程度上是能看见未来的。这种能力就是建立在,对经济发展一般性规律的积累和具体企业特殊性的研究基础上的。

研究一般性的规律,有助于我们把握投资的方向和原则;研究特殊性,我们的投资才有落脚点,特殊性的研究使得一般性的研究有了实践的价值。这就是两者之间的关系。

7. 放弃寻找一种永远有效的简单的盈利方式

我们总是从具体的事物开始研究,然后归纳为一般性的、抽象的、理性的认识,然后去指导我们新的研究,如此循环往复。在这个过程中,我们关于一般性的认识会逐步充实和丰富,对于特殊性的认识也会逐步深化,更加接近于真实的情况。

不同的行业,不同的企业,不同的发展阶段有不同的特性,针对矛盾的特殊性要采取恰当的办法。很多人追求投资的盈利公式,想寻找一个稳定盈利、任何时候都赚钱的通用法则,这是不可能的,不要再想,不要再问。

8. 善于抓住主要问题

现实世界的事物之间总是相互联系的、运动的,这决定了绝大多数事物都是较为复杂的。在信息时代中,我们很容易获取事物的大量相关信息,如果不想被信息淹没,就必须寻找决定事物发展的主要问题,把主要问题研究好了,我们就有了决策。如果不能抓住主要问题,而在细枝末节上面浪费大量的时间和精力,我们最后很可能一无所获。

9. 拒绝经验主义和教条主义

投资模型尽管能够说明一般性的规律,但是我们做投资面对的总是具体的示例。所以,研究好投资标的的特殊性非常重要,这种特殊性一定是具体的、灵活的、现实的。我们要有发现新事物的惊喜感,而不能墨守成规,僵化自己的思维,形成认识的懒惰和惯性。

10. 敬畏市场

对于投资,我们经常讲要研究客观的规律,这个客观不仅包括投资标的的现实,行业现状和宏观经济,也包括参与市场交易的这个群体,由人组成的市场所呈现的规律。我们研究股票价格和价值关系的钟摆理论,研究市场的周期理论等,这些都是客观世界的一部分。

投资中常见的一个误区是,我们只需要研究企业,不用管市场,这是错误的。巴菲特曾说,股票投资其实只需要学习两门课程:一是如何看待市场;二是如何评估企业。如何看待市场,就是指如何看待交易市场的客观规律。事实上,即使在对企业估值的时候,也并不是一个完全客观的过程,价值原本就是一个人主观判断的概念,那些认为不需要关注市场参与者的投资者是否也认为自己的价值判断无足轻重呢?很多坚持做价值投资的投资者因为无视市场而错失了很多机会,或者承担了较大的时间成本,实在可惜。

此外,我们还应该关注自己的精神修炼。事实上,研究企业是很简单的事情,客观知识的学习很容易,这个世界上从来不缺乏优秀的分析师,但是优秀的投资者却很少。

作为投资者,应该坚持正确的思维方式,利用好投资工具,在平时做好训练。我相信,即使是一个普通的个人投资者,其投资能力也不会比专业人士差。

参考文献

[1]巴菲特.巴菲特致股东的信:投资者和公司高管教程[M].杨天南,译.北京:机械工业出版社,2018.

[2]哈格斯特朗.巴菲特之道[M].杨天南,译.北京:机械工业出版社,2015.

[3]西格尔.股市长线法宝[M].马海涌,王凡一,魏光蕊,译.北京:机械工业出版社,2015.

[4]陆晔飞.巴菲特的估值逻辑:20个投资案例深入复盘[M].李必龙,林安霁,李羿,译.北京:机械工业出版社,2017.

[5]多尔西.股市真规则[M].司福连,刘静,译.北京:中信出版集团,2018.

[6]塔勒布.随机漫步的傻瓜[M].盛逢时,译.北京:中信出版集团,2019.

[7]塔勒布.黑天鹅:如何应对不可预知的未来[M].万丹,刘宁,译.北京:中信出版集团,2011.

[8]郭永清.财务报表分析与股票估值[M].北京:机械工业出版社,2017.

[9]塔勒布.反脆弱[M].雨珂,译.北京:中信出版集团,2020.

[10]雕爷.MBA教不了的创富课[M].北京:机械工业出版社,2020.

[11]任俊杰,朱晓芸.奥马哈之雾[M].北京:机械工业出版社,2019.

[12]任俊杰.穿过迷雾:巴菲特投资与经营思想之我见[M].北京:中国经济出版社,2016.

[13]齐东平.大数投资[M].3版.北京:中国人民大学出版社,2018.